徐斌 著

我的数学家常课

二年级

长江出版传媒 | 长江文艺出版社

图书在版编目（CIP）数据

我的数学家常课. 二年级 / 徐斌著. -- 武汉 ： 长
江文艺出版社，2025. 7. -- （大教育书系）. -- ISBN
978-7-5702-4072-2

Ⅰ. G623.502

中国国家版本馆 CIP 数据核字第 20256S5A08 号

我的数学家常课. 二年级

WO DE SHUXUE JIACHANGKE. ER NIANJI

责任编辑：施柳柳　　　　　　　　责任校对：程华清

装帧设计：天行云翼・宋晓亮　　　责任印制：邱　莉　韩　燕

出版：长江出版传媒　长江文艺出版社

地址：武汉市雄楚大街 268 号　　　邮编：430070

发行：长江文艺出版社

http://www.cjlap.com

印刷：湖北金港彩印有限公司

开本：720 毫米×970 毫米　　1/16　　印张：29.25

版次：2025 年 7 月第 1 版　　　2025 年 7 月第 1 次印刷

字数：311 千字

定价：68.00 元

自　序

　　2005 年，我出版了第一本个人专著《为学生的数学学习服务》。随后，我基本上以"五年磨一剑"的节奏，分别于 2010 年、2015 年、2019 年出版了《追寻无痕教育》《徐斌与无痕教育》《无痕教育数学课堂 18 例》三本专著。除了"五年一本"，这几本书还有一个共同点：每本书中均收录了五年期间上过的重要公开课。伴随着 2022 版课标教材的启用，我于 2024 年出版了《我的家常课（一年级）》，由此开启了"家常课"系列研究之旅。

　　诚然，公开课的教学和研究，对于教师的专业发展来说非常重要。但公开课毕竟"奇货可居"，如果我能持续研究并出版"家常课"系列，是不是更有意义和价值？

　　家常课，顾名思义，指的是教育日常中常见的、普通的、接地气的课堂。它不同于那些精心包装、精致绝美的观摩课和示范课，而是一种更加贴近实际教学环境、反映一线教学状态的课堂样式。家常课的最大特点是自然和朴实，这与我一直追寻的无痕教育有共通之处。无痕教育的本质正是"见素抱朴"和"道法自然"。

家常课的教育价值是什么？

一是自然性。家常课没有过多的包装和修饰，也没有提前很长时间刻意准备，而是根据现有的教学进程，主要依托教材编排来组织学习内容，更重要的是在自己一直带的班级、熟悉的教室里进行常态的教学，教师不紧张，学生也放松。

二是实效性。因其家常，故教师可以基于对学生实际基础和认知水平的充分了解，进行有针对性的设计并展开教学。家常课上，面对学生已经掌握了的知识，教师可以一带而过；发现学生有了学习困难，教师就重点关注；遇到学生出现错误，教师则放慢脚步。一切，是那么和谐、有效。

三是实践性。不仅教师本人易于开展家常课的教学实践，备课组和教研组的同事也能够常常参与研究。家常课中的教学问题常常更具针对性和典型意义，便于大家及时调整、改进教学策略。因此，对家常课的研究，是校本教研活动的基本形式，也是扎实提高教学质量的关键所在。

家常课有其独特的教育价值，我们也应重视家常课的教学研究，并将家常课当作公开课，详细记录家常课背后的思考。

"总得有人去擦亮星星。"美国诗人谢尔·希尔弗斯坦的这句话给了我出版本书更多的勇气和信心。本书收集的是 2024—2025 学年执教二年级数学中精心选择的 18 节家常课。这 18 节家常课，呈现的是"相约星期二"——我的数学家常课开放日的真实记录。

这 18 节课的呈现体例都分为四个部分：第一部分是"教材简析"，主要从《义务教育数学课程标准（2022 年版）》关于课程内容的要求出发，对比基于《义务教育数学课程标准（2011 版）》编写的小学数学教材和基于《义务教育数学课程标准（2022年版）》编写的小学数学教材的异同之处，然后确立本节课的教学内容和教学目标；第二部分是"教学设计"，主要是教学流程的安排与预设，一般分为复习铺垫、探索新知、练习应用和总结拓展几个环节；第三部分是"教学实录"，完整呈现全课的真实学习过程；第四部分是"教学反思"，从教学预设与教学实践的对照思考出发，着重阐述课后的教学体会与感受，并分析得与失，思考教学策略的改进。

　　为便于一线教师了解这18节课的研究过程，每节课"教学反思"后附上了我的教案手稿和上课照片。这些年，我一直坚持在微信公众号"徐斌无痕研究"中发布教学散记，时时记录自己的上课、备课感想。我曾经写过这样一段文字："真正的好课应该产生于自己任教的班级，自己一直带的班级。毕竟，教育是师生之间心灵互相联通的艺术。"

　　上好家常课，幸福每一天。

　　是为序。

徐斌

2025 年 5 月 20 日

目
录

上 册

下 册

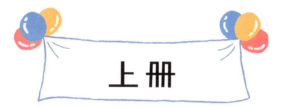

上册

1 相差关系实际问题

《义务教育数学课程标准（2022年版）》（简称"2022版课标"）在课程理念中提出"设计体现结构化特征的课程内容"的新要求，并在课程内容部分将"数与代数"领域的学习主题做了较大调整，将过去的"探索规律""式与方程""正比例、反比例"三个主题合并为"数量关系"。2022版课标特别指出：学生经历在具体情境中运用数量关系解决问题的过程，感悟加法模型和乘法模型的意义，提高发现和提出问题、分析和解决问题的能力，形成模型意识和初步的应用意识。

2022版课标教材将十分重视"数量关系"的内容编排，在一年级下册《简单的数量关系（一）》单元，分别教学求两数相差多少、求比一个数多几的数是多少、求比一个数少几的数是多少的实际问题；在二年级下册《简单的数量关系（二）》单元教学"倍"的实际应用；

在三年级专门安排《数量关系的分析》单元，教学加法模型。

《义务教育数学课程标准（2011年版）》（简称"2011版课标"）教材在一年级下册结合"100以内的加法和减法"的内容，专门安排例题教学了"求两数相差多少"的实际问题，然后在二年级上册继续教学有关相差关系实际问题。

本课依托2011版课标教材的例题和习题素材，将例题3（怎样使两个数量同样多）和例题4（求比一个数多几的数、求比一个数少几的数）进行了内容整合，在整体情境中进行变式与对比，体现了结构化特征，帮助学生整体认知。

教学设计

教学内容

2011 版课标教材（苏教版）二年级上册第 6～9 页，2022 版课标教材一年级下册第 74～75 页。

教学目标

（1）让学生在实际情境中了解两个数量的相差关系，能根据已知条件发现和提出问题，进而分析和解决问题。

（2）在动手操作和直观演示中理解两个数量的相差关系，能列算式解决简单的相差关系实际问题。

（3）通过经历解决相差关系实际问题的过程，积累数学活动经验，培养模型意识和初步的应用意识。

教学过程

一、复习引入

师生谈话：经过一年多的数学学习，我们解决过生活中的哪些实际问题？

结合学生的回顾和思考，揭示课题。

二、学习新知

（一）整体感知，提出问题

呈现教材例题3图片（课件）。

首先，感悟数量的多、少、同样多。让学生观察图片，说出已知条件有哪些。（小军穿了8个彩珠，芳芳穿了12个彩珠。）

接着，根据这两个已知条件，让学生提出不同的问题。

预设1：两个人一共穿了多少个？

预设2：芳芳比小军多多少个？

预设3：小军比芳芳少多少个？

然后，利用已有经验解决"相差多少个"的问题。

（用算式表达为12-8=4。）

（二）直观操作，分析关系

首先，解决"怎样使两人同样多"的问题。针对这个问题，让每个学生动手操作学具，再交流汇报。

预设1：芳芳的彩珠拿走4个。（算式表达为12-4=8。）

预设2：小军的彩珠添上4个。（算式表达为8+4=12。）

预设3：芳芳给小军2个彩珠。（算式表达为8+2=12-2。）

接着，解决"求比一个数多几的数是多少"的问题。根据现有已知条件，补充条件"小红的彩珠比小军多3个"，让学生求"小红有多少个"。学生通过操作学具形成思路，并用算式表达为8+3=11。

然后，解决"求比一个数少几的数是多少"的问题。根据现有已知条件，补充条件"小明的彩珠比小军少3个"，让学生求"小明有多少个"。学生继续操作学具帮助思考，并列式解答8-3=5。

（三）对比小结，初建模型

针对"怎样使两人同样多"，让学生比较几种不同方法之间的异同点。

针对"求两数相差多少""求比一个数多几的数是多少""求比一个数少几的数是多少"，让学生进行对比和归纳。

三、练习提高

（一）巩固性练习

完成教材"想想做做"第 1 题。让学生第一行摆 15 根小棒，第二行摆 9 根小棒，然后想办法使两行的小棒同样多。

（二）应用性练习

完成"想想做做"第 2 题的第 1 道。让学生观察图片（第一行苹果有 10 个，第二行梨有 17 个），独立思考，然后进行汇报。特别指出：为什么不能从梨里面拿出整数个数放到第一行？

（三）拓展性练习

完成"想想做做"第 2 题的第 2 道。让学生观察图片（明明有 29 枚邮票，大力有 9 枚邮票），独立思考，提出问题并交流汇报。

四、总结延伸

提问：本节课学习了什么样的数学知识？怎样解决相差关系的实际问题？

一、复习引入

师：经过一年多的数学学习，同学们不仅学习了很多数学知识，我们还会运用知识去解决什么？

生：解决实际问题。

（板书：实际问题。）

师：我们知道，学了知识要能够应用。通过应用，我们的知识会学得更好。数学来源于生活，今天我们就从生活出发，运用数学知识去解决生活中的一些实际问题。

二、学习新知

师：首先，请大家来看一幅图。（出示课件，如图1。）

图 1

师：生活当中，我们经常会去穿一些珠子，今天我们就来解决穿珠子中的实际问题。要解决实际问题，首先要怎么样？

生：首先要读懂题目。

师：对，我们一起来读一读。（指向图中左边的男生）这是谁呀？

生：小军。

师：小军说了什么？

生：我穿了8个彩珠。

师：芳芳怎么说的？

生：我穿了12个彩珠。

师：是的，他们两个人都穿了一些彩珠，但他们穿彩珠的数量一样多吗？

生：不一样多。

师：谁多一些呀？

生：芳芳。

师：谁少一些呀？

生：小军。

师：在我们的生活当中，经常会遇到这样的情况。有的数量比较多，有的数量比较少，还有的时候两个数量是怎么样的关系？

生：同样多。

（板书：多、少、同样多。）

师：像这里，小军穿了8个彩珠，和他同样多是几个？

生：8个。

师：那我们就可以说"8等于8"。

（板书：8=8。）

师：继续看，如果有一个人穿的珠子和芳芳同样多，那是多少个呢？

生：12 个。

师：对！也是 12 个，那我们就可以怎么说？

生：12 等于 12。

（板书：12=12。）

师：我们知道，数量有的时候比较多，有的时候比较少，有的时候同样多。根据"小军穿了 8 个珠子""芳芳穿了 12 个珠子"这两个已知信息，你们还能提出什么数学问题吗？

生：芳芳减掉多少个就和小军同样多？

师：提得不错，芳芳多一些，她减掉一些就会和小军同样多。谁再来提一个问题？

生：芳芳拿给小军几个就可以使他们同样多？

师：这个问题也不错，既然芳芳的多一点，那芳芳给小军一些，他们也可能同样多。还有谁会提问题的？

生：他们一共穿了多少个？

师：这个问题也不错，求"他们一共穿了多少个"用什么方法计算呀？

生：加法。

师：口算一下，一共穿了多少个？

生：8 加 12 等于 20 个。

师：不错。还有什么不一样的问题？

生：小军比芳芳少多少个？

师：这个问题也不错。现在我把图中的已知条件和刚才大家提的问题贴在黑板上。

（板贴：小军穿了 8 个，芳芳穿了 12 个，小军比芳芳少多少个？）

师：和这个问题同样的意思，还可以怎么问？

生：芳芳比小军多多少个？

（板贴：芳芳比小军多多少个？）

师：实际上，就是求两个人的数量怎么样？

生：相差多少个。

（板贴：两人相差多少个？）

师：这三个问题的意思其实是一样的。这是我们一年级已经学过的知识，知道小军穿了 8 个，芳芳穿了 12 个，要求他们相差多少个，怎样列式计算呢？

生 1：12-8=4（个）。

［板书：12-8=4（个）。］

生 2：要求两个人相差多少个，只要用大的一个数减掉小的一个数。

师：说得很有道理！刚才同学们还提了一个问题，也就是"怎样使两个人变得同样多？"接下来我们每个同学动手来摆学具。首先拿出 8 个圆片，代表小军穿的彩珠。

（学生动手操作，教师示范。）

师：下面一排用三角形代表芳芳穿的彩珠。摆的时候，三角形和圆片一个对一个。那芳芳是多少个呢？

生：12 个。

（学生动手操作，教师示范。）

师：这样我们把题目中的两个已知条件都摆出来了。

（教师巡视，了解学生操作并进行指导。）

师：我们来数一数，第一行摆了几个圆片？

生：1、2、3……8。

师：对！我们就说，小军摆了多少个呢？

生：8 个。

师：继续看，接下来我们来数一数芳芳摆的。

生：1、2、3……12。

师：我们就说，芳芳摆了 12 个。接下来，我们请同学想办法，怎样使得两个人变成同样多？

（学生自主操作，教师巡视指导。）

师：请同学来汇报自己的想法。大家仔细观察，你的方法和他一样吗？如果不一样，过会也请你到前面来操作。

（一生上台将芳芳的两个移动给小军，如图 2。）

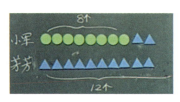

图 2

师：现在两人一样多了吗？这种方法我们可以用算式来表示。小军得到了几个？

生：2 个。

师：那我们就可以说是 8 加 2。芳芳少了几个？

生：2 个。

师：我们就说是 12 减 2。我们来算算看，8 加 2 等于几？

生：10。

师：12 减 2 等于几？

生：10。

（板书：8+2=12-2。）

师：不错，通过计算也可发现他们同样多了。还有什么办法也可以使他们同样多？

（一生上台将芳芳的 4 个拿走，如图 3。）

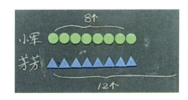

图 3

师：不错，现在同样多了吗？用一个算式表示，也就是芳芳的 12 个去掉 4 个，12 减掉了 4，就得到了 8。

（板书：12-4=8。）

师：还有什么方法使他们同样多？

（一生上台操作，为小军添上 4 个，如图 4。）

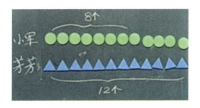

图 4

师：现在圆片添了 4 个，他们是不是变得同样多啦？如果我们用算式表示，也就是 8 加上了 4 等于 12。

（板书：8+4=12。）

师：同学们在思考的时候采用了不同的方法。第二位同学是把多的变少，列成算式是 12-4=8；第三位同学的方法是把少的变多，列成算式是 8+4=12。第一位同学的方法既把多的变少，又把少的变多，列成算式是 8+2=12-2。其实，说到底这三种方法是一样的，要么是把多的变少一些，要么是把少的变多一些，这样就同样多了。他们原来同样多吗？

生：不同样多。

师：原来不是同样多的，他们的数量是相差的，我们可以把他们变得同样多。

（板书：相差关系。）

师：初步学会了相差关系，能解决什么实际问题呢？接下来，看谁聪明，能用今天的知识来解决问题。

（课件和板贴同步出示题目，学生读题。）

生：小军穿了8个，小红比小军多3个。

师：可以提出什么样的数学问题呢？

生：小红穿了多少个？

师：非常好！我们把这个实际问题连起来读一遍。

生：小军穿了8个，小红比小军多3个，小红穿了多少个？

师：我们把学具稍微整理一下，把表示芳芳的三角形收起来，只留下表示小军的8个圆片。请你用三角形摆一摆，表示小红穿了多少个，看谁先摆出结果。

（学生操作学具，教师巡视指导。）

师：小军穿了8个珠子，小红穿的比他要多，哪个部分表示小红比小军多的？用手指给老师看看，在你桌上用手指把它隔开一下。现在能清楚地看出多了几个吗？

生：多3个。

师：要求的问题，我们再一起读一遍。

生：小红穿了多少个。

师：大家看，小红穿的珠子，由哪两部分组成？

生：一部分是和小军同样多的8个，另一部分是比小军多的3个。

师：怎样算出小红的珠子有多少个呢？

生：把这两部分合并起来。

（板书：8+3=11。）

师：非常好！有哪个同学知道这里的 8 表示什么意思？谁能上来指一指？

（一生上台操作。）

师：那加上的 3 表示什么意思？大家一起用手指指一指。把左边的 8 个和多的 3 个合起来就是小红的数量。

师：接下来我们来看小明穿珠子的情况，第一个已知条件一样，一起读。

生：小军穿了 8 个。

师：第二个已知条件有点不一样啦，小明比小军少穿 3 个。谁来提一个问题？

（课件和板贴同步出示。）

生：小明有多少个？

师：我们一起来把已知条件和所求问题读一遍。

生：小军穿了 8 个，小明比小军少穿 3 个，小明有多少个？

师：我们继续摆学具。现在用三角形表示小明的珠子，请你摆摆看。

（学生操作学具，教师巡视指导。）

师：请一个同学上来摆给大家看一看。

（一生上台操作演示。）

师：她摆得对不对呢？

生：对。

师：小明比小军少，谁来前面指一指，从哪儿分一分，就是他俩相差的？

（一生上台操作演示。）

师：大家看，从这里分一分，可以清楚地看出小明的数量比小军少

3个。那是比几少3个呀？

　　生：比8少3个。

　　师：要求小明有多少个，你能算出来吗？

　　生：8减去3等于5。

　　（板书：8-3=5。）

　　师：这里的8表示什么意思？

　　生：这是小军的8个。

　　师：如果和他同样多，那是几个？

　　生：8个。

　　师：现在是同样多吗？

　　生：不是同样多。

　　师：小明比小军要少3个，也就是从8里面去掉3，就可以得到小明的数量。

　　师：让我们简单回顾一下。生活当中的数量，有的时候多，有的时候少，像这样的关系，我们也叫它相差关系。在解决生活中的相差关系实际问题时，有的时候会遇到使两个数量同样多的情况，刚才大家想出了不同的方法，主要有哪几种？

　　生1：把多的部分去掉。

　　生2：把少的部分加上。

　　生3：从多的里面拿一些给少的。

　　师：有的时候会求比一个数多几（或者少几）的数，我们可以怎样思考？

　　生1：用加法可以求比一个数多几的数。

　　生2：用减法可以求比一个数少几的数。

三、练习提高

师：接下来，我们边玩学具边学习，看谁把相差关系学得好！请打开数学书第 7 页，这次我们换一种学具来玩一玩，准备小棒。

（出示课件，如图 5。）

1.
先用小棒摆一摆，再填空。

第一行摆 15 根小棒，第二行摆 9 根。
（1）第一行拿走（   ）根小棒，就和第二行同样多。
（2）第二行添上（   ）根小棒，就和第一行同样多。
（3）从第一行拿（   ）根摆到第二行，两行小棒就同样多。

图 5

（学生操作小棒，填写课本，教师巡视指导。）

师：要使两行小棒同样多，谁来汇报一下第一种方法？

生：第一行拿走 6 根，就和第二行同样多。

师：为什么要拿走 6 根呢？

生：因为第一行比第二行多 6 根。

师：可以怎样算出来？

生：15 减去 9 等于 6。

师：谁来汇报第二种方法？

生：第二行添上 6 根。

师：可以怎样算出来？

生：9 加上 6 等于 15。

师：谁来汇报第三种方法？

生：从第一行拿 3 根摆到第二行，两行小棒就同样多。

师：为什么拿 3 根呢？

生：两行相差 6 根，拿出其中一半就是 3 根。

师：用算式怎样表示呢？

生：9+3=15−3。

师：同学们刚才小棒摆得都不错！数学头脑好的人，不仅能够摆小棒进行思考，还能够看图解决实际问题。谁能看懂这幅图？

（出示课件，如图 6。）

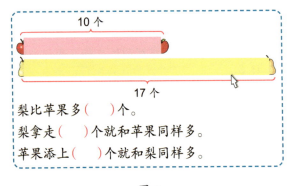

梨比苹果多（　）个。

梨拿走（　）个就和苹果同样多。

苹果添上（　）个就和梨同样多。

图 6

师：第一行我把它挡起来了，其实我们可以看到一点点。它表示什么呀？

生：苹果。

师：有几个？

生：有 10 个。

师：第二行表示什么？

生：17 个梨。

师：我们发现，苹果和梨的数量不相等。根据前面的学习经验，一般有三种办法使它们变得同样多。请每个同学先自己思考，再填写课本，然后同桌交流不同的方法。

（学生独立思考并同桌交流。）

师：请同学们来汇报一下。

生1：梨比苹果多7个。

生2：梨拿走7个就和苹果同样多。

生3：苹果添上7个就和梨同样多。

师：大家已经想出两种方法使得两行水果数量同样多。根据前面的经验，拿几个梨放到第一行，两行水果数量就同样多？

生：没有办法拿。

师：为什么呢？

生1：第二行的梨比第一行的苹果多7个，7是单数，一半就不正好。

生2：我知道！可以拿三个半。

生3：可以用3.5表示。

师：同学们真聪明！像这种情况，整数就不够用了，今后我们确实要学习小数，甚至还有分数呢。

师：接下来，我们继续看图思考并填空。

（出示课件，如图7。）

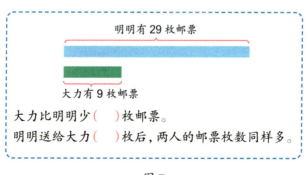

图7

师：这个时候，邮票我们也看不见了，老师在图上直接画的是什么呀？

生：是两个长条图。

师：是的，蓝色长条表示什么？

生：明明有 29 枚邮票。

师：绿色长条表示什么？

生：大力有 9 枚邮票。

师：大家可以先独立思考，然后把结果填到括号里。也可以同桌两个人商量之后填一填。

（学生思考、填空并交流。）

师：谁来说说你是怎么思考的？

生 1：大力比明明少 20 枚邮票。

生 2：我列算式计算的，29-9=20。

师：那么，明明送给大力几枚邮票，两人就同样多？

生：10 枚。

师：你是怎么思考的？

生 1：20 的一半是 10。

生 2：10+10=20。

生 3：20-10=10。

生 4：20÷2=10。

师：同学们太厉害了！用不同方法解决了问题，还有同学能说出除法算式呢！

师：我们来检验一下，看结果是否正确。

师：大力原来有 9 枚邮票，得到了 10 枚，就是 9+10=19。而明明原来有 29 枚邮票，给掉了 10 枚，29-10=19。两人确实同样多了。

四、总结延伸

师：同学们，我们来回顾一下，今天的数学课，大家学习了什么样的数学知识？

生：解决实际问题。

师：解决的是什么样的实际问题？

生：相差关系的实际问题。

师：什么是相差关系呢？

生：就是有一个数量比较多，还有一个数量比较少，这种关系就叫相差关系。

师：是的。两种数量有多有少，我们通常有几种方法使两个数量变得同样多？一定都是三种方法吗？请同学们课后继续在解决问题中寻找和发现规律。

教学反思

秋风再起航。2024 年 9 月 10 日，新学期开学第二周，"相约星期二"——我的数学家常课开放日。机缘凑巧，今天不仅是一年一度的教师节，而且是我国第 40 个教师节，也是我的第 38 个教师节。在这样的特殊日子上课，别有一番滋味在心头。按照进度，今天教学第一单元《100 以内的加法和减法（三）》中的"相差关系实际问题"。本学期我在教学二年级上册内容时，结合 2025 年秋季将要使用的新教材进行渗透，以期早日完成新旧教材的过渡。

2022 版课标将小学阶段"数与代数"领域的学习主题浓缩为"数与运算"和"数量关系"，并指出"数量关系"主要是用符号（包括数）或含有符号的式子表达数量之间的关系或规律。同时，在第一学段的数量关系教学中指出如下教学提示：引导学生发现数量关系、表达数量关系、形成初步的应用意识。

一、以"多与少"为核心整体建构相差关系

史宁中教授认为，数量的本质是多与少，数的本质是大与小。"相差关系"实际问题一直是小学阶段的教学难点，主要原因有两个：一是某些强刺激的干扰，例如有一些学生看到"多"字就用加法，看到"少"

字就用减法；二是需要对加减法意义再认识，从初步的加法和减法意义，进一步发展为"比较多少"问题中加减运算的意义。

教学时，我依托教材中的例题素材，创设了两位同学穿彩珠的真实情境：小军穿了 8 个彩珠，芳芳穿了 12 个彩珠。然后让学生根据已知条件提出问题，学生分别提出了如下问题：

（1）两个人一共穿了多少个？

（2）小军比芳芳少多少个？

（3）芳芳比小军多多少个？

（4）两人相差多少个？

（5）小军再穿多少个就和芳芳同样多？

在此基础上，老师也补充条件并提出了两个问题：

（1）小红比小军多 3 个，小红有多少个？

（2）小明比小军少 3 个，小明有多少个？

这样的教学处理，在真实情境和问题设计中促进相差关系的模型形成，并逐步达到了整体建构。

二、以"数与式"作媒介逐步发展符号意识

符号意识是 2022 版课标提出的小学阶段学生核心素养表现之一，是形成抽象能力和推理能力的经验基础。主要包括四个方面的内涵：知道符号表达的现实意义；能初步运用符号表示数量、关系和一般规律；知道用符号表达的运用规律和推理结论具有一般性；初步体会符号的使用是数学表达和数学思考的重要形式。

如何让学生在分析相差关系的过程中培养符号意识呢？结合教学，教师围绕"同样多"这一核心知识，以"数与式"为媒介进行了三个层次的递进学习。

首先，数和数相等。创设情境之后，学生先把小军和芳芳两人穿彩珠的数量进行比较，发现两个数量（8 个和 12 个）有多有少。然后老师提问：如果有两个同学穿的彩珠分别和小军及芳芳同样多，分别是多少个？怎样用符号表达出来？自然引出如下的等量关系：8=8，12=12。

其次，数和式相等。教学例题 3 时，充分放手让学生操作学具，想办法让小军和芳芳的彩珠同样多。在交流汇报时，形成如下等式：8+4=12，12−4=8。

最后，式和式相等。在学生分别汇报了"移走"和"补上"的方法之后，针对第三种方法"移多补少"，进行重点演示，并运用算式进行表达：8+2=12−2。

三、以"分与合"相对应深入理解运算意义

尽管作为专门的教学单元——《分与合》已经从几种 2022 版课标教材中消失，但"分与合"的思想依然是学生建立加法和减法运算意义的基础，更是运用加法和减法意义解决实际问题（尤其是相差关系）的支撑。

在组织本课教学内容时，笔者做了整体性设计，将现行教材中的例题 3 和例题 4 同时在一个情境中呈现，并且用一节课安排教学，尤其是在学生对加法和减法意义的再认识过程中，帮助学生"建立起非字面的、非人为的实质性的联系"（王永著《数学化的视界》一书）。

在学习例题 3 时，让学生通过操作实验，得出了从"相差关系"到"相等关系"的三种方法：移走多余的部分（分）；补上缺少的部分（合）；移多补少（分与合）。

在学习例题 4 时，进一步让学生在动手操作的基础上理解："求比一个数多几的数"时，将和较小数相同的数量与相差的数量合起来，用加

法计算（即 8+3=11）；"求比一个数少几的数"时，从和较大数相同的数量中分出相差的数量，用减法计算（即 8–3=5）。

四、以"移与补"的操作不断培养几何直观

对于二年级学生来说，理解相差关系既需要依赖充分的直观和经验，也需要进行适度的抽象和推理。因此，本节课的教学，一方面从儿童熟悉的穿彩珠真实情境引入，唤醒学生的生活经验；另一方面从儿童的认知规律出发，不断组织学生进行"移与补"的操作思考活动。

本节课主要设计了三次"移与补"的操作活动：

第一次，学习例题 3 时。让学生比较小军和芳芳穿彩珠的数量，并动手摆圆片和三角形，想办法使得两人的数量同样多。学生经过独立操作与自主探索，在交流分享时，出现了"移走多的""补上少的""移多补少"三种典型方法，初步建立了从"相差关系"到"相等关系"的直观模型。

第二次，学习例题 4 时。在解决"求比一个数多几的数"和"求比一个数少几的数"时，让学生操作学具，同时老师介入条形图进行板书，建构相差关系的几何模型，帮助学生将"比较多少"与加减法运算建立实质性联系。

第三次，巩固与练习时。让学生操作小棒（第一行 15 根，第二行 9 根），每个学生都能采用三种方法使得两行小棒同样多（移走多的、补上少的、移多补少）；然后适度变式（苹果 10 个，梨 17 个），使学生发现"移多补少"此时不适用，并阐述理由，为今后进一步学习平均分和除法打下基础。

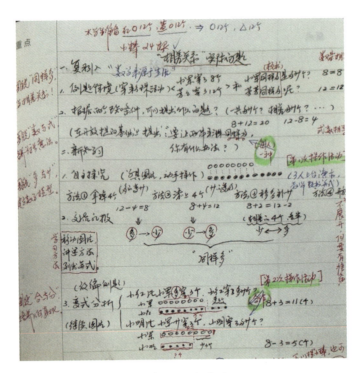

▲备课教案手稿

▲上课照片（2024 年 9 月 10 日）

2 认识乘法

　　课改之前的几十年，小学数学教材中关于乘法初步认识的内容，都是严格要求区分"被乘数"和"乘数"的（据说现在某些国家和地区教材中依然存在）。课改之前将"相同加数"作为"被乘数"，写在乘号前面；"相同加数的个数"作为"乘数"，写在乘号的后面。这样的规定，表面上严谨有序，实则十分抽象，对于刚上二年级的小学生来说，成为一大难点和痛点，甚至会困扰学生很多年（一直到初中阶段才不再区分两个因数的书写顺序）。所以，这样的人为规定，迫切需要改革。

　　2001 年启动的本轮基础教育课程改革，就"认识乘法"做了重大调整，即不再严格区分"被乘数"和"乘数"，只要是用乘法计算，哪个数写在乘号前面皆可（都叫作"乘数"或"因数"）。这一小小的规定，解放了千百万的小学生、数学教师和学生家长！

　　二十多年过去了，伴随着 2022 版课标的出台，2025 年秋季的二年级学生将会使用配套的新教材。据笔者目前了解到的信息，几个主要版本的数学教材又要对"认识乘法"做调整：一方面特别强化"几个几"的专门教学（这当然有必要），另一方面首次认识乘法算式时又要区分乘号前后两个数的含义（即相同加数写在乘号前面，相同加数的个数写在后面）。这样的调整，虽然说可以更好地帮助学生理解乘法算式的算理，但到底教学效果如何，还需要对广大一线教师的理解和实践进行检验。

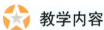

教 学 设 计

  教学内容

　　2011 版课标教材（苏教版）二年级上册第 20～21 页，2022 版课标教材二年级上册第 2～4 页。

★ 教学目标

　　（1）让学生在生活经验和已有旧知中初步认识乘法运算，了解乘法算式各部分的名称，能正确读、写乘法算式。

　　（2）在动手操作和直观演示中理解乘法运算的本质是几个几相加，感悟乘法运算的简便性，并能从不同的角度观察与思考。

　　（3）通过丰富的数学活动建立起乘法运算模型，感悟数学与生活的密切联系，培养学生的推理意识和初步的应用意识。

★ 教学过程

一、激趣导入

　　创设情境，师生谈话：今天我们一起到动物学校去参观，要想进入动物学校，得先算对大门上的加法题。

（课件呈现如下口算题。）

2+3+6=　5+5+5=　4+4+4+4=

9+1+6=　3+7+8=　2+2+2+2+2=

算完之后，观察比较，找出其中加数相同的算式。

二、探索新知

（一）认识几个几

呈现教材例题 1 图片。（动画课件。）

1. 观察思考

组织学生观察情境图，了解鸡和兔的数量特征。

（鸡是 3 个 3 个地排列，兔是 2 个 2 个地排列。）

2. 数数计算

分别让学生通过数数和计算，得出鸡和兔的总数量。

在数数和计算的基础上，认识"几个几"。

3. 动手操作

组织学生操作小棒，摆出 5 个 2，并填写课本上第 20 页"试一试"。

（二）认识乘法

（呈现教材例题 2 主题图。）

1. 连加求和

提问：怎样求 4 个 2 相加是多少？

由 4 个 2 连加的计算，认识乘法运算。

（板书：2+2+2+2=8，$2 \times 4 = 8$ 或 $4 \times 2 = 8$。）

2. 认识算式

组织自学和汇报，认识乘法算式各部分名称。

（学生自学汇报，然后交流确认。）

3. 变式思考

提问：怎样求"8 个 2 相加是多少？""100 个 2 相加是多少？"

在强烈的反差对比中，初步感受求几个几相加是多少，有时用乘法书写比较简便。

（三）归纳小结

让学生了解乘法运算的基本含义，并和加法运算进行对比，感悟乘法和加法之间的内在联系。

三、分层练习

（一）巩固性练习

进行拍手游戏。首先老师拍手（每次拍 3 下，拍 3 次），学生听完后，先说出几个几，再列出乘法算式；然后指名一个学生上台拍手，其余同学听完后，分别说出是几个几并列出乘法算式；最后同桌互相进行拍手游戏。

（二）应用性练习

完成教材第 21 页的"试一试"（每堆 4 只鸡，有 5 堆）。让学生自主观察并独立填写算式，然后进行汇报交流。

（三）拓展性练习

1. 观察比较

（完成第 23 页练习四的第 3 题。）

首先让学生观察花片图，分别说一说自己是怎样数花片的，得到的是几个几；然后让学生分别列出加法和乘法算式；最后进行比较，说出 3 个 5 和 5 个 3 的观察角度、加法算式、乘法算式的异同处。

2. 对比操作

（完成第 22 页"想想做做"的第 2 题。）

首先让学生每堆摆 3 个圆片，摆 4 堆，分别写出加法和乘法算式；然后让学生每堆摆 4 个圆片，摆 3 堆，分别写出加法和乘法算式；最后进行对比。

四、总结全课

回顾本课所学内容，着重提出如下三个问题：乘法是怎么产生的？乘法的本质是什么？你能发现生活中的乘法现象吗？

一、激趣导入

师：今天的数学课徐老师要带领大家到动物学校去参观一下，你想去吗？

生：想。

师：这就是动物学校的大门，这大门是怎么样的？

（出示动物学校大门图片，如图 8。）

图 8

生：大门是关着的。

师：原来想进动物学校参观的人得先算对大门上的加法题，你会算吗？选一道你会算的，谁先来说一道？

生：4+4+4+4=16。

师：很好，掌声送给他。谁再来选一道你会算的？

生：我选择 5+5+5=15。

师：谁再来继续选择计算？

生 1：2+2+2+2+2=10。

生 2：2+3+6=11。

生 3：3+7+8=18。

生 4：9+1+6=16。

师：同学们真厉害，都算对了，但是大门还没有打开。原来在这些加法题里面还藏着一个秘密——有几道加法题特别特殊，你能找出来吗？

生：有三道。

师：哪三道？

生：4+4+4+4。

师：特殊在哪里？

生：每个加数都是 4。

师：还有哪两道算式也比较特殊？

生 1：2+2+2+2+2，都是 2 相加。

生 2：还有 5+5+5，都是 5 相加。

师：掌声送给他们！为了看得更清楚，老师把这三道题放到一起，也就是右边大门上的这三道连加题，每道题的加数都怎么样？

（课件动态移动显示右侧大门上三道题都是同数相加。）

生：一样。

师：秘密找到了，大门就打开了。

二、探索新知

师：请看这块场地上，你发现有几种动物？

（课件动态出示情境图，如图9。）

图 9

生：两种动物，有鸡也有兔。

师：我们就来观察这些鸡和兔，看看它们今天是怎样排列的？

（学生观察并同桌交流。）

师：哪位同学首先来说说看？

生：鸡是3个3个围在一起的。

师：观察真仔细！每一堆都是3只鸡。那兔子是怎样排列的？

生：兔子是2个2个靠近在一起的。

师：对，兔子是每2个靠近在一起的。如果徐老师想知道图上有几只兔子，你有什么办法？

生：2+2+2。

师：可以用以前学习的加法知识，我们一起算算等于多少？

（板书：2+2+2=6。）

生：等于6。

师：可以算出来，当然我们也可以数出来。谁能数出兔子有几只？

生：1、2、3、4、5、6。

师：有没有谁数得比她快一点？

生：2、4、6。

师：为什么可以这么数？

生：因为兔子是2个2个的。

师：对，2个2个的还可以这样数——1个2，2个2，3个2。大家再来数一遍。

生：1个2，2个2，3个2。

（板书：3个2。）

师：要知道鸡有多少只，可以怎么数呢？

生：可以3个3个地数。

师：那你来试试看。

生：1个3，2个3，3个3，4个3。

师：很好，大家伸出手，我们一起来数数看。

生（齐声）：1个3，2个3，3个3，4个3。

（板书：4个3。）

师：那4个3可不可以像上面这样用加法算出来呢？

生：3+3+3+3=12。

（板书：3+3+3+3=12。）

师：通过刚才参观动物学校，我们知道在数物品数量的时候，有时可以几个几个地数；在求总数的时候也可以几个几个地加。

（板书：几个几。）

师：我们还可以看算式来数一遍。

生（齐声）：1个2，2个2，3个2。

师：下一道算式一起来数一数是几个3相加？

生（齐声）：1 个 3，2 个 3，3 个 3，4 个 3。

师：刚才学会了几个几个地数鸡和兔，你能够自己用小棒摆出几个几吗？请大家摆出 5 个 2。

（学生用小棒操作，摆出 5 个 2。）

师：摆好后我们伸出手一起边指小棒边数一数，从左边起，准备——开始！

生：1 个 2，2 个 2，3 个 2，4 个 2，5 个 2。

师：5 个 2 用加法计算你会自己写算式吗？把数学书翻开到第 20 页，在方框里请填一填 5 个 2 连加的算式。谁来汇报一下？

生：2+2+2+2+2=10。

师：我们继续去参观。这次我们来到动物学校的一间电脑房，你能够默默地数出这里的电脑是几个几吗？

（课件出示电脑房图片，如图 10。）

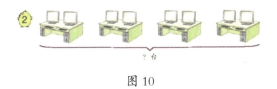

图 10

生：电脑有 4 个 2。

师：我们一起数数看，看是不是 4 个 2。

生：1 个 2，2 个 2，3 个 2，4 个 2。

（板书：4 个 2。）

师：那么，4 个 2 一共是多少台电脑呢？谁会用以前学过的加法算出来？

生：2+2+2+2=8。

（板书：2+2+2+2=8。）

师：求 4 个 2 相加是多少，可以用以前学过的加法来算，还有一种新的运算，有谁知道吗？

生：乘法。

（板书课题：乘法。）

师：对！用乘法也可以算 4 个 2 相加是多少，可以写成 2×4=8，也可以写成 4×2=8。这里，表示计算乘法的运算符号有点像什么？

（板书：2×4=8，4×2=8。）

生1：像叉叉。

生2：像汉语拼音里面的 x（xi）。

生3：也像英语字母里面的 x。

师：在数学上，它是专门用来表示计算乘法的，猜猜看叫作什么符号呢？

生：乘号。

（板书：乘号。）

师：对，表示算乘法的符号，就叫作乘号。我们一起读一遍这两个算式。

生：2 乘 4 等于 8，4 乘 2 等于 8。

师：在乘法算式里，乘号前面有一个数，乘号后面也有一个数，等号后面还有一个得数，它们分别叫什么名称呢？数学书会告诉我们答案。现在请大家打开数学书翻到第 21 页，看谁最先找到它们的名称，找到的同桌两人先说一遍。

（学生自学课本上内容，同桌交流讨论。）

师：谁能给大家介绍一下？

生：乘号前面的数叫作乘数。

师：我们一起说一遍，叫什么？

生（齐声）：乘数。

（板书：乘数。）

师：乘号后面的数呢？

生：也叫作乘数。

师：我们也一起说一遍。

生（齐声）：乘数。

（板书：乘数。）

师：乘法算出来的得数叫作什么？

生：积。

（板书：积。）

师：注意看徐老师写这个"积"字，如果我不添两个点是什么字？

生：和。

师：但是要添两个点，这个字大家认识吗？

生：积。

师：这个字读作 jī。我们知道加法算出来的得数叫什么？

生（齐声）：和。

师：减法的得数叫什么？

生（齐声）：差。

师：那今天我们知道乘法的得数叫什么？

生（齐声）：积。

师：很好！大家还想继续参观吗？

生：想。

师：看谁很快能数出动物学校的这间电脑房里电脑是几个几？

（课件出示电脑图，如图 11。）

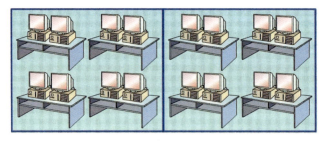

图 11

生：8个2。

师：我们来数数看。

生（齐声）：1个2，2个2，3个2，4个2，5个2，6个2，7个2，8个2。

（板书：8个2。）

师：8个2相加是多少呢？用我们以前学过的加法算式可以写吗？你们一起说，徐老师写下来。

生：2+2+2+2+2+2+2。

师：要不要加了？我们来数数看。

生：1、2、3、4、5、6、7。

师：还少一个2，那就要再加2，才是8个2。

（板书：2+2+2+2+2+2+2+2。）

师：这个加法算式写下来蛮长的吧。今天我们学习了乘法，谁来说说看8个2可以怎样写？

生：2×8。

师：对的，或者写成几乘几？

生：8×2。

（板书：2×8或8×2。）

师：想不想看看动物学校更大的一间电脑房？

生：想。

（课件出示图片，如图 12。）

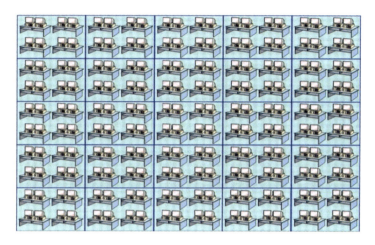

图 12

师：这间电脑房有点大，这里的电脑可多啦！徐老师花了很长时间才数出来，原来这里的电脑有 100 个 2 呢！100 个 2 是多少当然可以用加法把它写出来，你想试试看吗？

（板书：100 个 2。）

生：想。

师：那就你们来说连加算式，徐老师写下来。不过徐老师有一个小小的要求，看哪些小朋友能够一口气把算式说出来。想象一下 100 个 2 写下来是不是会比较长呢？我就从黑板的最左边写起吧。

生：2 加 2 加 2 加 2 加 2……

（板书：2+2+2+2+2+2+2+2+2+2+2+2+……）

师：先停一下，老师发现有的同学一口气比较长，也有的同学一口气已经接不上了，而且黑板也只有这么长。假如有足够长的黑板，你觉得写起来也怎么样？

生：要写很长时间。

师：以前遇到100个2相加的话，确实如此。不过，今天我们学习了什么运算？

生：乘法。

师：100个2相加，用乘法怎么写呢？

生1：2乘100。

生2：100乘2。

（板书：2×100或100×2。）

师：对比一下，刚才的4个2相加、8个2相加、100个2相加，用加法算式和乘法算式，你有什么样的感觉？

生1：用加法写算式比较长，比较慢，也比较麻烦。

生2：有了乘法之后，我们写起来就比较简便。

师：是啊！这也是乘法运算产生的重要原因。今天我们主要感受到的是乘法算式书写起来比较简便，今后我们还会感受到乘法计算的简便呢。

（完善课题，板书：认识。）

三、分层练习

师：经过刚才的动物学校参观活动，我们初步认识了一种新的运算——乘法。接下去我们稍微放松一下，做个小游戏好不好？

生：好。

师：这个游戏叫拍手游戏。徐老师先拍手，大家闭上眼睛不许看，比一比谁能听出徐老师拍了几个几。

（教师拍手，每次拍3下，拍3次。）

师：谁听出来徐老师拍了几个几？

生：3个3。

师：对！3个3用乘法怎样计算？

生：3×3。

师：很好！接下来请一个小朋友到前面来当小老师，进行拍手游戏，谁愿意来？

（指名一生上台，准备拍手游戏。）

师：同学们对拍手有什么建议吗？

生：拍了几下后，中间要停顿一会。

（学生拍2次，每次5下。）

师：谁听出来他拍了几个几？

生：拍了2个5。

师：2个5用乘法谁会说算式？

生1：2×5。

生2：5×2。

师：掌声送给他们！还想继续做拍手游戏吗？

生：想。

师：这一次同桌两个人进行拍手游戏，一个人先拍另外一个人听好，说出几个几和乘法算式后再交换游戏。

（同桌互相进行拍手游戏。）

师：今天回家后可以跟爸爸妈妈玩一玩这个游戏，看他们知不知道几个几，会不会乘法计算。

师：接下去，我们用乘法的知识解决生活中的一些问题。请大家将课本翻到第21页，找到"试一试"，数一数这里每一堆是几只鸡呀？

（课件同步出示图片，如图13。）

试一试

? 只

（ ）个（ ）相加。

加法算式：_____

乘法算式：□×□＝□ 或 □×□＝□

图 13

生：每堆有 4 只鸡。

师：那么一共有几个 4 呢？请填到括号里。然后在横线上写出加法算式，并且在方框里填写乘法算式。

（学生独立完成课本上的"试一试"。）

师：谁先来汇报一下这里有几个几相加？

生：5 个 4 相加。

师：对！谁来汇报一下加法算式？

生：4+4+4+4+4=20。

师：很好！谁来汇报一下乘法算式？

生 1：5×4=20。

生 2：4×5=20。

师：不错。接下来还想继续参观动物学校吗？

生：想。

师：这一次我们要比一比谁的眼光好！在一张桌子上不知道哪只动物摆了一些花片，你觉得这些花片是几个几呢？谁来说说看？

（课件出示花片图，如图 14。）

图 14

生：我觉得是 3 个 5。

师：还有不一样看法的吗？

生：我觉得是 5 个 3。

师：你们认为这两个同学说的有道理吗？

生：我认为都有道理，既可以横着看，也可以竖着看。

师：如果我们横着看，请大家伸出手，数一数一行是几个花片？

生：5 个。

师：那我们来数数看——

生：1 个 5，2 个 5，3 个 5。

师：如果横着看，我们就可以数出几个几？

生：3 个 5。

师：3 个 5 相加怎么列式？

生：5+5+5=15。

师：如果竖着看呢？我们也来数数看。

生：1 个 3，2 个 3，3 个 3，4 个 3，5 个 3。

师：竖着看我们就发现有 5 个 3，那 5 个 3 相加该怎么列式？

生：3+3+3+3+3=15。

师：我们可以横着看，发现可以数出 3 个 5；竖着看又可以数出 5 个 3。而且它们的得数是怎么样的啊？

生：一样的。

师：为什么得数是一样的？

生：因为还是同一堆花片，只是看的角度不一样。

师：写出来的乘法算式怎么样？

生：乘法算式是一样的，3×5=15 或 5×3=15。

师：同学们的数学眼光真厉害！接下去我们自己动手，也像这样子来摆出几个几。请大家先把数学书翻到第 22 页，看第 2 题。

（课件出示操作要求，如图 15。）

> 2. 先用 ● 摆一摆，再写出算式。
>   （1）每堆摆 3 个，摆 4 堆。
>   加法算式：＿＿＿＿＿＿＿＿＿＿＿＿
>   乘法算式：□×□=□ 或 □×□=□
>   （2）每堆摆 4 个，摆 3 堆。
>   加法算式：＿＿＿＿＿＿＿＿＿＿＿＿
>   乘法算式：□×□=□ 或 □×□=□

图 15

师：我请一个小助手到前面来，带领大家一起摆圆片。

（请一位学生在黑板上摆，其余同学自主操作。）

师：第 1 小题摆完了之后，我们一起数数看，看看这里有几个 3？

生：1 个 3，2 个 3，3 个 3，4 个 3。

师：每堆的 3 个可以怎样摆呢？

生 1：我是把 3 个圆片横着摆在一起的。

生 2：我是把 3 个圆片竖着摆在一起的。

生 3：我是把 3 个圆片围在一起摆的。

师：4 个 3 相加的加法算式和乘法算式该怎么写呢？

生1：加法算式是 3+3+3+3=12。

生2：乘法算式是 3×4=12 或 4×3=12。

师：接下来看第2题的要求，每堆摆4个，摆3堆。请大家思考一下，该怎样摆呢？有没有巧妙快速一点的方法？同桌同学可以先商量一下再摆圆片。

（同桌讨论后再摆圆片。）

师：谁来汇报一下自己的摆法？

生1：我每堆把4个圆片围在一起，然后一共摆了3堆，就是3个4。

生2：我在原来的基础上，没有重新摆，只是数的时候换了一下角度。原来横着数，每行3个，有4行，也就是4个3；现在只要竖着数，每列4个，有3列，也就是3个4。

生3：我也是没有重新摆，原来竖着数是4个3，现在横着数就是3个4。

师：同学们真聪明！不仅都摆出了3个4，而且不少同学还能不需要重新摆就能得到正确结果。谁来汇报一下加法和乘法算式？

生1：4+4+4=12。

生2：4×3=12 或 3×4=12。

师：我们把这两题对比一下，你有什么发现？

生1：我发现这两题都是摆了12个圆片。

生2：我发现这两题的乘法算式都是一样的。

生3：我发现这两题的加法算式不相同，第1题相同加数都是3，第2题相同加数都是4。

师：是的，这两题看上去不一样，其实是有内在联系的。

四、总结全课

师：让我们简要回顾一下，今天这节课学习了什么知识？

生：今天我们认识了乘法。

师：乘法是怎么产生的呢？

生：乘法是从加法中产生的。

师：很有道理！乘法的本质又是什么呢？

生：乘法的本质是几个几。

师：说得好！认识了乘法，大家都会多一双特殊的"眼睛"，那就是乘法的眼光。我们可以试一试，带着乘法的眼光观察周围的世界，你能发现乘法现象吗？

生1：我发现教室里的电风扇可以用乘法表示。左边有3台风扇，右边也有3台，就是2个3，乘法算式是3乘2或2乘3。

生2：我发现教室里的桌子总数是8个6，用乘法就是6乘8或者8乘6。

生3：我发现人身上也有乘法，一只手有5个手指头，两只手就是2个5，手指头总数就是5乘2或者2乘5。

师：同学们的数学眼光真不错！下课之后我们继续带着乘法的眼光观察生活，看还能发现哪些乘法现象，然后与同学和家长进行交流。

教学反思

2024 年 9 月 24 日，"相约星期二"——我的数学家常课开放日。按照进度，今天教学第三单元《表内乘法（一）》中的第一课时——"认识乘法"。

根据 2022 版课标提出"设计体现结构化特征的课程内容"的相关要求，今天这节课，我计划在一节课的时间里面，既教学"几个几"的知识，又初步认识乘法，同时在初步认识乘法算式时，依然不区分两个"乘数"的位置，从而帮助学生整体理解乘法意义，顺利构建乘法运算模型。

一、关注数学知识的两个来源

我们经常会说"数学来源于生活"。确实，小学生学习的数学知识，大多数可以从生活中找到源头。但是，也会有一些数学知识并不是来源于生活，而是来源于数学本身的发展需要。因此，数学教学时，只要有可能，首先让学生从生活情境中展开数学学习，感受到数学与生活的密切联系；但是，我们也应该从数学本身的发展需要出发，让学生感受到旧知中"生长"出新知。

上课伊始，教师创设了儿童喜欢的"动物学校"情境，并特别设计了旧知复习与铺垫环节——"要想进入动物学校，得先口算出大门上的加法算式"。

学生通过口算大门上的连加算式，复习已有旧知。然后进行观察分类，找到一些"特别"的算式，即加数分别相同的连加算式，为"同数相加"与乘法运算之间的沟通做了必要铺垫。

二、注重模型构建的完整认知

2022 版课标不仅在"课程理念"中就强调了"引导学生在真实情境中发现问题和提出问题"的要求，而且在"教学建议"中进一步指出了"强化情境设计与问题提出"的要求。

笔者一直以为，情境其实是中性的，用得好可以促进学生的学习，用得不好则干扰学生的学习。为此，笔者专门针对"认识乘法"的课例，写过一篇《情境创设为哪般？》（首发于《湖南教育》2005 年第 2 期）的文章进行案例研究，该文被十几家报刊转载。

课堂上，在例题情境创设之后，老师没有让学生在情境中漫无目的地观察发现，而是精心设计了三个问题：

（1）在动物学校的这块场地上，你发现有几种动物？

（2）观察这些鸡和兔，看它们是怎样排列的？

（3）要想知道鸡和兔的数量，你有什么办法？

这样的问题设计，帮助学生了解乘法运算的物化形态——"几个几"，同时由几个几相加自然生长出一种新的运算——乘法。

三、围绕乘法运算的意义本质

史宁中教授指出："乘法在本质上是一类特殊的加法，乘法是数自相加的缩写。"（《数学思想概论——数量与数量关系的抽象》一书）当然，虽然加法是乘法的一个来源，但乘法又是有别于加法的一种独特的运算。

课堂上，从例题2的主题图出发，教师组织学生观察电脑的数量是"4个2相加"，并引出乘法算式$2×4=8$或$4×2=8$，让学生了解乘法运算的含义与读写方法，并了解乘法算式中各部分的名称。这个环节，老师特别强调：求4个2相加是多少，用乘法可以把2写在乘号前面，也可以把4写在乘号前面。

紧接着，结合例题图进行了两次变式：首先变式为"8个2"的电脑图片，让学生分别说出连加算式和乘法算式；然后再变式为"100个2"的电脑图片，让学生说连加算式（教师在黑板上板书出部分加数），进而在强烈反差中感受到"写这么长2的重复相加算式，够麻烦的，而且很容易写错"，由此体会到乘法算式书写的简便性。

四、设计形成技能的递进练习

本节课是学生初步认识乘法，不仅要让学生了解乘法的产生和来源，还要理解乘法的含义和本质，并且能够进行初步的实际应用。

教学时，设计了三个层次的递进练习。

第一层次是巩固性练习。进行拍手游戏：老师拍手，学生说出是几个几并列出乘法算式；一个学生拍手，其余学生说出是几个几并列出乘法算式；同桌互相进行拍手游戏。

第二层次是应用性练习。完成教材中的"试一试"和"想想做做"第1题，看图观察，分别填写出几个几相加以及加法算式和乘法算式。

第三层次是拓展性练习。采用矩阵图，让学生从横看和竖看两个视角观察同一幅图，分别说出是几个几相加，并列出加法算式和乘法算式；然后让学生动手摆圆片，分别摆出4个3和3个4，进行对比和勾连。

在课堂总结时，让学生带着"乘法"的眼光，寻找生活中的乘法现象，将学习引向生活和课堂之外，促进学生深度学习和思考。

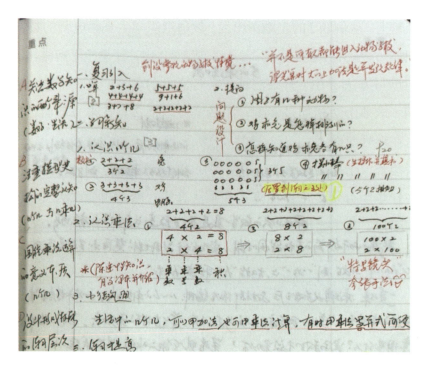

▲备课教案手稿

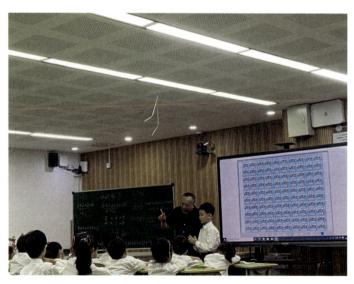

▲上课照片（2024 年 9 月 24 日）

3 5的乘法口诀

教材简析

　　乘法口诀的教学，一直是第一学段数运算教学的重点内容之一。之所以重要，主要有三个原因：其一，通过乘法口诀的教学，可以进一步帮助学生理解乘法意义，构建乘法运算模型；其二，学习乘法口诀的过程，可以帮助学生探索规律，形成推理意识，并获得丰富的数学活动经验；其三，在应用乘法口诀解决实际问题的过程中，可以充分感受到乘法口诀的独特魅力。

　　2022版课标十分重视乘法运算的教学，提出了"了解运算意义、感悟运算关系、探索算理算法"等内容要求，尤其指出"理解乘法是加法的简便运算"这一学业要求。

　　对比2022版课标教材和2011版课标教材发现，关于5的乘法口诀的编排有了微调。2011版课标教材一般都是在学生认识乘法含义之后，首先集中教学2、3、4的乘法口诀，然后再依次教学5的乘法口诀和6的乘法口诀。而2022版课标教材在认识乘法含义之后，首先教学5的乘法口诀和6的乘法口诀，再教学1~4的乘法口诀。究其原因，笔者认为主要是5的乘法口诀对于学生具有一定的生活经验，容易理解和掌握。

　　本节课的教学，笔者主要的设计思路：让学生在学习5的乘法口诀过程中，经历乘法口诀的形成过程，理解乘法运算的基本意义，体验乘法口诀的简洁便利，感悟乘法口诀的内在规律，进而探索乘法口诀解决实际问题的丰富应用。

教学设计

教学内容

2011 版课标教材（苏教版）二年级上册第 29～30 页，2022 版课标教材二年级上册第 10～11 页。

教学目标

（1）让学生在真实情境中理解 5 的乘法口诀的来源，进一步理解乘法口诀的含义。

（2）在动手实践和自主探索中编写 5 的乘法口诀，并能初步发现乘法口诀的规律，能够运用 5 的乘法口诀解决简单实际问题。

（3）通过丰富的学习活动，进一步感悟乘法是加法的简便计算，形成初步的乘法运算能力和推理意识。

教学过程

一、复习导入

首先，在谈话中回顾乘法的产生和含义。

然后，通过提问复习 1～4 的乘法口诀。

二、探索新知

（一）数数感知几个 5

1. 在数轴上 1 个 1 个数

2. 在数轴上 2 个 2 个数

3. 在数轴上 5 个 5 个数

（二）学习 5 的乘法口诀

呈现教材例题图（每只船坐 5 人），组织学生观察与提问。

1. 计算每次加 5

让学生在课本上的表格内每次加 5，分别填写得数。

2. 写出乘法算式

引导学生从几个几相加到乘法算式表达。

3. 编出乘法口诀

让学生自主编写乘法口诀，并进行交流汇报。

（三）探索乘法口诀规律

1. 读口诀说规律

2. 看得数说口诀

3. 看乘法说口诀

4. 对口令说口诀

游戏时，首先师生对口令，再同桌对口令，然后推荐代表进行对口令比赛游戏活动。

5. 推想乘法口诀

以一句口诀"三五多少"为例，让学生运用不同方法推想得数。

预设 1：在二五一十的基础上加 5。

预设 2：在四五二十的基础上减 5。

预设 3：用 3 个 5 相加得 15。

预设 4：用数数的方法得到——5，10，15。

三、练习提高

（一）巩固性练习

1. 一句两式

让学生结合乘法口诀的含义进行计算，写出另一道乘法算式，结合完成板书。

2. 花开朵朵（游戏）

让学生独立填写课本上的练习第 2 题（用一句乘法口诀计算两道乘法算式），然后交流汇报。

（二）应用性练习

"跳格子"游戏：3 格 3 格跳，4 格 4 格跳，5 格 5 格跳。应用所学的乘法口诀，结合数数的经验，灵活应用，解决问题。

（三）拓展性练习

1. 独立计算（课本练习题第 3 题）

2. 解决问题（课本练习题第 5 题）

四、总结全课

回顾本课的学习收获，畅想今后的学习内容。

一、复习导入

师：上周我们开始了新的一个单元学习，哪个同学来说说看，这几天主要学习了什么样的新知识？

生：学习了乘法。

（板书：乘法。）

师：谁来说说看乘法的本质是什么？什么时候需要用乘法进行计算呢？

生：乘法表示有几个几相加。

师：说得非常好，当我们遇到几个几相加时，常常可以用乘法进行计算。

（板书：几个几。）

师：乘法有的时候比加法写起来简便，有的时候比加法算起来简便，要想算得简便我们就要学习乘法口诀。

（板书：口诀。）

师：上一节课我们学过一些简单的乘法口诀。我们一起来说说看，1的乘法口诀是什么？

生：一一得一。

师：2的乘法口诀有哪两句？

生：一二得二,二二得四。

师：3的乘法口诀呢?

生：一三得三,二三得六,三三得九。

师：再来背一遍4的乘法口诀。

生：一四得四,二四得八,三四十二,四四十六。

师：4的乘法口诀学完了，我们就要开始学习几的乘法口诀了?

生：5的乘法口诀。

（板书：5的。）

二、探索新知

师：乘法口诀是怎么产生的? 乘法口诀和什么有关系呢?

生1：乘法口诀和乘法算式有关。

生2：乘法口诀也和加法有关。

师：说得很好! 其实乘法就是求几个几相加的简便计算，当然跟加法有关，其实也跟数数有关。你会数数吗?

生：会。

师：我们可以几个几个数?

生：1个1个数。

师：好，大家先1个1个来数。

生：0，1，2，3……

（教师在一条带箭头的直线上分别标出：0, 1, 2, 3, 4, 5, 6, 7, 8, 9, 10, 11, 12, 13, 14, 15, 16, 17, 18, 19, 20, 21, 22, 23, 24, 25。）

师：除了1个1个数，还可以怎样数?

生：2个2个数。

师：我们从0开始2个2个地数数看。

生：0，2，4，6，8，10。

师：2 个 2 个数就跟几的乘法口诀有关系呢？比如说，1 个 2 是 2，乘法口诀就是一二得二，那 2 个 2 就是多少？

生：4。

师：乘法口诀是？

生：二二得四。

师：果然，乘法口诀跟数数也有关系。除了 2 个 2 个数，我们还可以怎样数数？

生：5 个 5 个数。

师：好，我们 5 个 5 个地数一数。

生：0，5，10，15，20，25。

师：学会了 5 个 5 个数数，学习 5 的乘法口诀就容易多了。在我们日常生活当中有时就需要用乘法口诀帮助计算，请大家一起看。

（课件出示例图，如图 16。）

图 16

师：当我们去游玩的时候，遇到像这样的小船规定每只船可以坐几人？

生：5人。

师：每只船上都坐5人，那2只船一共坐多少人呢？3只船呢？4只、5只船呢？当然我们可以数数，也可以用加法计算，还可以用乘法计算。请大家打开课本翻到第29页，填写中间的表格。

（学生在课本上填写得数。）

师：请同学汇报一下，1个5是多少？

生：5。

师：2个5相加是多少呢？

生：10。

师：3个5相加呢？

生：15。

师：4个5是多少？

生：20。

师：5个5呢？

生：25。

（教师在黑板上竖着板书每次加5的得数。）

师：仔细观察这些得数，你发现有什么规律？

生1：后面的得数都比前一个得数多5。

生2：前一个得数总比后一个得数少5。

师：加法我们会算了，乘法就容易多了。既然1个5是5，谁能写出乘法算式？

生：$1 \times 5 = 5$。

师：我们可以编成一句乘法口诀，谁来试试看？

生：一五得五。

（板书：1×5=5，一五得五。）

师：这里的一五是什么意思呢？得五又是什么意思呢？

生：一五表示1个5，得五是等于5的意思。

师：1个5再加1个5后变成几个5？乘法算式谁会写？

生：变成2个5，2×5=10。

师：你能把这道算式编成一句口诀吗？同桌两个人相互说一说。

（同桌之间讨论，相互说一说。）

师：谁来汇报一下？

生：二五一十。

（板书：2×5=10，二五一十。）

师：接下来，老师请三位同学分别说出求3个5、4个5、5个5相加是多少的乘法算式。

生1：3×5=15。

生2：4×5=20。

生3：5×5=25。

（板书：3×5=15，4×5=20，5×5=25。）

师：你能自己编出这三句乘法口诀吗？在课本上独立填写。

（学生独立填一填课本第29页方格内乘法口诀。）

师：我们请同桌合作汇报，一个同学说乘法算式，另一个同学说乘法口诀。

生1：3×5=15。

生2：三五十五。

师：4个5的乘法算式和口诀呢？

生1：4×5=20。

生 2：四五二十。

师：5 个 5 呢？

生 1：5×5=25。

生 2：五五二十五。

（依次板书：三五十五，四五二十，五五二十五。）

师：刚才我们自己编出了 5 的乘法口诀，真不错！我们一起读一遍，边读边思考，5 的乘法口诀有什么规律？

生：越往下面得数越多 5。

师：说得非常好！第一个得数是 5，第二个得数是 10，然后是 15，20，25，也就是得数从 5 开始每次都多 5，这是基本的规律。

生：口诀的第一个数字在变大。

师：观察很仔细，第一个数依次变大，那有没有什么不变的呢？

生：第二个字都是五。

师：是的，因为我们今天学的是几的乘法口诀？

生：5 的乘法口诀。

师：徐老师把乘法口诀挡起来，请大家看着左边加法的得数来说乘法口诀，你会吗？

（学生看得数说口诀。）

师：如果不看加法得数，只看乘法算式你还能说出乘法口诀吗？

（学生看乘法算式说口诀。）

师：接下来我们做一个对口令的游戏。徐老师说乘法口诀的前半句，你对后半句，看谁的反应快。准备好了吗？一五——

生：得五。

师：三五——

生：十五。

师：五五——

生：二十五。

师：二五——

生：一十。

师：四五——

生：二十。

师：请同桌两位同学，你说我对，我说你对，看谁口令对得好。

（同桌学生活动，相互对口令。）

师：我们请一位男生和一位女生上台比赛对口令，请同学们推荐一下。

（学生推荐一位男生和一位女生上台，相互比赛对口令。）

师：对得太好了，掌声送给他们！接下来我们一起来背一遍5的乘法口诀，大家可以闭上眼睛来背。

生：一五得五，二五一十，三五十五，四五二十，五五二十五。

师：同学们对5的乘法口诀学得不错。徐老师在背5的乘法口诀的时候，突然忘记三五多少了，有没有哪位同学能够帮助徐老师想出三五是多少？

（教师将板书口诀中的"十五"擦去。）

生：三五就是3个5相加等于15，所以三五十五。

师：我会算加法，5加5再加5等于15。谢谢你，这个方法不错。除了用加法，还可以用什么方法想出得数？

生：用乘法。

师：我就是用乘法不知道结果是多少啊，怎么办呢？

生：用上面的二五一十再加5，就可以了。

师：有道理！二五一十我是会的，10再加上5就是15，就有3个5，所以三五十五。还有其他办法吗？

生：用减法！四五二十，20 减 5 是 15，4 个 5 去掉 1 个 5 是 3 个 5，所以就知道三五十五了。

师：这个办法也不错，用后面一句口诀的得数减掉 5。如果我加法、减法和乘法都不会，该怎么办呢？

生：还可以用数数的方式。

师：有意思！我们一起数一数，1 个 5 是 5，再数 1 个 5 是 10，再数 1 个 5 是 15，所以三五十五。从 0 开始往后数数其实就是一种加法。

（教师在复习时的板书直线中画弧线表示 3 个 5 是 15。）

三、练习提高

师：同学们，课上到现在，我们简要回顾一下，今天主要学习了什么知识？

生：5 的乘法口诀。

师：只要是学习乘法，我们首先会思考乘法的本质，是什么呢？

生：几个几相加。

师：几个几相加我们可以用加法算出得数，也可以用乘法写出算式，还可以编出乘法口诀。而且通常一句乘法口诀能计算几道乘法算式？

生：两道。

师：请大家看这里，乘法口诀一五得五，除了可以算 $1 \times 5 = 5$，还可以算哪一道乘法算式呢？

生：$5 \times 1 = 5$。

（板书：$5 \times 1 = 5$。）

师：同样的道理，二五一十，除了可以算 $2 \times 5 = 10$，还可以算哪道乘法算式？

生：5×2=10。

（板书：5×2=10。）

师：非常好，接下来的三五十五，四五二十，分别还可以计算什么样的乘法算式？

生：5×3=15，5×4=20。

（板书：5×3=13，5×4=20。）

师：继续看，用五五二十五可以算几道乘法算式？

生：一道。

师：为什么只能算一道呢？

生：因为两个乘数相同，都是5。

师：观察很仔细，这两个乘数都是5，交换位置乘法算式不变。

师：接下来，我们做一个"花开朵朵"的游戏。请翻开课本到第30页，看第2题，根据花坛里开出的鲜花算式，写出所用的乘法口诀，然后在方框里填写得数。

（课件出示练习题图，如图17。）

（学生独立填写课本。）

图 17

师：谁来汇报一下？

生1：4×5=20，5×4=20，口诀是四五二十。

生2：3×5=15，5×3=15，口诀是三五十五。

师：接下来我们来做"跳格子"的游戏。我们知道数数时可以1个1个数，2个2个数，还可以5个5个数，书上请我们几个几个数呢？（出示课件，如图 18。）

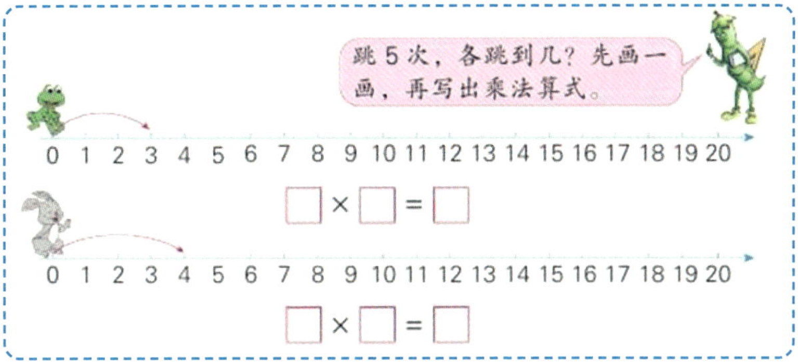

图 18

生 1：青蛙是 3 格 3 格数。

生 2：兔子是 4 格 4 格数。

师：先看第一条直线，青蛙跳，需要跳 5 次。我们看箭头就可以知道一次跳了几格？

生：3 格。

师：是的，跳了 3 格，就画一个箭头。再跳 3 格就再画一个箭头，现在跳了几次？一共跳了几格？

生 1：现在跳了 2 次。

生 2：一共跳了 2 个 3 格，是 6 格。

师：你能接着画箭头表示一共跳 5 次吗？

（学生动手在课本上自己独立画箭头。）

师：谁来和大家分享一下？

生：跳 1 次是 3 格，2 次是 6 格，3 次是 9 格，4 次是 12 格，5 次是 15 格。

师：对！5 次跳到了 15 格，那乘法算式你会写吗？

生：$5 \times 3 = 15$ 或 $3 \times 5 = 15$。

师：非常好！接下去你能画出小兔子跳了多少格吗？小兔子一次跳多少你看出来了吗？

生：一次跳 4 格。

师：请你用箭头表示出跳 5 次的结果，并写出乘法算式。

（学生在课本上画图和列式计算。）

师：谁来汇报一下？

生 1：跳 1 次是 4 格，2 次是 8 格，3 次是 12 格，4 次是 16 格，5 次是 20 格。

生 2：$5 \times 4 = 20$。

生 3：可以想乘法口诀四五二十。

师：请看黑板，我们也可以在前面学习时画的这条直线上进行"跳格子"游戏呢。

（教师在黑板上画箭头，学生说乘法口诀。）

师：刚才青蛙跳格子，可以怎样用口诀计算？

生：青蛙跳一次就是一三得三。

师：跳两次呢？

生：二三得六。

师：跳三次呢？

生：三三得九。

师：跳四次呢？

生：三四十二。

师：跳五次呢？

生：三五十五。

师：假如我们换一种格子数来游戏，我准备每次跳 4 格，跳一次的格子数想哪句乘法口诀？

生：一四得四。

师：跳两次呢？

生：二四得八。

师：跳三次呢？

生：三四十二。

师：跳四次呢？

生：四四十六。

师：跳五次呢？

生：四五二十。

师：非常好！徐老师也想尝试跳一次。现在我每次跳 5 格，我画线大家说乘法口诀。

（教师在直线上画弧线表示一次跳 5 格，然后继续画线。）

生：一五得五，二五一十，三五十五，四五二十，五五二十五。

师：每次跳 5 格，其实直接用 5 的乘法口诀可以快速算出跳了多少格。接下来请大家睁大眼睛观察，刚才跳格子的过程中好像有的格子点上箭头指的数有重复的，你找到了吗？

生：12。

师：是的。我们看看，每次跳 3 格时跳了几次到 12？

生：4 次。

师：我们每次跳 4 格时跳了几次到 12？

生：3 次。

师：在思考时有什么共同的地方？

生：都是想同一句口诀，三四十二。

师：再看看，还有重复的数吗？

生：20。

师：是的，每次跳 4 格跳了 5 次到 20，每次跳 5 格跳了 4 次到 20，想的乘法口诀都是哪一句？

生：四五二十。

师：同学们不仅会玩跳格子游戏，还能运用乘法口诀快速进行计算，并且发现了计算规律，让我们为自己鼓掌！

师：最后，让我们独立运用乘法口诀进行计算。请看书本第 30 页第 3 和第 5 题，在课本上填写得数。（出示课件，如图 19。）

图 19

（学生动手自己独立完成。）

四、总结全课

师：通过今天的这节课，你学会了什么？请把你的收获和体会说一说好吗？

生：我学会了 5 的乘法口诀。

师：为你感到高兴！5 的乘法口诀一共有几句？

生：5 句。

师：最后我们再来一起背一遍 5 的乘法口诀。

（学生齐背一遍 5 的乘法口诀。）

师：这节课就上到这里，下课！

教 学 反 思

2024 年 10 月 8 日，国庆长假后上班第一天，"相约星期二"——我的数学家常课开放日。按照进度，今天教学第三单元《表内乘法（一）》中的例题 6——"5 的乘法口诀"。

2022 版课标在"附录 2"——关于行为动词的分类中，新增了"感悟"这一描述过程目标的行为动词，并指出："在数学活动中，通过独立思考或合作交流，获得初步的理性认识。"无论是描述结果目标的行为动词（了解、理解、掌握、应用），还是描述过程的行为动词（经历、体验、感悟、探索），都是形成核心素养的基础和条件，最终指向学生核心素养的形成和发展。本节课学习 5 的乘法口诀，如何让学生充分"感悟"乘法口诀的来源、意义和规律呢？

一、在乘法意义理解中催生乘法口诀

虽说本节课的主要教学内容是乘法口诀，但由于学生尚处于初步认识乘法运算的阶段，因此理解乘法意义依然是重要的教学目标。只有对乘法口诀的来源有充分的认识，才能理解乘法口诀的含义；只有对乘法意义深入理解，才能感悟乘法口诀的重要价值。

课始，在师生谈话中明确乘法的来源与意义，尤其是"几个几"的本质。同时，复习前几节课刚学习的 1～4 的乘法口诀及其计算。

接着，出示主题图（同学们在划船，每只船坐 5 人），让学生提出数学问题：2 只船坐多少人？3 只、4 只、5 只船呢？

然后，让学生填表，每次加 5，分别进行计算，解决实际问题。组织学生汇报结果时，老师在黑板上竖着写下得数，并对口令——"1 个 5 是多少？""2 个 5 相加是多少？""3 个 5 呢？""4 个 5 呢？""5 个 5 呢？"

弗赖登塔尔说过："事实上，加法不应该是乘法唯一的来源。它甚至不应该是一个原始的来源而是一个辅助来源。乘法的现实背景比只在形式上把数字意义上相同的加数加起来的来源更加丰富。"上述的教学设计，围绕解决实际问题而展开，紧密结合乘法的产生和来源，帮助学生在"几个 5"的运算中自然催生出对乘法口诀的需求。

二、在乘法口诀编制中理解乘法意义

乘法是取代相同加数加法的产物。乘法口诀本质上是两个一位数相乘与其得数之间的对应关系，它是学习乘法和除法计算的抓手与基础。由于有了前两节课对 1～4 的乘法口诀的学习经验，大多数学生应该能够将乘法口诀的学习方法迁移到 5 的乘法口诀中来。因此，编制 5 的乘法口诀，基本由学生自主学习完成。

教学时，按照"几个几"→"几乘几"→"几几多少"的步骤，让学生在编制乘法口诀的过程中进一步理解乘法意义。

基于课始每次加 5 的感性经验，学生对几个 5 是多少的得数有了充分感知。提问"1 个 5 是多少用乘法算式怎么表示？""1×5=5 表示什么含义？""如何根据 1 个 5 是 5 编出一句乘法口诀？"（一五得五）

接着，让学生根据"2 个 5 相加是多少？""2×5=10"，进而编出乘法口诀"二五一十"。然后，放手让每个同学照样子自主计算与编制余下的三句乘法口诀，并填写在课本上。

这样的教学设计，一方面，让每个同学亲身经历乘法口诀的编制过程，理解乘法口诀的含义；另一方面，在编制乘法口诀的过程中围绕乘法的含义和本质展开，得到乘法口诀的过程，也是深入理解乘法意义的过程。

三、在探索口诀规律中发展推理意识

数学是思维的体操。数学在形成人的理性思维、科学精神和促进个人智力发展中发挥着不可替代的作用。如何让学生"会用数学的思维思考现实世界"？ 2022 版课标提供了如下四条路径：建立数学概念之间的基本联系，分析和解决简单的实际问题，探究现实内容所蕴含的数学规律，初步养成讲道理和有条理的思维品质。

教学中，学生初步编写出 5 的乘法口诀之后，让学生观察与思考，逐步探索发现乘法口诀的内在规律：（1）口诀的第一个数字逐渐增大；（2）口诀的第二个字都是"五"；（3）口诀的得数依次大 5。

同时，组织学生适度记忆乘法口诀：首先边读口诀边记忆，接着对照每次加 5 的得数记忆口诀，然后看着乘法算式记忆口诀。

并且，通过一个关键问题培养学生的推理意识——"怎样推想出三五多少？"有的学生说每次加 5，加三次可以得到 15；有的学生想到前一句口诀"二五一十"，得数 10 加 5 可以得到 15；还有的学生想到后一句口诀"四五二十"，20 减 5 也得到 15；甚至还有学生用数数的方法得到三五的得数。

四、在解决实际问题中培养应用意识

乘法口诀的教学，应该有着高远的目标追求。编制和记忆乘法口诀不是主要目的，探索口诀规律也不是终极目的，应该让学生在解决实际问题中深入理解乘法的本质意义，感悟乘法口诀的独特魅力，培养学生的运算能力、推理意识和应用意识。

因此，本课设计了如下三个层次的针对性练习。

第一层次——巩固性练习。师生一起进行"对口令"游戏：师说生对，生说生对，同桌互对。

第二层次——应用性练习。针对一句乘法口诀通常可以计算两道乘法算式进行练习，让学生从算式到口诀，再从口诀到算式。

第三层次——拓展性练习。进行"跳格子"游戏：首先在数轴上从0开始，每次跳3格，跳5次，让学生画带箭头的弧线表示每次的得数；接着每次跳4格，跳5次，画弧线表示结果；然后每次跳5格，也跳5次，继续画弧线表示结果。"跳格子"游戏的最后，针对"12"（每次跳3格和4格都得到）和"20"（每次跳4格和5格都得到）这两个重合点进行提问，既有效巩固了3、4、5的乘法口诀，又孕伏了"公倍数"的知识。

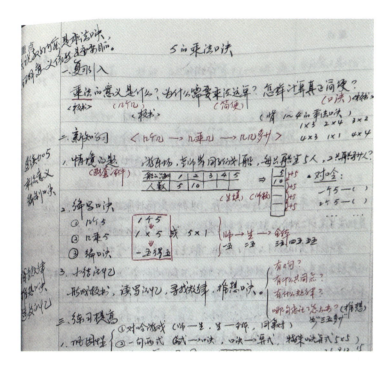

▲备课教案手稿

▲上课照片（2024年10月8日）

4 认识平均分

教材
简析

　　一直以来，二年级学生学习除法运算之前，教材都要专门编排"平均分"的例题。这样的课程安排，一方面让学生了解除法运算的生活来源，即日常生活中的分组问题和分配问题；另一方面让学生理解除法的本质是"分"，是减法运算的一种延伸和进阶。

　　2022版课标十分重视数运算的教学，尤其是让学生体会数的运算本质上的一致性。同时指出要让学生在具体操作和真实情境中，知道除法是乘法的逆运算，并且始终关注学生运算能力和推理意识的形成和发展。

　　对比2022版课标教材和2011版课标教材可以发现，例题1的编排几乎完全相同，甚至可谓一字不差。而例题2和例题3的编排则完全调换了顺序，2022版课标教材先教"一个一个分"，后教"几个几个分"。为何会有如此大的变化呢？笔者以为尽管生活中平均分物品更常见的是"几个几个分"（即过去所说的"包含除"），但要让学生理解"平均分"的实际含义，从"一个一个分"开始，更加能够让学生感受到平均分的本质。此外，2022版课标教材取消了"两种分法对比"的例题编排。

　　本节课的教学，笔者主要的设计思路：合理整合例题1、例题2和例题3的内容素材，在一节课的时间里面，首先认识平均分，然后学习"一个一个分"和"几个几个分"，并适度进行两种分法对比，以帮助学生进行整体建构。

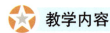

教 学 设 计

★ 教学内容

　　2011 版课标教材（苏教版）二年级上册第 42～44 页，2022 版课标教材二年级上册第 20～21 页。

★ 教学目标

　　（1）让学生在真实情境中认识平均分，了解平均分的含义和方法，能够判断是否平均分，并进行简单的平均分活动。

　　（2）在动手操作和观察对比中理解平均分的本质，并能进行"一个一个分"与"几个几个分"。

　　（3）通过丰富的情境问题与实践活动，激发学生的学习兴趣，积累数学活动经验，培养初步的模型意识和推理意识。

★ 教学过程

一、复习引入

1. 师生谈话

　　提问：已经学过哪些计算？什么时候用加法计算？什么时候用减法

计算？什么时候用乘法计算？

2.引出新知

提问：加法和乘法的本质是什么？减法的本质是什么？生活中分东西时，除了能产生减法运算，还会产生什么新的运算呢？

二、探索新知

（一）认识平均分

首先呈现例题 1 主题图。（课件动态显示，教具学具操作。）

1.把 8 个桃分成两堆

预设四种分法：1 和 7，2 和 6，3 和 5，4 和 4。

引导与讲述：每份分得同样多，叫作平均分。

2.把 8 个桃平均分成 4 堆

首先让学生自主动手操作，然后指名讲述平均分的方法。

3.8 个桃还可以怎么平均分

让学生讨论和演示，把 8 个桃平均分成 8 份，每份 1 个。

（二）学习"一个一个分"

呈现教材例题 2 主题图：把 8 个桃平均分给 2 人，每人几个？

1.学生自主分桃

学生每人操作圆片学具，自主探索分桃方法。

2.展示分桃过程

选择分法具有典型性的学生上台演示分桃过程。

预设 1：直接各拿 4 个，分别放在两边。

预设 2：先各拿几个，分别放在两边，然后再进行调整。

预设 3：先拿 2 个，一边一个；再拿 2 个，一边一个……

在此基础上，明确"一个一个分"的具体方法。

3. 演示规范分法

首先由老师带领学生进行一个一个分，再由学生代表带领学生一个一个分，然后每个学生独立进行一个一个分。

（三）学习"几个几个分"

呈现教材例题 3 主题图：有 8 个桃，每人分 2 个，能分给几人？

1. 学生自主操作

每个学生用学具卡片进行操作。

2. 指名演示方法

指名学生上台用教具演示分法。

3. 学习圈画分桃

教师在黑板上圈画，学生在课本上圈画。

（四）比较与小结

简要对比"一个一个分"与"几个几个分"的过程与结果。

三、分层练习

（一）巩固性练习

判断下面哪种分法是平均分。

（课本第 43 页第 1 题。）

（二）应用性练习

1. 几个几个分

（1）10 块饼干，每 2 块一份，能分成几份？

（2）9 块糖果，每 3 块一份，能分成几份？

（3）15 块巧克力，每 5 块一份，能分成几份？

（学生在课本上圈一圈，填一填，再交流汇报。）

2. 一个一个分

（1）6个苹果，平均放在2个盘子里，每盘放几个？

（2）9棵白菜，平均放在3个筐里，每筐放几棵？

（学生在课本上画箭头，并填空，同桌交流结果。）

（三）拓展性练习

（1）把12根小棒平均分给2人，每人分得几根？

（2）把12根小棒每2根分给一人，能分给几人？

（3）12根小棒还可以怎么平均分？

四、总结全课

回顾本课所学知识，体会平均分的本质，渗透除法运算。

一、复习引入

师：从一年级到现在，我们学过了哪些计算？

生：学习了加法、减法和乘法。

师：说得非常好！那什么时候要用加法计算？什么时候要用减法计算呢？

生1：将两个数量合起来的时候要用加法计算。

生2：将总数量分成两个部分，知道一个部分，要求另一部分，用减法计算。

师：说得真好。也就是说，加法和减法跟我们以前学过的分与合有关系。知道两个部分，要求合起来的总数是多少，可以用什么方法计算？

生：加法。

师：如果合的时候，每个部分是同样多的（也就是几个几），还可以用什么方法计算？

生：乘法。

师：对！知道了总数和分出去的一部分，求另外一部分，用什么方法？

生：减法。

师：是的，日常生活中分东西时会产生减法，还会产生什么运算呢？今天这节课，我们就从分东西开始学习。

二、探索新知

师：那老师先写一个字，请看这是什么字？

（板书：分。）

生（齐声）：分。

师：我知道大家都有过分东西的经验，今天徐老师带了几个桃，请大家来分一分。大家先来数数看要分的桃有几个。

（教师在黑板上依次出示 8 个桃的卡片。）

师：我们要分几个桃啊？

生：8 个。

（板书：8。）

师：要把这 8 个桃分成两堆，可以怎么分呢？请同学们数出 8 个圆片，然后把它们分成两堆，看谁分得快。

（学生动手操作学具圆片。）

师：谁来说说看，你分成了哪两堆？

生 1：4 和 4。

生 2：1 和 7。

生 3：2 和 6。

生 4：3 和 5。

（教师根据学生回答依次完善板书。）

师：大家看，这其实是我们一年级学习的分与合。把 8 个桃分成两堆的话，可以是 1 和 7，也可以 2 和 6，或者是 3 和 5，还有一种就是第一个同学所说的,分成几和几?

生:4 和 4。

师:其实,分成 4 和 4 这种结果比较特殊。谁来说说看,它特殊在哪里?

生:两个数一样。

师:对,也就是说每份分得怎么样啊?

生:同样多。

(板书:每份分得同样多。)

师:我们分东西时,有时候会遇到每份同样多的情况。这种分法就是我们今天要学习的新知识,叫作平均分。

(板书:平均分。)

师:平均分的意思,就是每份分得同样多。

师:如果分成 1 和 7,能不能叫平均分?

生:不能。

师:2 和 6 呢?

生:也不能。

师:3 和 5 呢?

生:也不能。

师:4 和 4 呢?

生:能。

师:对! 只有每份分得同样多,才是平均分。刚才我们把 8 个桃平均分成了两堆,现在我们把 8 个桃平均分成 4 堆,请大家用圆片分着试试看。

(学生继续用 8 个圆片进行操作,平均分成 4 堆。)

师:谁来说说看,你分的结果是怎样的?

生：我分下来每堆有两个。

师：对！也就是说分成了几个 2 ？

生：4 个 2。

师：每份同样多吗？

生：是的。

师：这也叫什么？

生：平均分。

师：请同学们思考，把 8 个桃还可以分成几堆，也是平均分？可以同桌同学先讨论一下，再一起动手分一分。

（同桌同学先讨论，再操作学具。）

师：谁来说一说你们的结果？

生：我们分成 8 堆，也就是 8 个 1。

师：8 个 1，每份都是 1 个，每份同样多，是平均分。掌声送给他们。

（板书：1 1 1 1 1 1 1 1。）

师：我们简要回顾一下，通过刚才的分东西，我们知道有一种特殊的分法，叫什么分？

生：平均分。

师：它特殊在哪里呀？

生：每份分得同样多。

师：刚才我们从分东西的结果出发，知道每份分得同样多就叫作平均分。那么，在平均分时，又是怎样分出来的呢？比如，怎样把 8 个桃平均分给 2 人呢？

（板书：把 8 个桃平均分给 2 人，每人几个？）

师：先请同学们用 8 个圆片自己分分看，分的时候观察并思考是怎样平均分给两个人的。

（学生动手用 8 个圆片分一分。）

师：我请一个同学到前面来分一分，大家注意观察他是怎么分的。如果你的分法是不一样的，等会儿再举手。

（指名一生上台操作。）

师：说说看你是怎么分的？

生：我一边分 4 个，另一边也分 4 个，分成 2 份。

师：我们首先看一看，他是不是分给两人的？

生：是的。

师：结果是不是平均分？

生：也是的。

师：不过，我们发现刚才这位同学直接各拿了 4 个分别放在两边。有谁分的过程和他不一样？

（指名另一生上台操作。）

师：你为什么首先要左边放一个，右边放一个呢？

生：先给他们一人一个，同样多。

师：有道理！要分给两个人，就首先拿 2 个桃，一人分一个；然后再拿 2 个桃，一人一个；再拿 2 个，一人一个；最后拿 2 个，还是一人一个。这样分，你感觉怎么样？

生：感觉很清楚。

师：刚才两位同学的分法，从结果上看都是平均分。尤其是第二位同学的方法徐老师特别感兴趣，在平均分时，他可不是随便拿的，他首先拿了几个桃？

生：两个。

师：为什么要先拿两个桃？

生：因为要平均分给两个人。

（教师在黑板上画两个集合圈，并用教具进行演示。）

师：这两个圈就表示两个人。先拿两个桃，一人一个；再拿两个，一人一个；再拿两个，一人一个……

师：分完了吗？

生：分完了。

师：这样我们就能看出平均分的结果，每人几个？

生：每人 4 个。

师：这种分法看起来特别清晰，老师想请所有同学一起用这种方法分分看。谁愿意到前面来当小老师？

（指名一生上台演示，其余同学跟着一起分圆片。）

师：像这种分法，其实就是"一个一个分"。

（板书：一个一个分。）

师：在平均分物品时，除了一个一个分，还可以几个几个分呢。请看现在的分桃要求——有 8 个桃，每人分 2 个，能分给几人？

（板书：有 8 个桃，每人分 2 个，能分给几人？）

师：一起读一遍分桃要求。

生（齐声）：有 8 个桃，每人分 2 个，能分给几人？

师：请大家继续准备 8 个圆片当作桃，然后每次 2 个分一分，看能分给几个人。

（学生动手操作圆片。）

师：谁来介绍一下你是怎么分的？

（指名一生上台操作。）

生：先拿 2 个，再拿 2 个，又拿 2 个，最后拿 2 个。

师：你能告诉大家，结果能分给几人？

生：一共拿了 4 次，能分给 4 人。

师：对不对？

生：对。

师：刚才这位同学在分桃的时候把 2 个桃靠在一起，我们看得很清楚。其实我们还可以用画圆圈的方法分，那就要把几个桃圈在一起呢？

生：2 个。

师：请大家打开数学书，翻到第 42 页的最下面，找到例题 2。有 8 个桃，每个小朋友分 2 个，可以分给几个小朋友？

（出示课件，如图 20。）

图 20

师：像这样圈一圈，把 2 个桃分给一人，就圈在一起。

（如图 21。）

图 21

师：请你在图上圈一圈。谁圈得快圈得好，就请你到前面来演示给大家看。

（全体学生在课本上圈一圈，然后指名上台圈一圈。）

师：根据刚才我们分桃和圈圈的结果，这 8 个桃，每人分 2 个，能分给几人？

生（齐声）：能分给 4 人。

师：刚才前面那次分桃，把 8 个桃平均分给 2 人，求每人几个。我们在分的时候，是怎么分的？

生：一个一个分。

师：第二次我们分桃，有 8 个桃，每人分 2 个，求能分给几人。我们在分的时候，是怎么分的？

生：2 个 2 个分的。

师：对！所以我们就叫"几个几个分"。

（板书：几个几个分。）

师：不管是一个一个分，还是几个几个分，分下来的结果是不是每份同样多呀？

生：是。

师：所以都是平均分。

师小结：我们来简要回顾一下。一上课，我们学习了在分东西的时候，有一种特殊的分法，每份分得同样多，叫平均分。然后同学们和老师一起分了两次桃，我们来对比一下，这两次分桃都是分几个？

生：都是分 8 个桃，都是平均分。

师：两次分桃有什么不同的地方？

生 1：第一次分的时候，把 8 个桃平均分给 2 个人，问每人分几个，是一个一个分的。

生 2：第二次还是 8 个桃，每人分 2 个，问能分给几人，是几个几个分的。

师：说得很好！同样是平均分的结果，具体分东西的过程略有不同，有时是一个一个分，有时是几个几个分。

三、分层练习

师：我们已经学习了平均分，请打开课本第 43 页看第 1 题。仔细观察，哪一幅图的分法是平均分，就在下面写上"平均分"三个字；如果不是平均分，那就不用写。

（出示课件，如图 22。）

图 22

师：谁来汇报一下，萝卜是平均分吗？

生：不是。

师：为什么？

生1：因为左边是 5 个，右边是 4 个。

生2：每份分得不是同样多。

师：谁继续来介绍右边这幅图？

生：草莓是平均分。

师：为什么是平均分？

生：因为每堆分得同样多。

师：每堆都是几个草莓呀？

生：3 个。

师：它是每份分得同样多，所以是平均分。接下来，请同学们试试动手分一分，请看要求。

（出示课件，如图 23。）

（1）
10 块 ⬤，每 2 块一份，分成了（　）份。

图 23

师：10块饼干，每2块一份，这是哪种分法呢？

生：几个几个分。

（学生在课本上圈一圈，填一填。）

师：谁来汇报一下。

生：我是2个2个地圈一圈的，圈了5次。

师：我们一起来数数看，1个2，2个2，3个2，4个2，5个2。我们可以怎样说呢？

生：10块饼干，每2块一份，分成了5份。

师：我们继续来分糖果。

（出示课件，如图24。）

（2）9块 🍬 ，每3块一份，分成了（　　）份。

图 24

（学生在课本上动手圈画。）

师：我请同学到前面来当小老师，谁愿意？

（指名一生上台一边圈，一边数。）

师：我们一起完整地说一说分糖果的情况。

生：9块糖果，每3块一份，分成了3份。

师：还想继续分吗？

生：想。

师：这次我们分巧克力。

（出示课件，如图25。）

（3）□□□□□□□□□□□□□□□
　　15块 🍫，每5块一份，分成了（　）份。

图25

（学生圈一圈，填一填。）

师：继续请小老师上台。

（一生上台圈一圈，数一数。）

师：谁来领着大家读一读分巧克力的情况？

生：15块巧克力，每5块一份，分成了3份。

师：同学们观察一下，刚才分饼干、糖果，还有巧克力，我们在分的时候，其实是哪一种分法呀？

生：第二种分法。

师：是怎么分的啊？

生：几个几个分。

师：那一个一个分，你还记得吗？

生：记得。

师：接下来我们再来一个一个分苹果。把课本翻到第44页。

（出示课件，如图26。）

（1）
　　6个苹果，平均放在2个盘里，每盘放（　）个。

图26

师：这次我们用画箭头的方法进行一个一个分。先把两个苹果分别画箭头连到两个盘子里，接下去请大家像这样继续一个一个分。

（学生动手画一画。）

师：我请一个同学到黑板上来画箭头。

（指名一生上台演示。）

生：我是把第3、第4个苹果用箭头分别画进两个盘子里，再把第5、第6个苹果继续用箭头画进去。

师：分完后，数数看每个盘子里有几个箭头？

生：3个。

师：对！那我们一起来说一说分苹果的情况。

生（齐声）：6个苹果，平均放在2个盘里，每盘放3个。

师：接下去我们来分白菜。

（出示课件，如图27。）

图 27

师：请大家像刚才那样，用箭头画一画。

（学生在课本上动手画一画。）

师：请同桌同学互相说一说分的过程和结果。

（同桌同学交流。）

师：我们一起说一说分白菜的情况。

生（齐声）：9棵白菜，平均放在3个筐里，每筐放3棵。

师：最后我们来做一个分小棒的游戏，看你会不会平均分。准备好12根小棒，放在课桌上。

（教师在黑板上展示12根小棒教具。）

师：我想请大家把 12 根小棒平均分给 2 人。

（学生独立分小棒。）

师：我请两人上台合作，一人分小棒，一人介绍方法。

（指名二人上台演示。）

师：分得的结果是怎样的？

生：12 根小棒，平均分给 2 人，每人分得 6 根。

师：两位小伙伴配合得不错，掌声送给他们！我们接下来换一种分法。把 12 根小棒每 2 根分一份，看能分成几份。

（学生动手分一分。）

师：继续邀请两位小伙伴上台演示分的过程。

（指名两位学生上台演示分小棒。）

师：我们看看最后分给了几个人？

生：6 个人。

师：我们还可以继续用小棒来做平均分的游戏。老师不规定怎么分，请同学自己在头脑里想好，然后出题给你的同桌分一分，看同桌分得对不对，然后交换进行游戏。

（同桌同学自主出题进行平均分活动。）

四、总结全课

师：同学们，回顾一下，今天这堂课我们学习的是什么？

生 1：平均分。

生 2：每份分得同样多，叫作平均分。

师：具体在进行平均分的时候，有哪两种不同的方法？

生：一个一个分，几个几个分。

师：还记得我们前面学过，把数量合起来的时候会产生什么运算呢？

生：加法。

师：或者什么运算？

生：乘法。

师：那么，在分东西的时候会产生什么运算？

生：减法。

师：那么平均分还可能会产生什么运算呢？

生：除法。

师：有道理！再过几天我们就要学习由平均分东西而产生的新的运算——除法，感兴趣的同学可以自己提前看看书，下一次你就可以当小老师啦！今天的课就上到这里，下课。

教学反思

2024 年 10 月 22 日，"相约星期二"——我的数学家常课开放日。按照教学进度，今天教学第四单元《表内除法（一）》的知识种子课——"平均分"。参加今天听课的除了有我的同事们之外，还有来自广州市教科院的名师工作室主持人及鄂尔多斯市的数学名师工作室成员，所以，上课地点移到了开课教室。

2022 版课标在课程理念中提出了"设计体现结构化特征的课程内容"要求，在课程目标部分指出了核心素养具有"整体性、一致性和阶段性"特征，又在课程实施部分提出了"推进单元整体教学设计"的建议。因此，当下的数学课堂教学，我们不仅要整体把握教学内容之间的关联，还要把握教学内容主线与相应核心素养发展之间的关联，从而以"结构化"内容设计促进核心素养"整体性"发展。

众所周知，"平均分"是学生正式学习除法的认知前提，也是学生运算思维发展的关键概念。历来的小学数学教材都是在正式教学除法运算之前，专门编排 2 ~ 3 节课进行集中教学"平均分"。

2011 版课标教材本单元安排了 7 个例题：例题 1 教学平均分的含义，例题 2 教学几个几个分，例题 3 教学一个一个分，例题 4 教学两种分法对比，例题 5 和例题 6 教学认识除法，例题 7 教学求商方法。

2022 版课标教材作了内容结构化调整，单元例题只安排了 5 个：例题 1 教学平均分的含义，例题 2 教学一个一个分，例题 3 教学几个几个分，例题 4 教学认识除法，例题 5 教学求商方法。

对比 2022 版课标教材和 2011 版课标教材可以发现，例题 1 的编排完全一样，例题 2 和例题 3 恰好互换了顺序，2022 版课标教材没有专门安排两种分法对比的例题。

一、注重运算思维的本质思想

运算的背后是思维，思维的本质是思想。2022 版课标在阐述核心素养目标时指出"会用数学的思维思考现实世界"，而义务教育阶段的数学思维主要表现为运算能力、推理意识或推理能力。

上课伊始，在师生谈话中我提出了三个问题引发学生思考：

（1）一年级以来我们学习了哪些运算？

（2）加法和减法本质有什么不同？

（3）乘法和加法有什么关系？

通过回顾与交流，激活了学生认知经验中的相关旧知：已知两个部分数，求总和用加法计算；已知总数和其中部分数，求另一部分用减法计算；求几个几相加是多少用乘法计算；乘法是特殊的加法。并进一步让学生明白：加法和乘法都体现了"合"的本质思想，减法体现了"分"的本质思想。

这样的复习铺垫，从运算的本质思想出发，为接下来继续学习"分"物品打下基础，也为"分"物品中出现的特殊"分"——平均分，提供了新知生长的土壤，更是为除法运算的产生埋下伏笔。

二、注重"平均分"的具体过程

"减法和乘法都是除法的来源,但都不是除法原始的来源,除法原始的来源,是现实生活中的划分问题和分配问题。"(王永著《数学化的视界》一书)

其实,平均分的含义主要是指分物品的结果,即"每份分得同样多"。而要让学生真正理解"平均分"的含义,则要让学生完整经历"平均分"的过程。教学中分三个层次展开:

首先是随机分物品。出示8个桃(卡片教具及学具),让学生随机将8个桃分成2份。然后组织学生汇报,教师板书出如下4种不同结果:1和7,2和6,3和5,4和4。在此基础上使学生明白分物品的多种结果。

其次是认识平均分。针对刚才分物品的不同结果,特别指出其中的一种特殊情况——4和4,即每份同样多,明确这种分法就叫作"平均分",初步揭示概念。并提问:另外三种分法为什么不是平均分?

最后是感受平均分。让学生思考:继续用这8个桃进行分,还可以怎样分也能平均分?学生进行思考与操作后汇报:可以平均分成4份,每份2个;还可以平均分成8份,每份1个。

三、注重两种分法的整体建构

无论是2022版课标教材还是2011版课标教材,都是第一课时教学平均分的含义以及一种分法,然后第二课时再教学另一种分法。2022版课标教材和2011版课标教材对两种分法编排有极大差异,该如何组织教学内容和顺序呢?我在备课时,思考很久,决定按照2022版课标教材的顺序,先教学"一个一个分",同时将第二课时的"几个几个分"也前移到本课一并进行整体建构。

在教学"一个一个分"时（把8个桃平均分给2人，每人分得几个？），我课前预设了三种理想情形，结果在课堂上，我班学生恰好先后出现了这三种典型分法（或许这就是对儿童的深度了解，也是对数学的深度理解）：

方法一：先拿4个分一份，再拿4个分一份。虽然这不是"一个一个分"，但是学生能够看出结果是每人分得4个，因此自然就分别拿4个了。

方法二：先把8个桃从中间分开成两份，一边3个，一边5个；然后进行调整，从5个那边拿一个到3的那边，结果两份都是4个。

方法三：先分别左右两边分1个，再两边各分1个，再各分1个，再各1个，全部分完，每份4个。

在肯定结果都正确的基础上，进行三种方法的比较，进而让每个学生明白"一个一个分"的方法及其好处，并让每个学生用学具操作一遍具体分法。

而"几个几个分"对于学生来说，比较容易理解。在学生自主操作后，在课本上圈一圈，感受分法和结果。

四、注重操作演示的经验积累

二年级学生学习抽象的数学概念，当然离不开动作与直观。本节课基本都是在操作与演示中进行学习，从动作思维开始，引发形象思维，进而发展抽象思维。

本课在探索新知环节依次安排了7次操作活动：

第一次操作：平均分的来源。在随机分物品的活动中自然生长出新知——平均分（每份分得结果同样多）。

第二次操作：感受平均分。把8个桃平均分成4份，每份2个；把

8个桃平均分成8份，每份1个。

第三次操作：把8个桃平均分成2份。用自己想的办法平均分，使得2份同样多。

第四次操作：动笔连线。学习"一个一个分"后，在教材实物图中进行连线，模拟分的过程。

第五次操作：8里面有几个2。用学具演示把8个桃每2个分一份的过程，理解"几个几个分"的方法。

第六次操作：动笔圈画。学习"几个几个分"后，在教材上对桃子图进行圈一圈，理解方法。

第七次操作：两种分法对比操作。让学生分别用圆片学具，对比演示"一个一个分"和"几个几个分"的过程与方法。

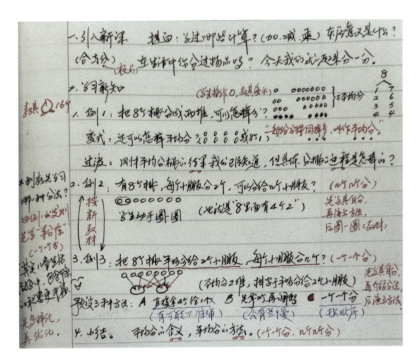

▲备课教案手稿

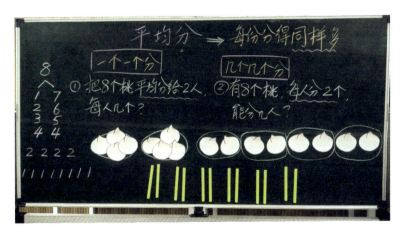

▲上课照片（2024年10月22日）

从运算教学发展的顺序来看，直到除法学习才使四则运算得以完整。相对于加减法和乘法来说，学生对除法含义的理解难度大一些，主要原因有两个：一方面除法是乘法的逆运算，需要一定的逆向思维；另一方面平均分的方法有两种不同情况（一个一个分与几个几个分）。

2022 版课标十分重视设计体现结构化特征的课程内容，特别提出整体性教学要求，尤其关注学生感悟运算之间的内在关系。2022 版课标教材在编排认识除法时有四个方面的变化：首先，将 2011 版课标教材的两个例题（包含除和等分除）合并为一个例题进行教学；其次，秉承 2022 版课标教材关于"平均分"的编排思路，先学"分配问题"（一个一个分，即等分除），再学"分组问题"（几个几个分，即包含除）；再次，延续运算含义教学的"讲故事模式"；最后，

2022版课标教材在除法运算时，还结合乘法算式进行推想，让学生感悟除法是乘法的逆运算。

　　本节课的教学设计思路：第一，组织好结构化的内容，通过关联性情境，让学生整体学习除法运算的含义。第二，关注运算背后的思维，联系减法的含义和乘法的特征，理解除法本质。第三，设计层次性练习，从巩固、应用和拓展三个层次让学生初步理解除法含义之后，逐渐形成技能，发展能力。第四，实施整体性教学，从运算源头出发，梳理四则运算之间的关联性，在对比中整体建构。

教 学 设 计

教学内容

2011 版课标教材（苏教版）二年级上册第 48～51 页，2022 版课标教材二年级上册第 24～25 页。

教学目标

（1）让学生了解除法运算产生的需要，初步理解除法运算的含义，能初步进行简单除法算式的读、写、算。

（2）在真实情境和直观操作中，让学生联系平均分的两种方法建立除法运算的基本模型。

（3）通过丰富的学习活动，感悟四则运算之间的内在联系，培养学生的运算能力和推理意识。

教学过程

一、复习导入

谈话并提问：已经学过哪几种运算？分别表示什么含义？

交流并明确：加法表示把两部分合起来，求总数是多少；减法表示从总数里面去掉一部分，求另一部分是多少；乘法表示求几个几相加是多少。

讲述并提出：在"合"的过程中产生了加法，在"分"的过程中产生了减法，在"几个几"合的过程中产生了乘法，那么在"平均分"的过程中会不会产生新的运算呢？

二、探索新知

（一）一个一个分

呈现教材例题6情境图片，讲述故事：6个小朋友植树，平均分成3组，每组有几个人？（动画课件。）

首先，让学生读题，理解题意，思考怎么平均分。

接着，让学生操作小棒，模拟平均分的过程。

然后，让学生到台上演示分小棒，并明确一个一个分的方法。

在此基础上，引出除法算式6÷3=2，并教学除法算式的含义和各部分名称，以及读、写方法。

（二）几个几个分

继续利用教材例题6主题图，讲述故事：6个小朋友植树，每2个人一组，能分成几组？

首先，让学生理解题意后思考，这属于哪一种分法。

接着，让学生独立操作小棒，并同桌交流讨论，再二人合作到黑板上演示几个几个分的过程。

然后，引出除法算式6÷2=3，并理解除法算式中各部分的含义。

（三）对比小结

让学生对比这两道除法算式，说一说除法的含义，比较两道除法算式的相同和不同之处。

预设1：相同处——都是平均分，都是分6个小朋友，被除数都是6，都可以用除法计算。

预设2：不同处——第一题是一个一个分，第二题是几个几个分；两道除法算式中的商和除数正好互换了位置。

三、分层练习

（一）巩固性练习——小棒操作活动

（1）10根小棒，每5根一份，分成了（　　）份。

（2）10根小棒，平均分成2份，每份（　　）根。

首先让学生读题讲述故事，接着独立操作小棒，然后指名演示过程，再分别说出除法算式，并比较两题的异同点。

（二）应用性练习——解决实际问题

（1）老师把8支铅笔平均分给2个小朋友，每人分得（　　）支。

（2）12个苹果，每只小熊分3个，可以分给（　　）只小熊。

结合情境图，讲述除法故事。在解决问题时提出弹性要求，可以用小棒代表铅笔和苹果，先动手操作再填写课本；也可以直接看图进行思考，并填写算式和得数。

（三）拓展性练习——讲述数学故事

1. 对比讲故事

（1）有15本书，每3本一堆，摆成了几堆？

（2）有15本书，平均摆成5堆，每堆几本？

让学生先独立观察图意并讲述除法故事，然后同桌二人交流对比，再指名合作汇报。

2. 看图讲故事

利用教材第51页第4题鱼缸图，让学生从不同角度思考，讲出不同的运算故事。

（1）除法故事：有 10 条金鱼，平均放在 2 个鱼缸里，每个鱼缸放几条？

（2）除法故事：有 10 条金鱼，每 5 条放一个鱼缸，能放几个鱼缸？

（3）乘法故事：每个鱼缸里有 5 条金鱼，2 个鱼缸一共有多少条金鱼？

（4）减法故事：有 10 条金鱼，左边鱼缸放了 5 条，右边鱼缸里有多少条？

（5）加法故事：左边鱼缸有 5 条金鱼，右边鱼缸也有 5 条金鱼，一共有多少条金鱼？

四、总结全课

回顾本课学习历程，提出：除法的含义是什么？什么时候要用除法计算？

结合板书，沟通除法和乘法之间的联系，延伸思考加减乘除四则运算之间的内在关系。

教学实录

一、复习导入

师：从一年级开始，我们除了认识一些数，还学习了一些运算。哪位同学说说看，已经学过了哪些运算呢？

（板书：运算。）

生：加法、减法、乘法。

师：说得对。请同学们进一步思考，我们什么时候要用加法计算呢？

（板书：加法、减法、乘法。）

生：要把一个东西和一个东西合起来。

师：是的，要把两个数量合起来，求总数是多少，我们就用加法计算。那什么时候要用减法计算呢？

生：知道总数量和其中一个数量，要求另一个数量用减法算。

师：是的，从总数量里面分出去一部分，求另外一部分，简称"分"。

（板书：合，分。）

师：在解决问题时，遇到要把两个数量合并成求总数，常常用加法计算；遇到从总数量里面分出去一部分，求另外一部分用减法计算。

师：那什么时候用乘法计算呢？

生：几个几相加。

师：对，几个几相加其实也是合起来求总数，但是在合的时候可不是一般的合，而是几个几地合，因此乘法其实是一种特殊的加法。那前几天我们在学分东西的时候还专门学了一种特殊的分法，有谁记得叫做什么分呢？

生：平均分。

（板书：平均分。）

师：既然几个几个合起来是一种特殊的合法，可以用乘法计算，它是特殊的加法。那分法里面有一种特殊的分法，叫平均分，它会不会产生一种新的运算呢？这种运算可能是特殊的什么呢？

生1：除法。

生2：特殊的减法。

师：对，它可能是特殊的减法呢。今天这堂课，我们就在平均分的基础之上来学习一种新的运算。

二、探索新知

师：先请大家来看这样一个实际问题。

（出示课件，如图28。）

6个小朋友植树，平均分成3组，每组（　　）人。

图 28

师：我把这句话写下来，谁再来讲述这个数学故事？

生：有 6 个小朋友植树，平均分成 3 组，问每组有几人。

（板书：6 个小朋友植树，平均分成 3 组。）

师：要求的问题一起说一遍。

生：每组几人？

（板书：每组几人？）

师：请大家思考，这是属于平均分当中的哪一种分法？我们先用小棒试着分分看。

（学生准备 6 根小棒，自主进行操作。）

师：谁来说说看你是怎么分的？

生：一个一个分。

（板书：一个一个分。）

师：谁能到前面来用小棒实际分一分？

（指名学生上台操作，如图 29。）

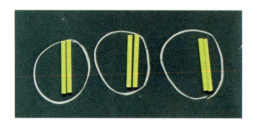

图 29

师：你为什么要先画三个圆圈？

生：因为要平均分成 3 组。

师：你是怎样分的？

生：先拿 3 根小棒，每个圈里放 1 根；剩下的 3 根小棒每个圈里再放 1 根。

师：分得非常好！现在请大家也拿出 6 根小棒，实际分一分。

（每个学生用小棒操作一遍。）

师：这样，我们就把 6 平均分成了几份？

生：3 份。

师：把 6 平均分成了 3 份，每份是几？

生：每份是 2。

（依次板书：6，3，=，2。）

师：同学们，像这种平均分的方法也可以产生一种新的运算，有没有哪个同学已经知道叫作什么运算？

生：除法。

师：对的，一起说这种运算叫什么？

生（齐声）：除法。

（板书：除法。）

师：请大家来看，把 6 平均分成 3 份，每份是 2，我们就可以用 6 除以 3 等于 2。一起读一遍。

（教师在 6 和 3 中间板书：÷。）

生（齐声）：6 除以 3 等于 2。

师：这里的 6 表示什么？

生：表示有 6 个小朋友。

师：对，这里的 3 表示什么意思？

生：平均分成 3 组。

师：这里的 2 表示什么意思？

生：每组 2 人。

师：和以前学习的运算一样，除法算式中各部分也是有名称的。请大家先自学一下课本，然后介绍给同学们。

（学生自学课本。）

师：有谁知道这个符号叫什么名称？

生：除号。

（板书：除号。）

师：除号前面的这个数，也就是要分的总数，叫作什么？

生：被除数。

师：对，它是被分的，所以它就叫——？

生（齐声）：被除数。

（板书：被除数。）

师：这里的被除数是几啊？

生：6。

师：除号后面这个数叫作什么？

生：除数。

（板书：除数。）

师：除法算出来的得数，叫作什么名称？

生：商。

（板书：商。）

师：还记得乘法算式的得数叫什么？

生：积。

师：加法算式的得数呢？

生：和。

师：减法的得数呢？

生：差。

师：除法的得数呢？

生：商。

师：同学们，根据我们学习的平均分，果然产生了一种新的运算，叫作什么运算？

生：除法。

师：我们继续来平均分。

（板书：6个小朋友植树，每2人分一组，分成了几组？）

师：谁来大声地读给大家听一遍？

生：6个小朋友植树，每2人分一组，分成了几组？

师：要分的还是这6个人，每2人分一组是什么意思啊？

生：就是2人分在一起。

师：对！请大家跟着老师重新把6根小棒放好，每2人分一组，想想看这是怎么分呢？

生1：2个2个分。

生2：几个几个分。

（板书：几个几个分。）

师：谁到黑板上来圈一圈小棒？

（学生自主操作小棒，然后指名学生上台圈一圈，如图30。）

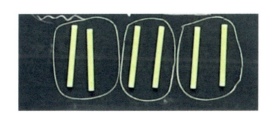

图30

师：很好，通过圈一圈，把结果分出来了，分成了几组？

生：3组。

师：实际上也就是问我们6里面有几个2啊？

生：3 个 2。

师：对，6 里面有 3 个 2，怎样写除法算式？

生：6÷2=3。

（板书：6÷2=3。）

师：我们一起把这个除法算式读一遍。

生（齐声）：6 除以 2 等于 3。

师：我们来对比一下，刚才我们一口气写了几道除法算式？

生：2 道。

师：除法算式是怎么产生的呢？为什么要用除法计算呢？

生 1：除法是在平均分东西时产生的。

生 2：除法是一种特殊的减法。

生 3：除法比减法更简便。

师：大家说得都有道理。像我们刚才用小棒分的时候，其实先拿 2 根就相当于减掉 2 根，再拿 2 根又是减掉 2 根，最后拿 2 根又减掉 2 根。如果用减法的话就是先减 2，再减 2，再减 2，要减几次？

生：3 次。

师：而用除法计算只要 6 除以 2，直接就知道 6 里面有几个 2？

生：3 个 2。

师：对，得数就是 3。

师：我们再来看看这两道除法算式，有什么地方是相同的？

（教师指着板书中 6÷3=2 和 6÷2=3。）

生：被除数是相同的，都是 6。

师：谁来说说看为什么被除数是相同的呢？

生：因为都是 6 个人植树。

师：对，被分的都是这 6 个人，也就是总数是一样的。再看，这里除以 3 是什么意思？

生：平均分成 3 组。

师：把 6 平均分成 3 组，就是 6 除以 3，得 2，算出每组 2 人。

师：再看第二道算式，这里为什么要除以 2 呢？

生：因为是 2 人分一组。

师：对，也就是求 6 里面有几个 2 呀？

生：有 3 个 2。

师：这两道算式被除数一样，除数和商怎么样呢？

生：交换了位置。

三、分层练习

师：接下来，我们继续来分小棒并巩固除法知识，准备好了吗？这次要分 10 根小棒，请看要求。

（出示课件，如图 31。）

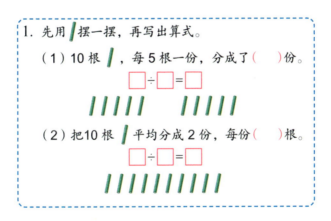

图 31

（学生先读题，再独立操作小棒，然后填写课本。）

师：谁来汇报一下第一题？

生：10 根小棒摆好之后，把 5 根分一份，一下子就拿出 5 根，再把剩下的 5 根摆成一份。

师：分的结果是什么？

生：分成了 2 份。

师：也就是 10 里面有几个 5 呢？

生：10 里面有 2 个 5。

师：非常好，谁来说出除法算式？

生：$10 \div 5 = 2$。

师：对，要求 10 里面有几个 5，就要用 10 除以 5。大家一起读一遍算式。

生（齐声）：10 除以 5 等于 2。

师：第二题请同桌同学互相说一遍分的过程和结果。

（同桌学生互相交流。）

师：接下来请同桌两位同学到台上来，一人讲述，一人操作。

（指名同桌上台操作和讲述。）

生：先把 10 根小棒摆在上面，要平均分成 2 份，就在下面画 2 个圈。然后拿两根小棒，一个圈里放一根；再拿两根，一个圈里放一根……直到分完。

师：分的结果怎样？

生：把 10 根小棒，平均分成 2 份，每份 5 根。

师：很好！谁来说一下除法算式？

生：$10 \div 2 = 5$。

师：学会了除法运算还可以帮助我们解决实际问题。请看图——老师正在分铅笔呢。

（课件出示情境图，如图 32。）

把 8 支铅笔平均分给 2 个小朋友，每人分得（　）支。

8 ÷ □ = □

图 32

师：请四个同学合作演示一下，第一个同学读题，第二个同学扮演老师，余下两位同学扮演小朋友。

（四名学生合作完成。）

生：把 8 支铅笔平均分给 2 个小朋友，每人分得几支？

师：谁来回答他的问题？

生：每人分得 4 支。

师：对的，谁能算出来？

生：8 ÷ 2 = 4。

师：接下来我们解决分苹果的实际问题。这一次，大家独立解决，可以用小棒代表 12 个苹果，实际分一分，再填写课本；也可以在头脑里分一分，填写出结果。

（课件出示情境图，如图 33。）

图 33

师：填完后继续请三个同学合作汇报。一个同学读题，一个同学回答，一个同学计算。

生1：12个苹果，每只小熊分3个，可以分给几只小熊？

生2：可以分给4只小熊。

生3：$12 \div 3 = 4$。

师：合作汇报得很好，掌声送给他们。

师：接下来我们适当提高练习难度，你能看图讲述除法故事吗？列式计算后，你能说出这两题的相同和不同处吗？

（课件出示对比题，如图34。）

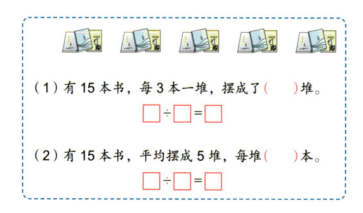

图 34

师：我请同桌两位同学合作汇报。哪两个同学先来汇报？

生1：有15本书，每3本一堆，摆成了几堆？

生2：摆成了5堆，15÷3=5。

师：要求15里面有几个3，可以想哪道乘法？

生：3×（5）=15。

师：再邀请两位同学汇报第二题。

生1：有15本书，平均摆成5堆，每堆几本？

生2：每堆3本，15÷5=3。

师：怎样想乘法来进行计算？

生：想5×（3）=15。

师：这两题有什么相同点和不同点？

生1：都是把15本书来分。

生2：被除数都是15。

生3：第一题是几个几个分。

生4：第二题是一个一个分。

生5：两题的除数和商正好交换了一下位置。

师：接下来，我们看图直接讲故事，看谁讲得好。让我们先来观察图，已经知道了什么？怎样用三句话讲出合理的除法故事？

生1：已经知道了一共有10条鱼。

生2：还知道有2个鱼缸。

生3：还能看出每个鱼缸里都是5条金鱼。

师：先请大家自己观察，然后同桌之间互相讲除法故事。

（课件出示鱼缸图，如图35，学生观察与交流。）

图 35

师：谁能够根据今天学习的除法知识，联系平均分的两种分法，先来讲一个故事？

生：有 10 条金鱼，平均放在 2 个鱼缸，每个鱼缸里有几条？

师：故事讲得非常完整！怎样列式计算呢？

生：$10 \div 2 = 5$。

师：谁再讲一个除法故事？

生：有 10 条金鱼，每 5 条分一缸，分成了几缸？

师：怎样计算？

生：$10 \div 5 = 2$。

师：除了讲除法故事，你还能讲什么故事？

生1：还可以讲减法故事。有 10 条金鱼，左边鱼缸放了 5 条，右边鱼缸有几条？

生2：还可以讲加法故事。左边鱼缸有 5 条金鱼，右边鱼缸也有 5 条金鱼，一共有多少条金鱼？

师：大家讲的数学故事都有道理，掌声响起来。

四、总结全课

师：回顾一下今天这节课，我们学习了一种新的运算，一起说是什么？

生（齐声）：除法。

师：请大家来观察观察黑板上的板书并思考，你觉得除法的本质是什么？为什么要用除法计算？

生1：除法的本质是平均分。

生2：在平均分东西时，可以用除法计算。

生3：除法可以让减法变简便。

师：对，所以除法是特殊的减法。就像我们以前说，乘法是特殊的什么运算？

生1：乘法是特殊的加法。

生2：几个几相加用乘法就比较简便了。

师：在计算除法时，怎样想得数呢？

生：6÷2=3反过来就是3×2=6了。

师：说得非常好！反过来的意思就是除法跟什么运算有关系？

生：乘法。

师：像这里算6里面有几个2，就可以想几和2相乘等于6。

［板书：（　　）×2=6。］

生：3。

师：3和2相乘等于6，所以6除以2就是多少？

生：3。

师：是啊！原来除法跟乘法也有内在联系。今后我们会进一步感受到乘除法之间的关系，以及加减乘除四则运算之间的关系。这节课就学习到这里，下课！

2024 年 11 月 5 日，"相约星期二"——我的数学家常课开放日。本来按照教学进度，"认识除法"应该在半个月之前就教学了，因为，本单元的第一课时"认识平均分"已经于 10 月 22 日进行了教学。本来在学生认识平均分之后，按照教学进度应该教学除法的初步认识，但是，我对照了 2022 版课标教材和 2011 版课标教材之后，决定延后教学"认识除法"。

还记得 2024 年 10 月 15 日的"相约星期二"执教了"奇妙的七巧板"一课后，我曾写下一篇教学散记——《让子弹多飞一会儿》。该文说的是让学生经过充分的活动与准备，提前熟悉七巧板，积累丰富的活动经验之后，使得课堂教学瓜熟蒂落一气呵成的事儿。（详见本书课例第 4 篇）

这次，认识"平均分"教学之后，在正式教学认识"除法"之前，同样也需要让学生充分理解"平均分"这一核心概念，尤其是学生对于平均分的两种分法有着清晰而深刻的理解之后，才能对除法的含义及其应用有完整的认识。在新旧教材过渡期，我依托 2011 版课标教材的情境安排，参照 2022 版课标教材的结构设计，遵循"让子弹多飞一会儿"的思路，或许也有意想不到的收获。

一、关注运算的思维

2022 版课标指出，让学生"会用数学的思维思考现实世界""能够通过计算思维将各种信息约简和形式化，进行问题求解与系统设计"。在小学阶段，数学思维主要表现为运算能力和推理意识。

课堂开始，通过谈话，首先让学生回顾已经学过的基本计算（加法、减法、乘法）；然后着重提问：什么时候用加法计算？什么时候用减法计算？（学生能够说出，把部分数合并，求总数用加法，即是"合"的思想；知道总数和部分数，求另一部分数用减法，即是"分"的思想）由此进一步追问：乘法的含义是什么？（求几个几相加是多少，也是"合"的思想）最后话锋一转："平均分"既然也是"分"，会不会产生一种新的运算呢？

这样的谈话交流，简洁自然，逻辑清晰，看上去没有特别的情境和生动的故事，其实这正是家常课应有的模样。正是这种淡淡的痕迹，激活了学生已有认知结构中的相关旧知，再现了三种运算的基本含义和相互关联，为催生新的运算积聚了生长的力量。

二、组织结构化内容

2022 版课标特别强调要"设计体现结构化特征的课程内容""重点是对内容进行结构化整合，探索发展学生核心素养的路径"。在教学中主要有两方面的实施建议：一方面让学生了解数学知识的产生与来源、结构与关联、价值与意义，了解课程内容和教学内容的安排意图；另一方面强化对数学本质的理解，关注数学概念的现实背景，引导学生从数学概念、原理及法则之间的联系出发，建立起有意义的知识结构。

本课的教学，我将 2011 版课标教材的两个例题合并为一个例题进行教学，将两个不同情境（坐缆车情境和植树情境）合并为一个整体情境（植树情境）。

教学时，首先结合情境图，让学生观察并讲述故事：有6个小朋友植树，平均分成3组，每组有几个人？然后让学生用小棒学具进行操作，进而对接"平均分"的经验，即"把6平均分成3份，求每份多少"，也就是"分配问题"—— 一个一个分。在此基础上，引出除法计算：$6 \div 3 = 2$（个）。

然后继续结合植树情境讲述故事：有6个小朋友植树，每2人分一组，能分几组？并用小棒学具动手操作，对接"几个几个分"（分组问题）的旧知，继续引出除法算式：$6 \div 2 = 3$（组）。

在此基础上，将两次除法计算的含义进行对比和小结，逐步建立除法运算的模型，感悟初步的计算思维。

三、设计阶梯式练习

2022版课标在"教材编写建议"中特别指出："习题的设计要关注数学的本质，关注通性通法。设计丰富多样的习题，满足巩固、复习、应用、拓展的学习需要。"因此，每一节课的练习设计要体现"循序渐进中掌握"（无痕教育课堂策略之一），帮助学生完成知识和方法的进阶，实现思维和素养的进阶。

首先是巩固性练习。让学生操作10根小棒，先平均分成2份，求每份有多少根；再将10根小棒，每5根分一份，求能分几份。对比操作后，分别结合除法含义写出除法算式并进行对比。

其次是应用性练习。分别呈现分铅笔情境、分苹果情境，让学生运用除法的含义进行故事讲述和算式对应，并解决实际问题。

最后是拓展性练习。首先让学生在对比中讲述除法故事，比较除法算式，理解除法含义。然后再结合同一幅情境图，让学生分别讲述除法故事并列式计算。（10 条金鱼，平均放在 2 个鱼缸，每缸有几条？ 10 条金鱼，每 5 条放一缸，需要几个鱼缸？）同时，让学生讲述减法故事和加法故事，以沟通四则运算之间的内在联系。

四、实施整体性教学

笔者以为，整体性教学其实是结构化内容的另一种表达。2022 版课标修订，数学课程内容最大的变化是"结构化特征"，课堂教学的最大变化就是"整体性教学"。

本课的教学，主要从以下三个视角进行整体性教学设计：

首先，复习导入时。复习加法、减法和乘法的含义，归纳为两种思想，催生学生的联想——"平均分会不会产生一种新的计算？"

其次，探索新知中。采用同一个情境（植树），分别讲述除法故事，对比教学"分配问题"和"分组问题"，分别呼应"一个一个分"和"几个几个分"，整体建构除法含义。

再次，分层练习处。巩固性练习围绕 10 根小棒的两种分法进行对比和计算；拓展性练习依据同一个幅情境图分别讲述除法故事，在对比中感受除法计算的丰富含义，并延伸至乘法故事、加法故事、减法故事，体会四则运算之间的内在联系。

▲备课教案手稿

▲上课照片（2024年11月5日）

6 奇妙的七巧板

　　课程改革以来，作为中华优秀传统文化之一的七巧板，一直是中国小学数学"综合与实践"领域的经典教学素材。尤其是在二年级学生学习了简单平面图形之后，运用七巧板素材进行活动，一方面可以巩固平面图形的特征知识，另一方面能够充分发展学生的空间观念。

　　虽然 2022 版课标在举例阐述第一学段"综合与实践"活动主题时，并没有将七巧板内容列为典型案例之一，但在"教学提示"部分指出，可以依据第一学段数学知识的内涵及其在生活中的应用，自主设计形式多样、富有趣味的活动，如纸的厚度、神奇的七巧板、最喜欢的故事书等，帮助学生加深对数学知识的理解，体会数学与现实生活的联系。

　　2022 版课标教材更加重视七巧板的主题活动教学，主要变化有三点：一是将主题活动名称由 2011 版课标教材"有趣的七巧板"修改为"奇妙的七巧板"；二是由 2011 版课标教材的一节课时学习活动扩充为三节课时的活动；三是除了让学生认识七巧板和拼搭七巧板，特别增加了动手制作七巧板的活动。

　　本节课的教学，笔者主要的设计思路：首先，让学生在课前自己认识七巧板，熟悉七巧板，把玩七巧板。其次，提前印制好制作七巧板的卡片材料，让学生在课堂上人人动手制作七巧板。最后，让学生从简单图形出发拼搭图案，并将复杂拼搭活动延伸至课后。

教 学 设 计

⭐ 教学内容

2011 版课标教材（苏教版）二年级上册第 18～19 页，2022 版课标教材二年级上册第 33～35 页。

⭐ 教学目标

（1）在游戏活动中让学生认识七巧板的组成特点，巩固正方形、长方形、三角形、平行四边形等平面图形的基本特征。

（2）在动手制作七巧板的活动中进一步了解七巧板的图形特点，并能够进行简单的图形拼搭。

（3）通过丰富的动手实践活动，了解七巧板的文化渊源，发展学生的空间观念和创新意识。

⭐ 教学过程

一、创设情境，激趣导入

（一）出示正方形

谈话：最近我们认识了哪些平面图形？接下来我们观察一个图形

"超级变变变"的魔术。

（课件动画显示从一个大正方形变化为七巧板的过程。）

（二）揭示课题

讲述：这就是我们经常玩的数学游戏——"七巧板"。你对七巧板了解多少？

同桌学生交流，指名学生汇报。

二、自主分类，师生共探

（一）认识七巧板

1. 了解组成

提问：七巧板是从什么图形分解而得到的？七巧板的 7 块板分别是什么图形？

学生自主研究并交流汇报，了解七巧板是由 7 个图形板组成的。这7 个图形分别是 5 个三角形、1 个正方形、1 个平行四边形。

2. 进行分类

学生合作研究并交流汇报，尤其是了解 5 个三角形可以分为三类：大三角形有 2 个，中等三角形有 1 个，小三角形有 2 个。

3. 编号标记

结合分类活动进行图形编号。两个大三角形为 1 号和 2 号，中等三角形为 3 号，两个小三角形为 4 号和 5 号，正方形为 6 号，平行四边形为 7 号。

（二）分解和还原

1. 分解

学生首先进行分解性操作活动，即将原 7 个图形组成的正方形进行分解，并分别将 7 个图形进行分类摆放。

2.还原

学生将打乱后的 7 个图形板进行拼合，还原为一个大的正方形。

三、游戏驱动，合作交流

（一）初级游戏

选择两块图形板进行拼搭活动。

1.两个三角形（1号和2号，或者4号和5号）

可以拼成大三角形、正方形、平行四边形等。

2.一个三角形和正方形（4号和6号，或者5号和6号）

可以拼成梯形等。

3.一个三角形和平行四边形（4号和7号，或者5号和7号）

可以拼成梯形等。

（二）中级游戏

选择三块图形板进行拼搭活动。

1.用3、4、5号图形拼搭

可以拼成三角形、正方形、平行四边形等。

2.用4、5、6号图形拼搭

可以拼成长方形、梯形、平行四边形等。

3.用4、5、7号图形拼搭

可以拼成平行四边形、梯形、三角形等。

4.自主选择三块图形板进行拼搭

（三）高级游戏

分别选择 4、5、6、7 块图形板进行拼搭游戏。

四、动手制作，自主创编

（一）撕一撕

首先利用《数学实验手册》上印制的七巧板卡片进行操作，指导每个学生动手折一折并撕下七巧板卡片上的7个图形板；然后让学生对照黑板上的七巧板图案进行编号；最后将7个图形板进行拼搭还原。

（二）折一折

每个学生动手，用一张正方形白纸进行多次对折，初步形成七巧板图案的折痕。

（三）画一画

在已有折痕的基础上，让每个学生用直尺进行画线，形成七巧板中的7个图形。

（四）涂一涂

每人动手，对照七巧板中的相关图形颜色，用七色水彩笔进行涂色。

（课后让学生将反面也涂色，并剪下这7个图形，形成七巧板学具，进行拼搭活动。）

教学实录

一、创设情境，激趣导入

（课前准备：七色彩笔、七巧板积木、剪刀、正方形白纸和《数学实验手册》等。）

师：开学以来，我们利用课余时间一直在玩一种智力游戏，叫作什么？

生：七巧板。

师：今天这节课，我们正式学习"奇妙的七巧板"，我们将自己动手制作七巧板并用七巧板拼搭有趣的图形。七巧板是我们中国古时候的人发明的，有谁知道七巧板最早发明于哪个朝代？

（板书课题：奇妙的七巧板。）

生：唐朝。

师：是的，七巧板古时候又叫"唐图"，也叫"七巧图"。后来传播到国外去了，外国人觉得中国人很聪明，就给七巧板起了个名字叫"东方魔板"。今天这节课，我们一起来玩转七巧板，感受下古人的智慧，同时也展示我们二（1）班小朋友的智慧。

二、自主分类，师生共探

师：所谓七巧板，它是由几块图形板组成的？

生：七块。

（教师用磁性板在黑板上贴出七巧板，学生拿出七巧板玩具。）

师：请大家来看，徐老师事先做了一个七巧板。现在请同学们拿出一支水彩笔，我们来编编号（如图36）。1号和2号，是什么形状？

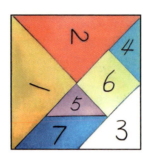

图 36

生：两个最大的三角形。

师：还有一个三角形在这儿，它属于什么样的三角形？（出示3号。）

生：它属于中等三角形。

师：是的，还有三角形吗？

生：还有两个比较小的三角形。

师：我们就编成4号和5号。

师：七巧板是由七块板围成的，其中有几块三角形呢？我们用手指一指。

生1：一共有5块三角形板子。

生2：5个三角形，其中两个大的，两个小的，一个中等的。

师：还剩下的两个图形分别是什么图形呢？

生：一个正方形和一个平行四边形。

师：对！正方形编成 6 号，平行四边形就编成 7 号。

师：想想看，七巧板中有几种不同的图形呢？

生：三种图形，分别是三角形、正方形和平行四边形。

师：其中三角形又可以分成几类？各有几个呢？

生：大三角形有 2 个，中等三角形有 1 个，小三角形也有 2 个。

师：5 个三角形、1 个正方形和 1 个平行四边形就合成了七巧板中的 7 块图形板。

师：现在，我们把这七块板分解开，按照这样的顺序，一排一排地放好，看谁拿得准！请你把 1 号和 2 号放在一起，这是大三角形；把 3 号放在下面，属于中等的三角形；再把 4 号和 5 号放在一起，属于小三角形。

（学生独立分类操作，教师巡视指导。）

三、游戏驱动，合作交流

师：接下来我们进行七巧板的拼搭游戏，比一比，看谁动手和动脑能力强！第一个游戏——分解和还原。

（学生用七巧板玩具先对照黑板上的七巧板图进行拼摆。）

师：首先请大家对照黑板上的七巧板图案拼合成一个大正方形，然后分解并打散，听老师的指令进行拼合并还原为大正方形。

（学生将七巧板分解并打散，再进行拼合与还原。）

师：表扬还原正确并且速度快的同学！接下来我们进行第二个游戏——拼出指定图形。

（学生将七巧板的 7 块图形板按形状分别摆在课桌最上面。）

师：首先，请用两块图形板拼出已学过的图形。

生1：我用两块一样的三角形拼成一个正方形。

生2：我也是用两块一样的三角形，拼出了一个更大的三角形。

生3：我用两块一样的三角形拼出了一个平行四边形。

生4：我用正方形和小三角形拼出了一个梯形。

生5：我用中等三角形和小三角形也拼出了一个梯形。

生6：我用平行四边形和小三角形也拼出了一个梯形。

（分别指名到黑板上进行拼搭演示。）

师：接下来稍微提高一下游戏难度，请选择三块图形板拼出已经学过的图形。

（学生先按要求自己拼，记清楚编号，再同桌交流。）

生1：我用3、4、5号图形板拼出了一个大三角形。（如图37）

生2：我也是用3、4、5号图形板拼出了正方形。（如图38）

生3：我用3、4、5号图形板拼出了平行四边形。（如图39）

师：请刚才三位同学到前面展示他们的作品。

（三位学生分别上台拼搭展示并介绍。）

图37　　　　　　　　图38　　　　　　　　图39

师：还是选择三块图形板，你还能拼成什么图形呢？

（学生自主拼搭并互相交流。）

生1：我用4、5、6号图形板拼出了一个长方形。（如图40）

生2：我用4、5、6号图形板拼出了一个梯形。（如图41）

生3：我用4、5、6号图形板拼出了一个平行四边形。（如图42）

图 40

图 41

图 42

师：不错！还有一些同学是怎样拼搭的？

（学生分别汇报和展示。）

生1：我用4、5、7号图形板拼出了一个平行四边形。（如图43）

生2：我用4、5、7号图形板拼出了一个梯形。（如图44）

生3：我用4、5、7号图形板拼出了一个三角形。（如图45）

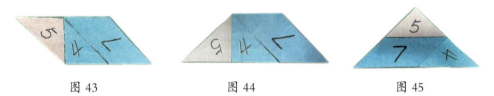

图 43　　　　　　　　　　图 44　　　　　　　　　　图 45

师：大家拼得都很好！如果选择七巧板中的4块图形板，能拼出已学过的图形吗？我们先选择1、4、5、7号图形板来试一试。

（学生动手拼搭并交流汇报。）

生1：我用这4块图形板拼成一个正方形。（如图46）

生2：我拼出了一个大三角形。（如图47）

生3：我拼出了平行四边形。（如图48）

图 46　　　　　　　　　　图 47　　　　　　　　　　图 48

师：同学们真聪明！如果选择七巧板中的5块图形板、6块甚至7

块图形板，你能像刚才这样拼出已经学过的图形吗？感兴趣的同学课后互相拼一拼、说一说。

师：通过刚才的拼图游戏，我们发现用七巧板中的几块图形板都可以拼出我们学过的常见的平面图形，而且我们发现不同的图形板可以拼出相同的图形，相同的图形板也可以拼出不同的图形，真是神奇而有趣。最后我们再把刚才的 7 块图形板还原为一个大正方形。

（学生还原七巧板，整理学具。）

四、动手制作，自主创编

师：刚才的游戏活动，我们使用的是现成的七巧板玩具。你想不想自己制作一个七巧板呢？

生：想！

师：接下来，我们准备自己动手来制作七巧板。首先让我们仔细观察一下七巧板的图形组成。一共 7 块图形板，分为几种图形？

生 1：三种图形，分别是三角形、正方形和平行四边形。其中三角形最多，有 5 个，正方形 1 个，平行四边形 1 个。

生 2：三角形有三种大小，大三角形 2 个，中等三角形 1 个，小三角形 2 个。

师：在动手制作之前，我们先做个小游戏——"撕下"七巧板。

请大家翻到《数学实验手册》最后一页，把印制在硬卡纸上的七巧板图形，分别轻轻地折一折、压一压，再轻轻抠一抠，慢慢把它"撕"下来。

（教师巡视指导学生将《数学实验手册》中的学具取下来，如图49。）

图 49

师：动手完成后，把自己原来的七巧板玩具收起来，今后也可以用我们刚才撕下的七巧板学具进行游戏。

师：拿起水彩笔，把我们刚才抠下来的七巧板编上号，然后进行还原，成为一个大正方形。

（学生编号，教师巡视，全班比赛拼组还原。）

师：课上到现在呀，我们玩了一些七巧板游戏。一开始是用我们买的玩具，现在我们又利用《数学实验手册》制作了七巧板学具，想不想完全靠我们自己独立地做一个七巧板？

生：想！

（教师事先在黑板上画一个大的正方形，并准备同样大小的正方形白纸教具，同时每个学生拿出一张较小的正方形白纸学具。）

师：既然七巧板还原之后是一个正方形，那我们就从正方形开始。看徐老师在黑板上画了一个正方形，同学们手边也有一张正方形的纸。

师：我们首先用对折的方法进行操作。先沿着对角折，形成一条折线，再沿着另一个对角折一次，展开。（如图 50）

师：然后可以上下对折，左右对折，再从角上往里面折。（依次演示，如图 51、图 52。）

（学生照样子用正方形白纸对折。）

师：初步折好后，我们再用直尺画线，并分别对照黑板上左边的七巧板教具进行编号。（如图53）

（教师带领学生画线和编号。）

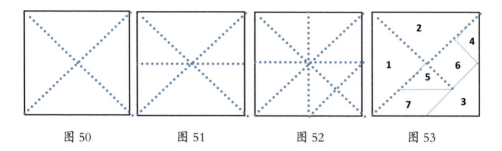

图50　　　　　　图51　　　　　　图52　　　　　　图53

师：1号和2号大三角形很容易找到。中等三角形在右下角，编上3号。再想办法找到两个小三角形，分别编上4号和5号。最后把正方形找到并编上6号，平行四边形就是7号。

师：现在，我们就可以拿出七色水彩笔，对照相应颜色动手涂色。

（学生动笔进行涂色活动。）

师：下课之后，大家也可以把每个图形的反面也涂上相同的颜色，并且用剪刀把7个图形分别剪下来。今天的家庭作业就是这份"蓝海豚号作业单"，用你自己做的七巧板，拼成一个动物或者人物，粘贴在作业单上，明天带到学校来进行交流和评比，看谁做的七巧板好，看谁拼搭的动物或者人物有意思。今天的课就上到这里，下课！

教 学 反 思

　　2024 年 10 月 15 日，"相约星期二"——我的数学家常课开放日。本来按照教学进度，"奇妙的七巧板"应该在一个月之前就教学了，但是我对照了 2022 版课标教材和 2011 版课本教材之后，决定延后教学。不过，在刚刚过去的一个月时间里，我早就让学生提前接触七巧板了，不仅让每个学生用七巧板积木玩具在课间和家里进行自由拼搭游戏，而且在每个星期四的早读和星期一午休时间，组织学生充分进行七巧板的接触和游戏活动，真可谓"让子弹多飞一会儿"！待时机成熟，今天进行了课堂教学，取得了比较好的教学效果。

　　2011 版课标教材的课题名称是——"有趣的七巧板"，作为"综合与实践"领域的传统内容，只安排了一节课时进行教学。教材内容分为三个部分："比比想想"主要让学生了解七巧板的组成和特征；"想想拼拼"主要让学生分别用七巧板中的 2 ~ 6 块图形拼成已经学过的平面图形（三角形、正方形、长方形、平行四边形、梯形，以及五边形、六边形等）；"拼拼说说"则让学生用一副七巧板拼成动物图形及其他有趣图形。

　　2022 版课标教材的课题名称改为——"奇妙的七巧板"，也是编排在二年级上册教学，不过大大扩展了内容，几乎是旧版教材的 3 倍容量。2022 版课标教材编排了三个课时进行教学，用了 6 个页码丰富了教学内容。其中第一课时专门认识七巧板，并且让学生动手在课堂上制作七巧板；第二课时用七巧板中的部分图形拼学过的平面图形；第三课时用一副七巧板拼成有趣的图案。

根据 2022 版课标的要求，本课依然属于第一学段的"综合与实践"领域。虽然七巧板内容一直是小学数学教材中的经典素材，但 2022 版课标并未将其列入第一学段的"内容要求"具体案例之中，而是在"教学提示"里补充进行了说明："主题活动内容的确立可参考以上案例，依据本学段数学知识的内涵、在生活中的应用，以及与其他学科知识的关联，自主设计形式多样、富有趣味的活动，如纸的厚度、神奇的七巧板、最喜欢的故事书等。"

在新旧教材过渡期，我依托 2011 版课标教材的课时安排（一课时），参照 2022 版课标教材的内容设计，遵循"让子弹多飞一会儿"的思路，将本课进行了如下定位和教学。

一、提前"玩"起来

通过近一个月的活动准备与无痕渗透，每个学生都在家中和课间利用七巧板的积木玩具进行了充分的游戏活动，待到上课之时，每个学生已经积累了充分的数学活动经验，也就更加充满信心地投入课堂学习活动中来。

课前的"玩"积木活动，我主要提出了如下三个要求。

第一个要求：将七巧板的 7 块图形板进行分类和比较。所谓"七巧板"，当然是由 7 块图形板组成的，正如清人陆以湉在《冷庐杂识》中指出："其式五，其数七。""式五"是指形状和大小五种：两个大三角形，两个小三角形，一个中等三角形，一个正方形，一个平行四边形。学生把七巧板的图形进行分类，有利于进一步选择和拼搭。

第二个要求：将七巧板分别进行分解和还原的游戏。教学时，首先让学生将七巧板合成一个大正方形，然后按要求分别取出相应的图形进行辨认和简单拼搭，再要求学生快速还原成大正方形。这样的分解和还原的活动，有利于学生认识基本图形，了解七巧板的组成，建立清晰的图形表象。

第三个要求：按照玩具配套参考图案进行拼图游戏。学生通过各种途径自行购买的七巧板积木玩具中一般都配有参考性的拼搭图案，让学生利用课余时间对照进行拼图游戏活动，一方面进一步熟悉和了解七巧板的每块图形板大小特征，另一方面对七巧板拼图产生浓厚兴趣。

二、动手"做"起来

2022 版课标对"综合与实践"领域进行了较大调整，并将小学阶段的内容确定为主题活动与项目学习两种类型，并特别指出："主题活动的实施要有利于学生的参与和体验。指导应面向全体，全程跟进关注学生的参与情况，包括获得了什么样的体验，如何与他人交流，需要怎样的帮助等；指导学生反思与交流活动，引导学生描述感受、表达收获、总结发现。"

作为一次"综合与实践"领域的主题学习活动，本节课的教学重点是动手"做"七巧板。主要安排了两种形式的动手"做"七巧板活动：

首先，利用《数学实验手册》的卡片制作七巧板。在配套的实验手册里面的硬纸卡片上，印制了七巧板的图案，并将每块图形的周边进行了先期初步分割线处理。在课堂教学时，学生先进行整体辨认，然后每人动手，在初步分割线的基础上稍微用力翻折，即可取下这 7 块硬纸板图形，并进行分类与编号。这样的制作活动，让学生人人动手，经历了七巧板的形成过程，在动作思维中进一步发展形象思维。

其次，用一张正方形纸进行折、画、涂、剪，制作七巧板。课上，我给每个学生准备了一张正方形白纸，然后一起动手，对折、对折再对折，画出虚线，形成七巧板的雏形，然后将7个图形分别涂色，最后再用剪刀剪下来。这个活动的挑战性虽然很强，但是有了前期的活动积累和刚才的卡片翻折，再次动手折、画、涂、剪，丰富的操作活动，帮助学生深入了解七巧板的由来及特征，为拼图游戏打下充分的感性基础。

三、充分"拼"起来

七巧板的最大特点是千变万化，只有让学生充分动手"拼"，才能感受到七巧板的"巧"。

本节课安排了三种形式的"拼"图活动：

第一种形式：用2个图形板进行拼图活动，拼出简单的平面图形。首先用两个大三角形分别拼出正方形、三角形、平行四边形；然后用两个小三角形分别拼出正方形、三角形、平行四边形；最后将两个小三角形分别和余下的中等三角形、正方形、平行四边形进行对比和重合。

第二种形式：用3~6个图形板进行拼图活动，拼出学过的平面图形。这部分拼图活动内容十分丰富，有的由老师提出要求，有的由学生提出要求，还有的让学生自主拼图，然后进行介绍和交流。

第三种形式：用7个图形板进行拼图活动，拼出有趣的图案。限于时间关系，这部分活动没有来得及充分展开，留作课后进行拼图游戏活动。

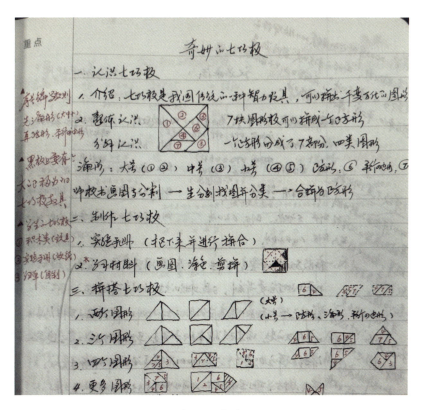

▲备课教案手稿

▲上课照片（2024年10月15日）

教材
简析

　　乘法的本质是一种特殊的加法，乘法口诀的来源与同数相加有着紧密的联系。乘法口诀是思维的浓缩，是简化的语言。熟练记忆乘法口诀有利于学生进行乘除法计算。9的乘法口诀是乘法口诀教学的最后模块，在此之前，学生已熟练掌握1至8的乘法口诀和用口诀求商，对解决求相同加数和的实际问题也有充分的体验。学生经历了计算交流、观察比较、分析修正、抽象概括、归纳推理等数学思维活动。这些活动经验的积累与丰富，为学习9的乘法口诀奠定了坚实的基础，起到十分重要的迁移准备作用。

　　2022版课标教材，继续重视学生从9开始每次加9的具体感知，重视放手让学生自主编制乘法口诀，重视9的乘法口诀的规律探索。同时，2022版课标教材对例题的主题图做了调整，将2011版课标教材中的五角星图更换为更为贴近学生生活实际的苹果图，将练习题后面的"你知道吗"（手指记忆法）提前至新知学习部分，此外还在习题中增加了弘扬中华优秀传统文化的素材（"数九"歌）。

本课的教学，主要侧重于把乘法口诀课上成规律探索课。9是个特殊的数，9是最大的一位数，9比10少1。除了与以前学习的乘法口诀有类似的规律之外，9的乘法口诀还有独特的规律。因此，让学生在计算、观察、比较等活动中，充分探索和发现9的乘法口诀规律，一方面可以帮助记忆口诀，另一方面也能够让学生感悟数学的魅力。

教 学 设 计

教学内容

2011 版课标教材（苏教版）二年级上册第 80~81 页，2022 版课标教材二年级上册第 48~49 页。

教学目标

（1）在实际情境中经历 9 的乘法口诀的编制过程，熟记并应用口诀解决乘、除法的实际问题。

（2）在观察交流、规律探索的过程中逐步培养学生的自主探究、独立思考的意识与抽象概括、归纳推理的能力。

（3）在丰富的学习活动中，培养学生的合作学习意识和应用知识解决简单实际问题的能力。

教学过程

一、谈话引入

师生谈话：最近主要学习了什么知识？乘法口诀是怎样产生的呢？生活中哪里会用到乘法口诀？

（教师播放视频：动画片《西游记》及主题曲——《一个师傅仨徒弟》。）

提问：小朋友，你们听过这首歌吗？你们有没有发现歌词中还有数呢？分别是多少？

预设回答 1：孙悟空七十二变。

预设回答 2：九九八十一难。

揭题：这里的 72、81 与今天学习的内容有关呢，今天我们就来学习"9 的乘法口诀"。

（板书揭题：9 的乘法口诀。）

二、探究新知

（一）师生共探，发现规律

1. 问题情境

（点击课件，出示 10 个方格的图片。）

讲述：这里有一些方格，大家一起来数一数有几个。

明确：一共有 10 个方格。

（再出示五角星图。）

提问：有几颗五角星？你是怎样看出来的？为什么你能看得这么快速？

提问：一行五角星的颗数是 1 个 9，两行是几个 9？一共是多少？以此类推，3 个 9，4 个 9……9 个 9 呢？

2. 每次加 9

首先，让学生从 9 开始，每次加 9，把得数填写在课本上表格中。

然后，指名汇报，教师板书整理几个 9 相加的得数，引导学生观察思考这些得数的特点。

学生可能会出现如下回答（教师作适当引导和评价）。

预设回答 1：后面一个得数比前一个得数多 9。

预设回答 2：前面一个得数比后面一个得数少 9。

预设回答 3：后一个数的个位比前一个数少 1，十位上比前一个数多 1。

预设回答 4：个位和十位上两个数相加都等于 9。

3. 减法推想

出示"想想做做"第 1 题，观察表格规律。

提问：1 个 9 比 10 少 1，10 减 1 等于 9；那么 2 个 9 就是比多少还少几呢？以此类推，3 个 9，4 个 9，5 个 9……呢？请你填在课本上的表格中。

组织学生独立填写，再指名汇报。

（二）编写口诀，加深理解

讲述：根据前面我们学习乘法口诀的经验，你能根据刚才的计算和观察，自己编出 9 的乘法口诀吗？

接着，在试着编写两句乘法口诀之后，让学生独立完成并汇报交流，教师逐步对应板书，完善口诀。

然后，组织学生读一读口诀，再说一说 9 的乘法口诀有什么特点。

（三）记忆口诀，完善建构

1. 学生边读边记口诀

2. 学生看得数记口诀

3. 师生同桌互对口诀

4. 多种方法推想口诀

提问：你认为 9 的乘法口诀中哪一句口诀最难记？你有什么好办法帮助我们记住吗？

学生可能会出现如下回答（教师作适当引导和评价）。

预设回答 1：根据前面或者后面的那句口诀来计算。

预设回答 2：用加法计算想口诀。

预设回答 3：利用规律"几乘以 9 就等于几十减几"来想口诀。

预设回答 4：用减法计算想得数。

5. 介绍手指记忆法

（播放手指记忆法的视频，组织学生边看边尝试。）

三、学以致用

（一）巩固性练习

1. 根据口诀写算式

（课件出示：四九三十六。）

提问：根据一句乘法口诀你能写出两道乘法算式和两道除法算式吗？

（学生独立完成，再组织同桌交流。）

2. 运用口诀算得数

出示乘数为 9 的乘法算式，让学生运用 9 的乘法口诀进行计算。

3. 推车移动游戏

指名到黑板上，移动教具卡片，让学生将小车上的 9 移到相应数上面，然后算出两个数相乘的得数。

初步游戏之后，再让学生出得数，让台上的学生移动小车到相应位置。

（二）应用性练习

"9 元超市"

讲述：学校旁边新开了一个"9 元超市"，让我们运用今天的知识去解决一些问题吧！

提问：购买 3 件商品需要多少元钱？ 5 件呢？你想购买几件商品，需要付多少元钱呢？

（三）拓展性练习

（课件出示《死水》和《梅花诗》的内容。）

首先，介绍"九言诗"。

提出：你会运用 9 的乘法口诀，计算《梅花诗》正文部分的字数吗？

然后，出示九头鸟的图片，组织学生口算几只九头鸟的头数。

最后，让学生到生活中寻找运用 9 的乘法口诀计算的例子。

四、课堂总结

回顾本节课的学习收获，最后齐背一遍 9 的乘法口诀。

一、谈话引入

师：我们首先来看一段有趣的动画片，会唱主题曲的小朋友跟着一起唱。

（教师播放动画片《西游记》及主题曲——《一个师傅仨徒弟》。）

师：让我们带着数学的眼光去观察，刚才在歌词里出现了哪些数？

生 1：孙悟空有七十二般变化。

生 2：唐僧师徒经历了九九八十一难。

生 3：有 1 个师父和 3 个徒弟。

师：是啊！唐僧师徒四人经历了九九八十一难，终于取得了真经。其实，我们学习同样也是这样呀！在学习过程中会出现各种困难，我们要学好各种本领，努力克服困难，将来才能取得更大的成就。

师：动画片先看到这里。同学们回忆一下，最近学习了哪些乘法口诀？

生 1：上一节课我们学到了 8 的乘法口诀。

生 2：我们已经学过 1 到 8 的乘法口诀。

师：按照这样的顺序，猜猜看，今天将会学习几的乘法口诀？

生（齐声）：9的乘法口诀。

师：今天我们就一起来学习9的乘法口诀。

（板书揭题：9的乘法口诀。）

师：你觉得9这个数特殊吗？特殊在哪里？

生1：9是最大的一位数。

生2：9再加上1就是10。

师：是啊！那么9的乘法口诀又有哪些特殊的地方呢？让我们带着这样的疑惑开始今天的学习。

二、探究新知

（教师点击课件，出示一行10个方格，如图54。）

师：请大家看这里有一行方格，谁先来猜猜有几个？

生1：9个。

生2：10个。

师：让我们一起来数一数有几个。

生：1、2、3……9、10个。

图 54

（教师点击课件，出示五角星图，如图55。）

图 55

师：你能一眼看出五角星有几个吗？

生：9个。

师：你是怎么看出 9 个的呢？

生 1：我是一个一个地数的。

生 2：因为方格有 10 个，五角星比方格少 1 个，就是 9 个。

师：你这个方法真快！那么请小朋友想一想，一行五角星有 1 个 9，两行五角星是几个 9 呢？等于多少？

（教师点击课件，出示完整五角星图，如图 56。）

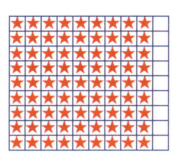

图 56

生：2 个 9，9 加上 9 等于 18。

师：18 再加上 9 又等于多少，是几个 9？

生 1：18 加 9 等于 27，是 3 个 9。

生 2：每次都加 9 得到的。

师：你能根据每次加 9 的规律，把这列数填完吗？

（学生填写课本上的表格，然后汇报交流，如图 57。）

9	18	27	36	45	54	63	72	81

图 57

（教师在黑板上竖着板书每次加 9 的得数。）

师：这列数中的第一个数是 9，再加一个 9 是 18，也就是几个 9 是

18？

生：2个9是18。

师：再加一个9是几个9呢？

生：3个9，是27。

师：以此类推，4个9就是多少？5个9呢？……9个9呢？

（学生回答略。）

师：这些得数是从9开始每次加9得到的，我们来读一遍好吗？

（教师带领学生读：1个9是9，2个9相加是18，3个9是27……）

师：你发现这些得数有什么特别的地方？

生1：每次都加9，后面的得数都比前面的多9。

生2：个位上比前一个数少1，十位上比前面的数多1。

生3：十位上是按照1、2、3……9顺着排列，个位上是9、8、7、6……1倒着排列的。

生4：我发现45和54两个得数的个位和十位交换了位置。

生5：我发现还有18和81、27和72、36和63也是这样，个位和十位上的数字正好互换。

（教师在板书上画弧线对应标注。）

师：同学们观察得真仔细！这些得数真特别，我们再大声地把它们读一读。

（学生自由读。）

师：我们知道9就比10少1，10减1就是9。根据这样的特征，我们换个角度再来算一算五角星的颗数。

（教师指着五角星图，并让学生观察课本"想想做做"第1题，如图58。）

1个9	比10少 1	是 9
2个9	比20少 2	是 18
3个9	比30少 3	是 27
4个9	比40少	是
5个9	比50少	是
6个9	比60少	是
7个9	比70少	是
8个9	比80少	是
9个9	比90少	是

图 58

师：那么 2 个 9 就是比多少还少几呢？3 个 9 呢？

生 1：2 个 9 就是比 20 少 2，就等于 18。

生 2：3 个 9 就是比 30 少 3，是 27。

师：像这样依次往下填写在表格中，然后用减法算出得数。

（学生独立填写，并交流汇报结果。）

师：同学们，回顾刚才的学习过程，一开始我们先用加法得到了这些得数，刚才又用减法也得到了同样的得数。我们把这些得数再轻轻读一遍。

（学生齐读。）

师：其实这些就是 9 的乘法口诀的得数。接下来我们一起来编出 9 的乘法口诀。谁先来编第一句？

生：一九得九。

师：你是怎样编出来的？

生：1 个 9 就是 9。

（板书：一九得九。学生齐读。）

师：一九表示什么意思呀？

生：表示 1 个 9。

师：得九呢？

生：就表示等于 9。

师：那两个九是多少，谁来试着编一编？

生：二九十八。

（继续板书：二九十八。）

师：接下来我们自己动手来编口诀，请把课本上的乘法口诀填完整。

（学生自编乘法口诀，并填写在课本上的括号里。）

师：我请同学来汇报一下。

生 1：三九二十七。

生 2：四九三十六。

生 3：……

（学生逐个汇报，教师逐个板演，补全 9 的乘法口诀。）

师：（当学生汇报完"八九七十二"时）口诀中出现 72 了，原来孙悟空的七十二般变化，就是哪句乘法口诀呢？

生：八九七十二。

师：师徒四人经历的八十一难，又是几九得来的呢？

生：九九八十一。

师：你的口诀编得怎么样？请同桌两个同学互相检查一下。

（同桌互相检查乘法口诀编制情况。）

师：9 的乘法口诀一共有几句呀？

生：九句。

师：请同学们再轻轻读一读这些口诀。边读边观察，你觉得 9 的乘法口诀有什么样的特点？

（全班齐读 9 的乘法口诀。）

生：我发现只有第一句有一个"得"字，其他八句没有"得"字。

师：为什么第一句有"得"字呢？

生：因为它的计算结果没有超过 10。

师：观察得真仔细，还有谁想补充的？

生 1：口诀从"二九"开始都有"十"字。

生 2：口诀的最后一个字，和得数的最后一个数字一样，都是九、八、七、六、五、四、三、二、一。

生 3：后一句口诀的得数都比前一句得数加了 9。

生 4：前一句口诀的得数都比后一句得数少 9。

师：对呀！还有其他发现吗？

生 1：口诀的第一个字，越来越大，一直到九。

生 2：口诀的第二个字，都是"九"字。

师：是的，因为这是关于 9 的乘法口诀。

（教师根据学生的发现在板书中用彩色笔进行标注。）

师：接下来，我们要想办法把 9 的乘法口诀记住。现在，徐老师挡住乘法口诀，同学们可以看着黑板上的得数或者大屏幕中的得数说乘法口诀。

（教师挡住黑板上的乘法口诀，学生看得数说口诀。）

师：我看到有些小朋友已经不需要看黑板，背得很熟练了。现在徐老师和小朋友们一起来做个"对口诀"的小游戏。我来说口诀前半句，你们来对口诀后半句。

师：一九——

生：得九。

师：三九——

生：二十七。

师：五九——

生：四十五。

……

师：现在请同桌之间对口诀，看谁对得又对又快！

（同桌互对口诀，教师巡视指导。）

师：请两位同学到前面来，进行对口诀比赛。

（指名二生上台比赛对口诀。）

师：接下来，我们一起来背一遍 9 的乘法口诀。闭上眼睛，开始——

（学生齐背口诀。）

师：哪位同学能独立背一遍？谁还能从大到小背？

生 1：一九得九、二九十八……九九八十一。

生 2：九九八十一、八九七十二……一九得九。

（评价和表扬背得熟练的同学。）

师：在记忆 9 的乘法口诀的时候，你觉得哪几句口诀最好记呢？

生：一九、二九，还有九九也比较好记。

师：你认为最难记的是哪一句？

生："六九五十四"最难记。

（教师将黑板上"六九五十四"口诀擦去得数。）

师：你有什么好办法，帮助我们来记忆"六九多少"？

生：6 个 9 相加等于 54，就是"六九五十四"。

师：对，乘法是特殊加法，乘法口诀的得数可以用加法来计算。还有其他办法吗？

生 1：把后面一句七九六十三中的"六十三"减去 9，得数就是 54。

生 2：把前面一句五九四十五的"四十五"加上 9，得数也是 54。

师：如果我既不记得前面的口诀得数，也不记得后面的乘法口诀得数，你还有什么好办法推想出得数吗？

生：找自己最喜欢的一句，减几个 9 或者加几个 9 来计算。

师：这也是一种办法。如果前面后面的口诀都忘掉了，加法也不会算，用减法怎么算？

生：比 60 少 6 就是"六九五十四"。

师：同学们真聪明！想了多种方法帮助自己推想口诀。接下来，我们来一起背一遍 9 的乘法口诀。先闭上眼睛，如果哪一句忘记了，悄悄睁开眼睛看一下黑板。

（学生齐背口诀。）

师：不少小朋友都没有睁开眼，已经能背 9 的乘法口诀了，真厉害！其实 9 的乘法口诀就藏在小朋友们的身上，你想知道藏在哪里吗？

生：我们可以用双手记忆 9 的乘法口诀。

师：对！其实 9 的乘法口诀就藏在我们灵巧的 10 个手指上。

（播放录像——手指记忆法，如图 59。）

图 59

师：我们把双手放在桌上，手心向上，手放平，依次弯曲每个手指，弯曲手指左边的手指数代表十位上的数，右边的手指数代表个位上的数。

（学生看视频模仿并尝试。）

师：用刚才的方法，同桌之间一个人出口诀，另一个人摆出手势。

（同桌之间合作练习。）

师：这个方法神奇吗？大家回家后可以演示给爸爸和妈妈看。

三、学以致用

师：我们已经初步学会了 9 的乘法口诀，你会运用 9 的乘法口诀，来解决一些数学问题吗？你能根据一句乘法口诀写出两道乘法算式和两道除法算式吗？每个小朋友选出一句 9 的乘法口诀试一试。

（学生在本子上尝试写算式。）

师：你能根据"四九三十六"这句乘法口诀，写出两道乘法算式和两道除法算式吗？

（组织学生汇报。）

生 1：4×9=36，9×4=36。

生 2：36÷4=9，36÷9=4。

师：接下来看谁能熟练运用 9 的乘法口诀计算。从这些算式中选一道你会算的，快速说出得数。

（课件中出示如下乘法算式。）

9×3　2×9　5×9　4×9　9×9　9×1

9×5　8×9　9×4　7×9　6×9　9×6

生 1：9×3=27。

生 2：9×9=81。

生 3：5×9=45。

……

师：大家对 9 的乘法口诀掌握得真不错！让我们为自己鼓掌。

师：接下来我们做一个推车游戏，你能很快算出两个数的积吗？你还能说出你用的是哪一句乘法口诀吗？

（在黑板上出示卡片教具，邀请一个同学上台移动卡片，如图 60。）

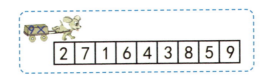

图 60

师：这个游戏，除了先推动小车，然后计算得数，我们还可以出一个得数，再把推车移到乘数的上面。

师：学习了 9 的乘法口诀，还可以帮助我们解决生活中的实际问题呢。请看，学校旁边新开了一个"9 元超市"，如果让你当"9 元超市"的售货员，你有什么感觉吗？

（课件出示超市图片，如图 61。）

图 61

生：我感觉计算花多少钱会很简单。

师：是呀！因为这是"9"元超市。

师：如果买三件需要多少元呢？

生：三九二十七，需要 27 元。

师：如果买五件呢？

生：五九四十五，需要 45 元。

师：你想买几件？需要多少钱？同桌互相算一算。

（同桌互相叙述和计算。）

师：其实，有关9的数量在日常生活中经常会遇到。大家读过诗歌吗？

（课件出示《梅花诗》和《死水》。）

师：比如这首《梅花诗》，一行有9个字，又叫作"九言诗"。你会很快计算出这首《梅花诗》正文部分一共有多少个字吗？

生："八九七十二"，有72个字。

师：据说在很久很久以前，有一种鸟叫九头鸟。一只这样的鸟就有9个头，3只这样的鸟就有几个头呢？ 6只呢？

（课件出示九头鸟的图片。）

生1：3只九头鸟就是27个头。

生2：6只九头鸟一共54个头。

师：你还知道有关9的事物吗？

生1：九尾狐。

生2：九色鹿。

……

四、课堂总结

师：回顾一下今天这节课，你有什么收获？（学生回答略。）今天这节课就学到这里，下课。

教 学 反 思

　　2024 年 11 月 19 日，"相约星期二"——我的数学家常课开放日。按照进度，恰好到了教学"9 的乘法口诀"这一课。本学期开学以来，二年级学生的大部分数学学习时间都是在和乘法口诀打交道。开学初，在认识乘法之后开始学习 6 以内的乘法口诀，然后结合除法的认识继续学习用乘法口诀求商，进而学习 7、8、9 的乘法口诀和用口诀求商。教学中我也发现，随着乘法口诀的句数越来越多，得数越来越复杂，同时乘法口诀教学的基本流程学生已经比较熟悉，再加上乘法口诀的学习需要加强适度的记忆，导致不少学生开始感觉单调和机械。因此，我着力思考：如何提高学生学习乘法口诀的兴趣？如何将乘法口诀课上成规律探索课？如何结合口诀学习培养学生的推理意识？

一、新旧教材的编写变化分析

　　数学教材为学生的数学学习活动提供了学习主题、知识结构和基本线索，是实现数学课程目标、实施数学教学的重要资源。对于我们广大一线教师来说，尊重和理解教材是开展教学活动的基本前提。因此，人民教育出版社编审章建跃博士多次指出："课本是使学生学做人做事的基本载体，脱离课本的教学不是好数学教学。教师最基本且重要的职责是教好课本。"

对此，笔者深有体会并一直身体力行。平时的家常课教学，当然首先想到的是如何更好地钻研教材；即使是公开课和比赛课，首先也是从教材出发，尊重教材，理解教材，创生教材。

9的乘法口诀的新旧教材有哪些变化呢？通过对比发现2022版课标教材主要有如下几点变化：

第一，主题图的变化。2011版课标教材以数五角星作为例题素材，并通过一个表格让学生从9开始，每次加9，进而分别计算出2个9是18、3个9是27……9个9是81。2022版课标教材虽然将主题图更换为数苹果的个数，但是依然保留了表格计算。因此，教学时，通过主题图的情境，我带着学生，每人动笔实际加一加，充分感知每次加9的得数，为学习9的乘法口诀进行铺垫。

第二，加强手指记忆法。课改初期的苏教版教材中并没有将手指记忆法素材编入教材，后来修订后将其作为"你知道吗"进行补充编排。2022版课标教材则将手指记忆法作为新知例题的重要组成部分，在学生自主编写9的乘法口诀之后进行专门的教学。

第三，新增传统文化素材。在"想想做做"部分，新增了"数九"这一素材：从冬至那天数起，第一个9天是"一九"，第二个9天是"二九"，一直数到"九九"，春天就来了。从冬至起，数多少天春天就来了？这样的编排也是呼应2022版课标中关于课程内容选择的新变化——"关注数学学科发展前沿与数学文化，继承和弘扬中华优秀传统文化。"

二、9的乘法口诀具有独特规律

9的乘法口诀是乘法口诀教学中最后教学的内容，不仅口诀句数最多，得数也最大，而且9的乘法口诀还有着独特的规律。

首先，9 的乘法口诀得数中，个位数字从 9 开始依次少 1，而十位数字依次多了 1。

其次，除了 9 之外，得数的个位上数字和十位上数字对应依次交换数字位置，如 18 和 81、27 和 72、36 和 63、45 和 54。

再次，每个得数的个位上数字和十位上数字之和总是 9。

特别有意思的是，几个 9 的得数都可以分别和几十相比，用减法也可算出这些得数。如 1 个 9 比 10 少 1，10 减 1 得 9；2 个 9 比 20 少 2，20 减 2 得 18；以此类推。

最后，9 的乘法口诀的第一句从"一九得九"的"一"开始，最后一句到"九九八十一"的"一"结束，真可谓"九九归一"。

针对以上 9 的乘法口诀的独特规律，再结合乘法口诀的一般规律，课堂教学时，我不是机械地让学生编写和记忆口诀，而是将乘法口诀课上成了规律探索课。

三、多种方法帮助学生记忆口诀

关于学习方式的变革，一直是课程改革的重要关注点。记得《全日制义务教育数学课程标准（实验稿）》（简称"2001 版课标"）关于学习方式的理念中就明确指出："有效的数学学习不能单纯地依赖模仿和记忆，动手实践、自主探索、合作交流等是学习数学的重要方式。"2022 版课标则进一步明确："认真听讲、独立思考、动手实践、自主探索、合作交流等是学习数学的重要方式。"

诚然，数学的学习不能单纯地依赖模仿和记忆，但是适度的模仿可以帮助学生逐步形成技能，必要的记忆也可以通向理解并提高计算的效率。

张奠宙先生曾经在《中国数学双基教学》一书中指出中国数学教育的四大经验：记忆通向理解，速度赢得效率，严谨形成理性，重复依靠变式。

课堂教学时，我从如下几个方面帮助学生记忆口诀：

首先，看着乘法口诀边读边发现规律，进而初步记忆口诀。

接着，看着课始每次加9的得数，对比记忆口诀。

然后，玩对口令游戏，有师生对口令、同桌对口令、比赛对口令等方式。

最后，引入手指记忆法，让学生感受到9的乘法口诀的奇妙之处。

四、应用中培养学生推理意识

2022版课标在"三会"（通过义务教育阶段的数学学习，学生逐步会用数学的眼光观察世界，会用数学的思维思考现实世界，会用数学的语言表达现实世界）核心素养目标中特别指出："数学为人们提供了一种理解现实世界的思考方式。""义务教育阶段，数学思维主要表现为运算能力、推理意识或推理能力。"如何让学生学会运用数学的思维思考现实世界？小学阶段与数学思维相关的核心素养表现则主要是培养学生的推理意识，进而有助于学生养成讲道理、有条理的思维习惯，增强交流能力，进而形成推理能力。

在教学过程中，我以一句口诀——"六九多少"为例，让学生推想出口诀得数，学生出现了多种推理方式：

有学生从六九前面一句口诀"五九四十五"出发，得数45加上9，得出54；也有学生从六九后面一句口诀"七九六十三"出发，得数63减去9，得出54；又有学生从口诀的意义出发，用6个9相加，也可以得到结果是54；还有学生从6个9和60相比出发，用60减去6，得54。

这样的问题设计，使得学生不是机械地记忆口诀，也不是抽象地应用口诀，而是在观察中发现规律，在推理中应用规律，进而培养学生的运算能力和推理意识，形成数学的思维。

▲备课教案手稿

▲上课照片（2024 年 11 月 19 日）

8 乘法口诀表

教材简析

　　有研究表明，中国学生的计算能力比较强，其中乘法口诀是一个重要原因。现行教材一般都在二年级开始编排学习乘除法计算内容，因为有了乘法口诀表的熟练记忆，能促进学生进一步理解乘除法含义，提高运算效率。

　　乘法是取代相同加数加法的产物，乘法口诀不仅是乘法运算的支撑，也是除法计算的抓手。乘法口诀的实质是帮助学生建立一种对应关系，即两个一位数相乘与其得数之间的对应；乘法口诀的掌握是促进学生对这种对应关系的熟练性，即形成算式与得数之间的动力定型。

　　2022版课标十分重视培养学生的运算能力和推理意识，提出了"能熟练口算表内乘除法"的学业要求。因此，乘法口诀表的教学，可以帮助学生在整理口诀表的过程中，进一步理解乘法和除法运算的含义，了解乘法口诀的来源，探索乘法口诀表的规律，进而在实际应用中不断形成技能，发展思维，培养素养。新旧版教材在编排乘法口诀表时，基本都是在单元复习时进行教学，都重视学生整理乘法口诀表的过程，重视探索口诀表的规律。

　　本节课的教学，笔者主要的设计思路：首先让学生联系乘法的含义和乘法口诀的含义进行回顾和整理，然后重点进行乘法口诀表的规律探索，分别从竖着看、横着看、斜着看三个视角帮助学生发现规律，同时加强乘法口诀表的灵活应用。

教学设计

★ 教学内容

2011 版课标教材（苏教版）二年级上册第 83 页，2022 版课标教材二年级上册第 52～53 页。

★ 教学目标

（1）让学生在整理乘法口诀表的过程中进一步理解乘除法含义，逐步背诵乘法口诀表，进而熟练计算表内乘除法。

（2）在观察和对比中探索乘法口诀表的内在规律，培养学生的运算能力和推理意识。

（3）通过有趣的数学游戏和丰富的实际应用，感悟数学与生活的密切联系，培养学生的应用意识。

★ 教学过程

一、谈话导入

（课前在黑板上画好空白方格，以便课堂上板书整理。）

谈话提问：最近学习了哪些知识？乘法口诀是怎么产生的？

结合学生的回答，揭示课题：乘法口诀表。

二、整理建构

（一）启发引导

1. 竖着整理

首先，从最简单的口诀"一一得一"出发，竖着背诵口诀，教师依次板书。（一一得一、一二得二……一九得九。）

接着，竖着整理第二列，教师板书部分口诀。（二二得四、二三得六……二七十四。）

然后，整理第三列并板书部分口诀。（三三得九、三四十二……三六十八。）

2. 横着整理

从第五行开始，从"一五得五"背诵到"四五二十"。

提问：第七行最后一句口诀是什么？（七七四十九。）

3. 随机整理

提问：竖着看，第四列最下面一句口诀是什么？（四九三十六。）

横着看，第六行第五句口诀是什么？（五六三十。）第八行第五句口诀是什么？（五八四十。）

（二）自主整理

让学生打开课本，填写乘法口诀表中余下的空白部分口诀，然后交流汇报填写情况。

（三）形成结构

1. 核对整理结果

2. 讲述口诀故事

预设1："七七四十九"。（孙悟空与太上老君的故事）

预设2："八九七十二"。（孙悟空的神奇变化）

预设3："九九八十一"。（唐僧师徒取经中的磨难）

预设4："不管三七二十一"。（生活俗语）

三、探索规律

（一）竖着观察

首先，让学生想办法算出乘法口诀表内一共有多少句口诀。

接着，让学生四人一组探索规律。

然后，组织学生集体汇报。

明确：竖着观察，第一个数不变，第二个数变大。

（二）横着观察

首先，让学生横着观察并交流规律。

接着，组织汇报并举例说明。

明确：横着观察，第二个数不变，第一个数变大。

（三）斜着观察

1.最外面斜看

从一一得一、二二得四……九九八十一。（教师画线标注。）

明确：口诀前两个数相同。

2.依次斜着看

首先，让学生继续斜着读一读，并互相说一说规律。

然后，组织汇报交流。

明确：斜着观察，前两个数相差依次为0、1、2……8。

（四）从得数看

1.得数相同的口诀

明确：得数相同的有4、6、8、9、12、16、18、24、36。

2. 得数是连续两个自然数的口诀

明确：得数 10 以内的基本都是连续两个自然数，10 以上的有 14 和 15，15 和 16，20 和 21，24 和 25，27 和 28，35 和 36，48 和 49，63 和 64。

3. 一句四式与一句两式

让学生观察并举例，明确：除了斜着看的 9 句（从"一一得一"至"九九八十一"）只能计算一道乘法算式和一道除法算式外，其余乘法口诀都能计算两道乘法算式和两道除法算式。

四、练习提升

（一）巩固性练习

让学生在方格内填空（课本第 84 页方格）。

（二）应用性练习

创设购物情境，四种食品单价分别是 4 元、5 元、6 元、9 元。

提问：如果用 18 元购买了一种食品，可能买了哪种？买了多少？如果用了 20 元、24 元、36 元、40 元呢？

（三）拓展性练习

根据学生的学号进行实际应用：

学号正好是乘法口诀表中得数的同学，直接说出是哪一句口诀（或者两句）。

学号不是乘法口诀得数的同学，用两句口诀表达自己的学号。

一、谈话导入

师：最近一段时间我们主要学习的是什么计算？

生：乘法和除法。

师：乘法和除法要算得又对又快，我们有什么好办法？

生：乘法口诀。

师：对！把乘法口诀全部背下来，计算就会更加熟练。我们已经学了从几到几的乘法口诀呢？

生：从 1 到 9 的乘法口诀。

师：今天这节课，我们就来整理所有的乘法口诀，形成完整的乘法口诀表，看哪些同学乘法口诀整理得好，能自己找到口诀表规律并且能熟练计算和解决实际问题。

（板书课题：乘法口诀表。）

二、整理建构

师：我们应该从最简单的乘法口诀出发来整理口诀表。哪一句乘法口诀最简单？

生：1的乘法口诀。

师：对。1的乘法口诀只有一句，全班一起说——

（板书：一一得一。）

师："一一得一"是我们学习的第一句乘法口诀。从这句口诀出发，我们可以竖着背，也可以横着背。让我们先竖着背一背口诀，准备——开始！

生：一一得一、一二得二、一三得三……一九得九。

（教师依次竖着板书口诀。）

师：竖着看，这一列从上到下，一共有几句？

生：9句。

师：这9句口诀好记吗？好记在哪里？

生：好记！因为一几就得几。

师：为什么一几就得几？

生：一几就是一个几，就是这个数。

师：对！这9句是最好记的。继续竖着整理口诀，第二列从哪句往下呢？该写在哪儿呢？

生1：从二二得四开始。

生2：应该写在第二行。

生3：应该写在"一二得二"的右边。

师：大家说得都有道理。为了和第一列区别开来，我换一种颜色的粉笔依次来写。

（学生边说口诀，教师依次板书：二二得四、二三得六……二七十四。）

师：第二列还有两句等会儿由你们来写。这一列口诀有什么特点？

生1：都是二几的口诀。

生 2：变成乘法就是 2 乘几的。

师：像这样竖着背，第三列从哪一句开始？

生：三三得九。

师：写在第几行？

生：第三行。

（依次板书：三三得九、三四十二……三六十八。）

师：写到这里也停一下，再往下的口诀过会请你们来填。接下来我们换个角度整理口诀表——横着看。

（教师指向第四行口诀。）

师：这里横着往后，谁再来说一说口诀？

生：一四得四、二四得八、三四十二，接下去就是四四十六。

师：那横着看第五行，一起来说一说口诀。

生（齐声）：一五得五、二五一十、三五十五、四五二十。

（顺势板书：四五二十。）

师：刚才我们首先竖着整理口诀表，然后又横着整理，基本方法同学们已经了解。接下来，老师随意指着余下口诀表中的位置，你能说出这句乘法口诀吗？

生：能！

师：竖着看，"四五二十"这句口诀往下看，谁知道最下面是哪一句？

生：四九三十六。

（板书：四九三十六。）

师：横着看，"一七得七"这一行最后一句口算是什么？

生：七七四十九。

（板书：七七四十九。）

师：竖着看，第五列第二句口诀是哪句？

生：五六三十。

（板书：五六三十。）

师：横着看，从"一八得八"往右第五句口诀是什么？

生：五八四十。

（继续板书：五八四十。）

师：通过刚才的初步整理，老师先写这么多，还缺少一些口诀，请同学们根据刚才的初步规律，自己填写在课本上。

（学生独立填写课本上的口诀表，课件同步出示图片，如图62。）

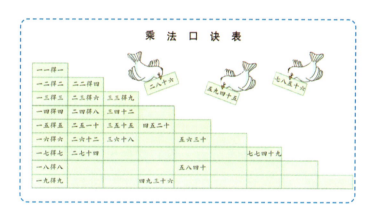

图 62

师：我邀请几位填得快的同学到黑板上来填写。

（教师请几位学生到黑板上将乘法口诀中剩余部分填写完整。）

师：我们来核对一下答案，然后请大家选择几句口诀来讲讲故事。

（师生核对板书和填写课本情况，完善板书。）

生1：我想讲讲"七七四十九"的故事。我知道在《西游记》里面，孙悟空被太上老君关在炼丹炉里烧了七七四十九天。

师：你的知识面真广！

生2：我也讲一个《西游记》故事，孙悟空有八九七十二般变化。

生3：唐僧师徒四人西天取经，经历了九九八十一个磨难。

师：看来在古典名著里面也有乘法口诀的应用。

生4：我还有补充，猪八戒有三十六般变化。

师：有意思，那乘法口诀表里得数是三十六的有几句呢？

生1：有两句乘法口诀得数都是36。

生2：六六三十六。

生3：四九三十六。

生4：我还有补充，生活中我们经常说"不管三七二十一"，也是说的乘法口诀。

（教师在板书中这些特殊口诀处画线标注。）

师：是啊！中国古代人民的智慧里面有很多和数学有关呢。

三、探索规律

师：刚才经过大家的共同努力，我们整理出了乘法口诀表。有谁知道乘法口诀表里面一共有多少句口诀？同桌同学先讨论交流一下结果。

（同桌学生交流讨论。）

师：谁来汇报一下结果？

生1：81句。

生2：45句。

师：相差这么多！到底多少句啊？怎样算出来？

生3：从左往右竖着看，分别是9句、8句、7句……1句。

生4：9和1加起来，8和2加起来，7和3加起来，6和4加起来。

师：很好。这里有几个十？

生5：4个十。

生 6：最后还有 5 的乘法口诀这 5 句，一共就是 45 句。

师：真有意思！表内乘法口诀一共 45 句，而我们班级学生人数也正好是 45 人。接下来，我们继续观察，乘法口诀表还有哪些规律和奥秘。请前后左右的四人为一个小组，一起探索研究并交流讨论。

（四人小组探索交流。）

师：我邀请一个小组同学来介绍一下你们的发现。

生 1：我们发现，竖着看，每一列的第一个数都一样。

生 2：我补充：竖着看，每一列第二个数往下越来越大。

生 3：我来举例子说明。比如第一列都是"一"开始，第二列都是"二"开始，第三列都是三几，然后四几、五几……，一直到九几。

生 4：我也举例。第二个数，比如第一列最上面是"一"，往下依次是"二""三"……，一直到"九"。

师：四人合作介绍，表达清晰完整，掌声送给他们！

（板书：竖着看，第一个数相同，第二个数变大。）

师：哪一组继续上台来，合作汇报一下横着看有什么规律？

（再请一个四人小组上台汇报。）

生 1：横着看，第二个数不变。

生 2：我举例，比如第 3 行，每一句口诀的第二个数都是"三"。

生 3：横着看，第一个数越来越大。

生 4：我举例说明。比如第 7 行，最左边第一句第一个数是一，第二句第一个数是二，然后三、四、五、六、七。

师：这一小组合作也是非常棒！值得表扬！

（板书：横着看，第一个数变大，第二个数相同。）

师：接下来，最难的挑战来了，请大家斜着看，你们又能发现什么规律？

（学生先自主观察再同桌交流。）

师：我们先来斜着读一读最外边这些口诀。

生：一一得一，二二得四，三三得九……九九八十一。

师：斜着看这些口诀有什么规律？

生：前面两个数都一样的。

师：是的，斜着看最外围的这些口诀前两个数都是相同的。

（板书：前两个数都相等。）

生：我听爸爸说过，这些得数叫作平方数。比如 1、4、9、16……

师：你太厉害了！我们继续斜着看。

师（指着第二斜行，带领全班齐读）：一二得二、二三得六、三四十二、四五二十……八九七十二。

师：还是前两个数相等吗？

生：不相等了，前两个数都相差 1。

师：如果再往左边斜着看呢？

生：前两个数相差 2。

师：我们读一读，验证一下他的发现。

生：一三、二四、三五……七九。

师：像这样斜着看，再接下去呢？

生：然后前两个数就相差 3、4、5、6、7、8。

（板书：斜着看，前两个数相等，或相差 1、2、3……8。）

师：刚才我们分别竖着看、横着看、斜着看，发现乘法口诀表里面蕴藏着很多有趣的规律。我们再换一个视角，从口诀得数的角度，大家还有哪些发现？

师：比如，乘法口诀表内有哪几句乘法口诀的得数是一样的？

生1：三四十二和二六十二。

生 2：一六得六和二三得六。

生 3：四六二十四和三八二十四。

生 4：六六三十六和四九三十六。

生 5：二八十六和四四十六。

……

师：像这样出现过相同得数的，我们一起圈起来。4、6、8、9、12、16、18、24、36 等。

（师生在表内圈一圈得数。）

师：有哪两句得数是连续的两个自然数？举个例子，比如二四得八和三三得九，8 和 9 是连续自然数。得数 10 以内的比较简单，我们就不找了，主要找找比 10 大的一些得数。

生 1：二七十四和三五十五。

生 2：三五十五和四四十六，或者二八十六。

生 3：四五二十和三七二十一。

生 4：四六二十四（三八二十四）和五五二十五。

生 5：三九二十七和四七二十八。

生 6：五七三十五和六六三十六（四九三十六）。

生 7：六八四十八和七七四十九。

生 8：七九六十三和八八六十四。

师：用一句乘法口诀可以计算几道算式？

生 1：大部分口诀可以计算四道算式（两道乘法算式和两道除法算式），比如三六十八，可以计算 3×6=18，6×3=18，18÷3=6，18÷6=3。

生 2：有一些特殊口诀只能计算两道算式（一道乘法算式和一道除法算式），比如五五二十五，可以计算 5×5=25，25÷5=5。

生3：这些特殊的口诀就是斜着看的最外面的9句。

师：同学们探索和发现了乘法口诀表的很多奥秘，真厉害！我们今后可以横着背，竖着背，还可以斜着背。

四、练习提升

师：那么，学乘法口诀有什么用处吗？你能灵活地运用口诀计算吗？请大家把书翻到第84页。先看懂题意，然后试着填填看。

（课件出示方格图，学生观察并试填，如图63。）

师：我们先不着急填写太多。请看这些红颜色的数是分别用哪句口诀算出来的呢？

在空格里填两数相乘的积，看谁填得又对又快。

×	1	2	3	4	5	6	7	8	9
1	1								9
2		4						16	
3			9			21			
4				16	24				
5					25				
6									
7									
8									
9									

图 63

生：一一得一、二二得四、三三得九……

（教师依次圈出黑板上对应的口诀，组织学生将红色空白方格填写完整。）

师：我们再看已经填写出的9、16、21、24是如何算出来的？

生1：最左边的1和最上面的9相乘就得9。

生 2：最左边的 2 和最上面的 8 相乘得 16。

生 3：左边的 3 和上面的 7 相乘得 21。

生 4：左边的 4 和上面的 6 相乘得 24。

师：大家发现了计算规律吗？

生：每个方格对齐的最左边的数和最上面的数相乘。

师：对！接下去大家根据计算规律，运用乘法口诀，自己独立完成余下的空格计算。

（学生独立在课本上计算并填方格。）

师：乘法口诀表掌握了，作用可大啦！你能运用乘法口诀解决生活当中的实际问题吗？

（课件出示情境图，如图 64。）

图 64

师：我们先来看这些食品。它们的单价分别是怎样的？

生 1：饼干，一袋 4 元钱。

生 2：蛋糕是 5 元钱一块。

生 3：水果糖是 6 元一袋。

生 4：巧克力 9 元一盒。

师：现在小红买的是同一种食品，但有可能不止买一件，正好用去18 元。她可能买的是哪一种？买了多少？

（学生独立完成。）

生 1：两盒巧克力是 18 元，算式是 2×9=18（元）。

生 2：还可能是买了 3 袋水果糖，算式是 3×6=18（元）。

师：是啊！乘法口诀表里，得数是 18 的有两句呢，同学们真聪明！

师：徐老师也去买了一种食品，正好用去 24 元，请你列出算式，想想看可能买的是什么，买几件？

生：根据"四六二十四"，徐老师可能买的是饼干和水果糖。

师：如果买的是 4 元一袋的饼干，我就要买几袋？

生：饼干就要买 6 袋。

师：很好，如果我买 6 元一袋的水果糖呢？谁来说说看？

生：就要买 4 袋。

师：对的。如果我正好花去 36 元，请你帮我算可能买什么？买几件？谁能把不同的方法都说出来。

生 1：水果糖买 6 袋，六六三十六。

生 2：还可以买巧克力，四九三十六。

师：巧克力买几袋？

生：买 4 袋。

师：很好。假如我正好花了 40 元，你觉得我买哪一种食品正好花的是 40 元呢？

生：可以买蛋糕。

师：我买几个蛋糕？

生：五八四十。可以买 8 个。

师：可以的，只有这一种买法吗？

生：买饼干 10 袋。

师：买 10 袋饼干可以吗？是怎么想的呢？

生：4 个十是 40。

师：答案正确！这个算式虽然不是表内乘法，但是我们以后也要学的。4 乘 10 就等于多少？

生：等于 40。

师：最后，我们来做一个游戏，大家都有自己的学号吗？

生：有。

师：现在听老师的指挥，符合要求的同学就起立。首先请学号 1～9 的小朋友起立。

（相关学生自发起立。）

师：这些同学的学号是哪些乘法口诀的得数呢？

（教师请学生上台指出口诀。）

师：是的！学号 1～9 就是乘法口诀第一列的得数。接下来请同学们思考，还有哪些同学的学号也是乘法口诀得数的，请起立。

（学号为 10、12、14、15、16、18、20、21、24、25、27、28、30、32、35、36、40、42、45 的同学起立。）

师：还有没有站起来过的同学，学号虽然不是乘法口诀的得数，我们可以想办法用两句口诀表达自己的学号。谁来试一试？

生：我的学号是 11，二四得八，一三得三，8 加 3 等于 11。

师：正确！还可以用哪两句口诀表达？

生 1：一九得九，一二得二，9 加 2 等于 11。

生 2：三四十二，一一得一，12 减 1 等于 11。

……

师：现在，请刚才学号不是乘法口诀得数的小朋友，考考你的同桌或者前后的同学，请他们用两句口诀算出来。

（学生互相交流。）

师：今天这节课，我们整理了乘法口诀表，课后我们可以用竖着背、横着背或斜着背的方法来记忆乘法口诀。这节课就上到这里，下课！

教 学 反 思

2024 年 12 月 3 日，"相约星期二"——我的数学家常课开放日。正值福建省石狮市校长研修班一行来校交流，按照教学进度，我执教了第六单元《表内乘法和表内除法（二）》的单元复习整理课——"乘法口诀表"。

对于二年级学生来说，本学期的大部分学习时间都在和乘除法打交道，当然大部分时间也离不开对乘法口诀的理解和应用。2022 版课标在第一学段"数与代数"的学业要求中，提出了"能熟练口算表内乘除法"的要求。所谓"熟练口算"，通常是指对基本口算的要求，除了能够计算正确，还要有一定的速度要求，要通过一定时间的练习，使学生达到脱口而出的动力定型状态。

乘法口诀是中华优秀传统文化的一部分。据有关考古研究，我国最早的乘法口诀起源于两千多年前的春秋战国时期，乘法口诀的实物出土于战国时期的楚简和里耶秦简，不过那时的乘法口诀表是从"九九八十一"开始，到"一一如一"结束，故称"九九歌"或"九九表"。背诵九九表，对于中国儿童来说，具有得天独厚的文化优势，因为我国的文字——汉字是单音字，所以乘法口诀很像儿歌，朗朗上口，具有节奏性美感。

一、整理乘法口诀表

尽管乘法是加法运算的简便化，其实质是一种特殊的加法，然而乘法运算的独特性，不仅表现在它的计数策略与加法不同（加法是继续往后数的计数策略，乘法是跳着往后数的策略），而且还表现为具有独特的乘法口诀。乘法口诀的本质是两个一位数相乘与其得数之间的对应关系，它是学习乘法和除法运算的抓手和基础。

要让学生能够理解并掌握乘法口诀，提高运算能力，首先需要让学生理解乘法口诀的含义，能自己整理出乘法口诀表，并了解其结构和规律。现行教材中编排的乘法口诀表一般叫作"小九九"，即每句口诀的第一个数一般比第二个数小（其中有9句口诀除外，如一一得一、二二得四……九九八十一等），这样的小九九口诀表一共有45句乘法口诀。与"大九九"相比，减少了将近一半的口诀，极大降低了学生的记忆难度。

课堂开始，首先让学生从"一一得一"开始背口诀，然后"一二得二""一三得三"……一直到"一九得九"，老师在黑板上竖着进行板书，初步感知口诀排列特征。接着从"二二得四"开始，继续竖着背几句口诀（至"二七十四"为止）。同时，让学生观察发现刚才背口诀的初步规律，即竖着看，从第1列的"一几"到第2列的"二几"，进而发展为第3列的"三几"，继续从"三三得九"背到"三六十八"。然后再横着观察板书，从"一五得五"背到"三五十五"，提问：再右边一句口诀是什么？（板书"四五二十"。）在此基础上，继续看似随意地在空白处让学生初步推想出"四九三十六""五六三十""五八四十""七七四十九"，进而形成教材上编排的未完成的乘法口诀表，并让学生打开课本在教材上自主整理完成。

二、探索口诀表规律

在《表内乘法（一）》和《表内除法（一）》两个单元学习时，由于学生初次接触到乘法口诀再加上口诀得数较小，其实尚不能深刻体会乘法口诀的独特作用和内在规律。随着 7、8、9 的乘法口诀的后续学习，口诀得数逐渐增大，尤其是运用乘法口诀不仅可以求积，还能求商，学生逐渐感受到乘法口诀的快捷性。而在学生学完所有乘法口诀之后，通过对乘法口诀表的系统整理，将会帮助学生深刻理解乘法和除法含义，探索乘法口诀表的结构规律，提高表内乘除法的运算能力。

本课的教学重点是让学生自主整理乘法口诀表之后，深入探索乘法口诀表的内在规律。教学时，从五个角度帮助学生探索规律：

首先，竖着看，每列第一个数相同，第二个数越来越大。

接着，横着看，每行第二个数相同，第一个数越来越大。

然后，斜着看，口诀前两个数依次相差 0、1、2、3……8。

同时，结合某些特殊乘法口诀，让学生联系生活和阅读经验，赋予故事和文化元素，如"不管三七二十一""孙悟空在太上老君的炼丹炉里烧了七七四十九天""孙悟空有（八九）七十二般变化""唐僧师徒经历了九九八十一难"等。

此外，提出几个问题让学生探索与思考：有哪几对乘法口诀的得数是相同的？有哪些口诀的得数是连续自然数？有哪些口诀只能计算一道乘法算式和一道除法算式？

其实，呈现乘法口诀表有不同的外显模式，主要有三种：一是汉字模式，二是算式模式，三是数字模式。教材编排的是汉字模式，其优点是紧扣口诀读法，完整表达口诀，不足是弱化学生对数字规律的感悟；算式模式的优点是紧密联系乘法计算，容易发现数字排列规律，不足是只体现了乘法口诀计算的一种算式；数字模式的优点是呈现每句口诀的得数，有利于学生从得数角度发现规律，不足是需要转化为具体的完整口诀。

三、巩固应用中拓展

2022版课标在"教材编写建议"中特别指出："习题的设计要关注数学的本质，关注通性通法。设计丰富多样的习题，满足巩固、复习、应用、拓展的学习需要。"因此，每一节课的练习设计要体现"循序渐进中掌握"（无痕教育课堂策略之一），帮助学生完成知识和方法的进阶，实现思维和素养的进阶。

首先是巩固性练习。巩固性练习主要是从数学的角度对相关知识进行适度的重复和强化，进而把知识转化为技能。因此，学生梳理乘法口诀表和探索结构规律之后，首先让学生运用一句口诀计算两道乘法和两道除法算式（特殊口诀除外），然后让学生运用口诀计算并填写方格。此处的填方格，实际上既体现了乘法口诀的数字模式，又让学生在充分计算中感悟了"大九九"的意蕴。

其次是应用性练习。应用性练习主要是将数学知识应用到生活实际中，解决生活中的简单实际问题，进而把知识技能转化为应用能力。教学时我将课本第88页第9题进行了适当的修改。四种食品单价分别为4元、5元、6元、9元，提出问题：买一种食品正好用去18元、24元、36元、40元，可能买的是什么？买了多少件？这样的应用性练习，从购物实际出发，从计算得数出发，结合食品单价的数据特征，体现解决问题结果的多样性，培养学生思维的灵活性品质。

最后是拓展性练习。以游戏的方式进行拓展。提出：哪些同学的学号能够在乘法口诀表的得数中找到？（我班45人，有28人的学号能找到相应得数，有17人的学号找不到相应得数。）如果学号在乘法

口诀表的得数中找不到，你能转化为两句口诀或两步算式吗？（例如

$11=2×5+1=2×4+3=3×3+2=3×4−1=10+1=9+2=……$）

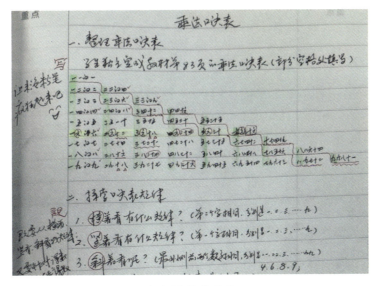

▲备课教案手稿

▲上课照片（2024年12月3日）

9 有余数的除法

教材
简析

　　余数是整数除法阶段的产物，有余数的除法是表内除法的延伸，也是整数和小数除法计算的重要基础。从没有余数的表内除法发展到有余数的整数除法，对于学生来说，是认知上的一次飞跃，也是对"平均分"和"除法"概念的深度理解，同时还能促进学生运算能力的形成，促进学生推理意识的发展。

　　一般来说，现行教材对于"有余数的除法"的编排，都是在学生学习了表内乘除法之后，专门安排单元进行教学。通过对有余数除法的学习与理解，一方面可以帮助学生进一步理解除法运算的本质意义，另一方面也可以为整数和小数除法做好铺垫，同时结合余数的学习过程还能帮助学生感悟数的运算本质上的一致性。

　　2022版课标教材与2011版课标教材相比，主要有四个方面的变化：一是教学内容从二年级下册移至二年级上册，与表内乘除法课程内容紧密结合；二是适度减少例题数量，但内容素材更加丰富；三是注重联系减法含义和数轴计数理解有余数的除法；四是将除法竖式计算后移。

　　本节课的教学，笔者主要的设计思路：首先，让学生在实际生活中了解余数的产生和来源；其次，让学生在直观操作中理解有余数除法和减法的内在联系；再次，让学生在自主探索中发现余数和除数之间的大小关系；最后，结合生活实例感悟余数的实际应用，培养学生的推理意识和应用意识。

教学设计

教学内容

2011 版课标教材（苏教版）二年级上册第 91 页，2022 版课标教材二年级上册第 92～93 页。

⭐ **教学目标**

（1）让学生在真实情境中了解余数的产生和来源，理解有余数除法的意义，能进行简单的有余数除法运算。

（2）在直观操作和观察对比中探索余数的内在规律，理解余数要比除数小，培养学生的运算能力和推理意识。

（3）通过有趣的数学活动和丰富的实际应用，感悟数学与生活的密切联系，培养学生的应用意识。

⭐ **教学过程**

一、情境引入

（课前播放视频——乐高玩具车拼搭游戏。）

谈话提问：通过观察刚才的乐高玩具车拼搭游戏，你想到了哪些数

196

学知识？

结合学生的回答，板书"平均分"和"除法"。

观察思考：如果有 10 个轮子，拼装两轮车，能装几辆？如果拼装五轮车呢？怎样用除法计算？

结合学生的思考，板书除法算式：10÷2=5，10÷5=2。

二、探索新知

（一）理解余数的含义

1. 出示例题

由"情境引入"的玩具车拼搭提出新问题：如果用 10 个轮子，拼装三轮车，能拼几辆？轮子能正好用完吗？

2. 学具操作

组织学生利用圆片学具进行操作活动，并指名学生到黑板上演示教具，进而发现 10 个轮子拼装 3 辆车后，还剩余 1 个轮子。

3. 观察比较

在三次拼装乐高玩具车活动的对比中，感悟平均分物品时会有两种情况（正好分完和还有剩余），由此认识余数。

（二）学习余数的运算

1. 联系减法含义

根据每次分掉 3 个轮子的过程，列出连减算式。

2. 对接数数方法

在数轴上倒着数数，每次数 3 个，首先从 10 数到 7，再数到 4，然后数到 1。

3. 学习除法算式

联系除法运算的含义（求 10 里面有几个 3），用除法算式表示运算结果。

4. 变式轮子个数

提问：如果用 10 个轮子，拼装四轮车，能拼几辆？还剩几个轮子？让学生自主操作与列式表达。

（三）探索余数的规律

1. 摆正方形

首先，让学生明确摆一个正方形需要 4 根小棒。

接着，让学生用 12 根、13 根、14 根、15 根、16 根小棒分别摆正方形，并用算式表示结果。

然后，组织观察和比较，初步感悟余数要比除数小的规律。

最后，提问：如果用 17 根、18 根……小棒摆正方形，你发现余数和除数相比，有什么规律呢？为什么余数要比除数小？如果余数和除数相等会怎么样？余数比除数大又会怎么样？

2. 变式思考

提问：如果用小棒摆正五边形，余数（余下的小棒根数）可能是哪些数？如果用小棒摆正六边形呢？

三、练习提高

（一）巩固性练习

（1）8 根小棒，每 3 根分一份，能分几份？还剩几根？

（2）11 根小棒，平均分成 2 份，每份几根？还剩几根？

让学生先操作小棒，再把结果填写在课本上，并进行交流汇报与反馈校正。

（二）应用性练习

首先，让学生观察图片（一共 13 个轮子，拼搭了 3 辆四轮车，还多余 1 个轮子），讲述除法故事。

接着，将自己的数学故事转化为算式（13÷3=4……1，13÷4=3……
1）。

然后，将两道算式进行对比。

（三）拓展性练习

小结回顾几次乐高玩具车拼装游戏活动，进一步提问：如果拼装完
毕之后，余下的是 5 个轮子，那么拼装的可能是几轮车？

四、总结延伸

提问：通过本课的学习，你有哪些收获？余数是怎么产生的？余数
有什么规律？

一、情境引入

师：今天上课，徐老师带了一段好玩的视频来给大家看。你玩过乐高游戏吗？

生：玩过。

师：我们先来看一段乐高拼搭玩具车的游戏视频。不过，在数学课上看游戏得带有数学的眼光，过会请同学来说一说，你能想到什么数学知识。

（播放视频——乐高玩具车拼搭游戏。）

师：观看了刚才的这段视频，你想到哪些数学知识？

生1：我想到了平均分。

生2：我想到了除法。

生3：我还想到了几个几。

（板书：平均分，除法。）

师：大家的数学眼光都不错！今天这节数学课我们就在拼装玩具车的游戏中开始学习。

二、探索新知

师：首先，请大家来看一幅乐高玩具车拼装游戏的车轮图。

（出示课件，如图65。）

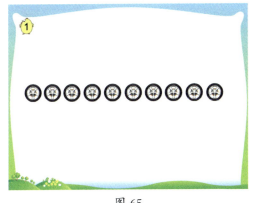

图 65

师：我们也来玩一玩拼装玩具车。大家先数一数，这里一共有几个轮子？

生：1、2、3、4……10 。

师：有 10 个轮子，如果让你也来拼装玩具车，你想拼装几轮车？

生 1：五轮车。

师：还有不一样的想法吗？

生 2：四轮车。

生 3：三轮车。

生 4：两轮车。

生 5：自行车。

师：自行车也就是几轮车？

生：两轮车。

师：什么叫两轮车呢？

生：就是一辆车要用两个轮子。

师：那我们就从拼装两轮车开始游戏吧。有 10 个轮子，每辆车装 2 个轮子，像这样就能拼一辆车，这样又能拼一辆车……

（课件动态显示拼装过程，如图 66。）

图 66

师：结果我们能拼装成几辆车呢？

生：5 辆。

师：对！ 10 个轮子，每 2 个轮子装一辆车，可以拼装成 5 辆车。谁能算出来？

生：10 ÷ 2 = 5。

师：为什么用除法计算？

生：要求 10 里面有几个 2，所以用 10 除以 2。

师：经过计算，我们知道装了几辆车？

生：5 辆。

［板书：10 ÷ 2 = 5（辆）。］

师：刚才还有同学想拼装成五轮车，那这样的一辆车就要用到几个轮子？

（出示课件，如图 67。）

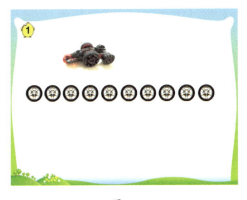

图 67

生：5个。

师：请同学们思考一下，还是10个轮子，每辆装5个轮子，能装几辆车？

生1：可以装两辆车。

生2：可以算出来，10÷5=2。

［板书：10÷5=2（辆）。］

师：刚才的两次拼装玩具车活动，都用到了我们已经学过的知识。为什么都可以用除法计算呢？

生1：拼装玩具车游戏，其实就是把轮子平均分。

生2：第一次游戏是求10里面有几个2，第二次是求10里面有几个5。

师：对！我们联想到了平均分。平均分会产生一种新的运算，叫作什么运算？

生：除法。

师：是的。我们学过，把一些东西平均分，就可以用除法算出结果。接下来我们继续玩拼装玩具车的游戏，说不定还会产生新知识呢！

师：还是10个轮子，你还想拼装几轮车呢？

生：三轮车。

师：当然可以！让我们来试一试。用这10个轮子每辆车装3个轮子的话，用平均分的方法结果如何呢？

（课件动画演示三轮车拼装过程。）

师：请大家数出10个圆片，先摆成一排，代表这10个轮子。然后动手平均分，看结果如何。

（学生用10个圆片学具进行操作实验。）

师：平均分完之后，你有什么发现？

生：我发现有多余的轮子。

师：我请一位同学到前面演示教具，并介绍一下平均分的结果。

（指名一个学生上台动手演示教具。）

师：大家一起来看，最后的结果怎么样？

生1：能够拼装3辆玩具车。

生2：最后剩余了1个轮子。

师：我们就可以这样说，10个轮子，每辆装3个，可以装几辆车？还剩几个轮子？

生1：可以装3辆车。

生2：还剩1个轮子。

师：剩下的1个轮子，还能够拼装1辆三轮车吗？

生：不能。

师：是啊！这一次，我们在平均分物品的时候，出现了新的情况，这就产生了一个新的数学知识。这个剩余下来的数，它有一个专门的名称，有谁听说过吗？

生：余数。

师：对，剩余下来的这个数就叫作余数。

（板书：余数。课件同步动画显示，如图 68。）

图 68

师：我们来对比一下刚才三次拼装玩具车的情况。第一次是 10 个轮子，每辆装 2 个，可以装几辆车？

生：5 辆。

师：第二次 10 个轮子，每辆装 5 个，可以装几辆车？

生：2 辆。

师：第三次 10 个轮子，每辆装 3 个，装了 3 辆车之后，结果怎么样？

生：还余 1 个轮子。

师：对！这就产生了什么数？

生：余数。

师：以前我们在平均分物品的时候，就像刚才前两次拼装玩具车，有没有余数？

生：没有余数。

（板书：没有余数。）

师：而第三次拼装玩具车，平均分下来，不是正好用完轮子，我们就说有了什么？

生：有余数。

（板书：有余数。）

师：那今天我们就专门来研究有余数的除法。

（逐步完整板书课题：有余数的除法。）

师：既然是研究除法，请同学们首先思考一下，除法计算的本质是什么？

生：平均分。

师：对，既然平均分也是一种分。那么除法跟哪一种运算联系比较紧密？

生：减法。

师：对的，除法跟减法联系比较紧密。那我们研究有余数的除法，就先从减法入手。刚才说到一共有 10 个轮子，我们先拿了 3 个拼一辆车，谁能列出算式？

生：10 减 3。

师：对。然后又拿了 3 个轮子拼一辆车，谁能接着算？

生：再减 3。

师：后来又拿出 3 个拼一辆车，我们一起说。

生（齐声）：再减 3。

师：减了 3 个 3，还剩几个轮子？

生：还剩 1 个轮子。

师：这 1 个轮子还能再拼一辆车吗？

生：不能。

师：这个 1 就是什么数？

生：余数。

（板书：10-3-3-3=1。）

师：果然，除法和减法有关系。其实，计算和数数也有关系。请大家看，徐老师在黑板上画了一条带箭头的直线，接下来，我们在直线上平均分成几段，大家先来数一数。

生：0、1、2、3、4、5、6、7、8、9、10。

（教师板书数轴，并带领学生数数。）

师：接下去我们在这条直线上用数数的方法来研究余数。刚才说到，总共要分几个轮子？

生：10个。

师：也就是从10开始数。我们以前学过，如果是在直线上做加法就从哪边数？

生：从左往右边接着数。

师：如果是做减法，我们应该往哪边数？

生：从右往左边倒着数。

师：从10开始，先要减掉3，数到几？

生：数到7。

师：7再减3呢？

生：数到4。

师：4再减3呢？

生：数到1。

师：对！最后的得数等于几？

生：1。

（教师依次从10开始倒着数数并画上三个带箭头的弧线标记。）

师：这个1其实和刚才连减得到的结果1是一样的，都可以叫什么？

生：余数。

师：回顾刚才的学习过程，我们要研究有余数的除法，首先联系了减法，找到了余数；然后又联系了数数，也找到了余数。接下来，我们正式学习有余数的除法算式。

师：谁先来试着说说有余数的除法算式该怎么写？大家也可以自学一下课本再来汇报。

（学生自学课本，交流汇报。）

生：$10 \div 3 = 3 \cdots\cdots 1$。

（板书：$10 \div 3 = 3 \cdots\cdots 1$。）

师：说得非常好，我们一起读一遍。

生（齐声）：10 除以 3 等于 3 余 1。

师：这里的被除数 10 表示什么意思？

生：一共有 10 个轮子。

师：除数 3，表示什么意思？

生：一辆车装 3 个轮子。

师：那么等号后面的这个 3 表示什么意思？

生：表示装了 3 辆车。

师：对！得数 3 也就是商 3，表示装了 3 辆车，我们写上单位名称——辆。

（板书：辆。）

师：最后余下的 1，单位名称应该是什么呢？

生：个。

师：对，余数表示余下的 1 个轮子。

（板书：个。）

师：我们再把刚才的算式连同单位名称放进去读一遍。

（学生齐声读算式。）

师：大家还想继续拼装玩具车吗？

生：想。

师：我们再换一种车玩玩。刚才有同学说，除了两轮车、五轮车、三轮车，还可以拼装几轮车？

生：四轮车。

师：请大家继续用 10 个圆片代表 10 个轮子，动手平均分一分，拼装成四轮车后，看看结果如何，你能用算式表示出来吗？

（学生动手操作圆片学具。）

师：我请两个同学上台合作演示一下，一个同学讲述方法，另一个同学在黑板上摆圆片教具。

生：有 10 个轮子，每辆车装 4 个轮子，可以装 2 辆车，还剩 2 个轮子。

（两名学生上台讲述与动手操作。课件同步动画演示，如图 69。）

10 个轮子，每辆装 **4** 个，可以装（　）辆，还剩（　）个。

图 69

师：我们一起看着屏幕来说一遍。

生：10 个轮子，每辆装 4 个，可以装 2 辆，还剩 2 个。

师：根据这样的拼装结果，可以写出怎样的除法算式呢？

生：10÷4=2（辆）……2（个）

［板书：10÷4=2（辆）……2（个）。］

师：这个时候余数是几？

生：2。

师：通过刚才我们拼装玩具车的活动，认识了一个新的数学知识，叫作什么？

生：有余数的除法。

师：为什么会产生余数呢？

生：因为平均分。

师：在平均分物品的时候，会有几种情况？

生1：结果有两种情况。

生2：有时没有余数，有时有余数。

师：余数就是这么产生的，余数和我们以前学过的什么知识也有关系？

生：减法。

师：说得对！余数还跟什么有关？

生：数数。

师：余数还有它独特的规律呢！接下来我们专门探索余数的规律。我们知道，用4根同样长的小棒可以摆一个什么图形？

生：正方形。

师：对！4根小棒可以摆一个正方形，那8根小棒可以摆几个正方形？

生：2个。

师：怎样算出来？

生：8÷4=2。

师：对，8里面有几个4？

生：2个。

师：按照这样的规律，如果我给你12根小棒，能围成几个正方形呢？

（学生动手操作。）

师：谁来说一说，12 根小棒摆了几个正方形？有没有余数？

生 1：摆了 3 个正方形。

生 2：没有余数。

师：谁能用算式算出来？

生：12÷4=3。

师：如果给你 13 根、14 根、15 根，甚至 16 根小棒，分别摆成正方形。我们可以四人一组分工一下，每人试着摆一种，看能摆成几个正方形，看有没有余数；如果有余数，看看分别余几。摆完后在数学书上把算式填写完整。

（如图 70。）

$$13 \div 4 = \square \text{（个）} \cdots\cdots \square \text{（根）}$$
$$14 \div 4 = \square \text{（个）} \cdots\cdots \square \text{（根）}$$
$$15 \div 4 = \square \text{（个）} \cdots\cdots \square \text{（根）}$$
$$16 \div 4 = \square \text{（个）}$$

图 70

师：谁先来汇报 13 根小棒摆正方形的情况？

生：摆了 3 个正方形，还余了 1 根。

师：算式怎么写？

生：13÷4=3（个）……1（根）。

师：谁来汇报 14 根小棒的情况？

生 1：摆了 3 个正方形，还余 2 根。

生 2：14÷4=3（个）……2（根）。

师：15 根小棒的结果，谁来说？

生 1：摆了 3 个正方形，还余 3 根。

生 2：15÷4=3（个）……3（根）。

师：16 根小棒的情况，先听徐老师来说吧。我看到刚才大家前面几种情况都摆了 3 个正方形，所以这里我也摆 3 个正方形，最后余了 4 根小棒。你觉得徐老师这样对吗？

生：不对，因为 4×4=16，刚好可以摆 4 个正方形。

师：好像有道理！用除法怎样表示呢？

生：16÷4=4（个）。

师：16 除以 4 刚好等于 4，有没有余数？

生：没有。

师：也就是说，如果这里当余数等于除数了，说明还有一个 4，正好再摆一个正方形，所以商就不是 3，而是 4，就没有余数。

师：前面三种小棒操作，13、14、15 除以 4 的余数分别是多少？

生：1、2、3。

师：可以余 4 吗？

生：不可以。

师：由此你可以初步发现余数具有什么规律？

生 1：余数不能比除数大。

生 2：余数也不能和除数相等。

师：也就是余数和除数之间的大小有怎样的关系？

生：余数要比除数小。

（板书：余数小于除数。）

师：假如我用 17 根小棒来摆正方形，摆几个？余几根？

生 1：摆 4 个，余 1 个。

生 2：17÷4=4（个）……1（根）。

师：如果我有 18 根小棒呢？

生：18÷4=4（个）……2（根）。

师：如果有 19 根小棒，大家一起说余数是几？

生（齐声）：3。

师：如果有 20 根小棒呢？

生：没有余数。

师：由此，大家再次发现，如果除数是 4 的话，余数确实都比除数 4 小。

师：假如徐老师要摆一个正五边形，需要几根小棒？

生：5 根。

师：如果用一些小棒摆正五边形，然后把结果写成算式，谁来说说如果有余数的话，余数可能是哪些数？

生：1、2、3、4。

师：可能是 5 吗？

生：不可能。

师：因为余数要比 5 怎么样？

生：比 5 小。

师：如果我要摆的是正六边形，也把结果写成了除法算式，谁来说说看，那这里的余数可能是哪些数？

生：1、2、3、4、5。

师：看来同学们已经找到了余数的规律。

三、练习提高

师：请同学们打开数学书，完成"想想做做"第 1 题。

（如图 71。）

（1）8 根 $|$，每 3 根一
份，分了（　）份，
还剩（　）根。

$8 \div 3 = \boxed{} \cdots\cdots \boxed{}$

（2）11 根 $|$，平均分成
2 份，每份（　）
根，还剩（　）根。

$11 \div 2 = \boxed{} \cdots\cdots \boxed{}$

图 71

师：先请每个同学用小棒实际分一分，然后把结果填写在小括号里，再把算式补充完整。

（学生自主完成。）

师：谁来汇报第 1 小题？

生：8 根小棒，每 3 根一份，分了 2 份，还剩 2 根。

师：谁来说出除法算式？

生：$8 \div 3 = 2 \cdots\cdots 2$。

师：谁来汇报第 2 小题？

生 1：11 根小棒，平均分成 2 份，每份 5 根，还剩 1 根。

生 2：$11 \div 2 = 5 \cdots\cdots 1$。

师：我们再回到上课一开始玩的乐高游戏。你还想继续玩拼装玩具车游戏吗？刚才是先告诉大家有多少个轮子，然后让大家根据拼几轮车的要求，一次一次地拼装，现在徐老师已经拼好了。请看，我拼的是几轮车呢？

生：4 轮车。

师：有没有余数？

生：有。

师：对，还多了 1 个轮子。你能根据这样的拼装玩具车游戏，讲出有余数的除法故事，然后再说出算式吗？请同桌互相说一说。

214

（同桌学生互相交流。）

师：我请同学试着讲讲看。

（课件同步显示，如图72。）

图 72

生：13个轮子，每辆车装4个，可以装3辆，还剩1个。

师：说得非常好！算式应该怎样列？

生：13÷4=3（辆）……1（个）。

师：看这一幅图，还可以讲怎样的有余数除法故事呢？

生：13个轮子，装3辆车，每辆车装4个，还剩1个。

师：讲得不错！算式怎样表达？

生：13÷3=4（个）……1（个）。

师：表扬故事讲得好、算式列得对的同学！

四、总结延伸

师：请大家回顾一下，这节课你有什么收获？

生1：我知道了有余数的除法。

生2：我知道除法有两种结果，一种没有余数，一种有余数。

生 3：我还知道余数要比除数小。

师：最后，玩具车，拼完余下了 5 个轮子，也就是余数是 5，你觉得他拼的可能是几轮车？

生：六轮车。

师：还可能是几轮车？

生：七轮车、八轮车……

师：推想得很有道理！关于有余数的除法，我们今天先学习到这里，下课！

教学反思

2025 年 2 月 18 日，春季开学第二周，本学期首次"相约星期二"——我的数学家常课开放日。今天我执教了第一单元《有余数的除法》的第一课时。本来这是新学期教材上的第一节课，但由于经历了慵懒寒假之后，不少学生尚未进入学校学习生活模式，再加上本节课具有一定难度，所以，我在连续上了两节准备课之后，今天才正式教学新知。在两节准备课上，我用一节课专门复习了乘法口诀表，因为有余数的除法在计算时需要学生对乘法口诀相当熟悉；另一节课专门复习了除法的含义，尤其是平均分的两种方法（一个一个分和几个几个分），这对余数的产生和应用具有直接影响。

一、关注余数的产生和来源

其实，余数是整数除法运算的阶段性产物；有余数的除法是表内除法的延伸，也是整数和小数除法计算的基础。学习与理解有余数除法，一方面能帮助学生进一步理解除法运算的本质意义和实际应用，另一方面能为今后学习整数和小数除法计算打下基础，同时结合学习过程还能促进学生感悟数运算本质上的一致性。

课堂开始，首先让学生观看一段有趣的视频——乐高游戏（拼装玩

217

具车）。接着课件出示 10 个轮子，引发学生思考：你想拼装几轮车？在此基础上分两步进行教学，淡墨无痕地由旧知自然"生长"出新知。

第一步，让学生用 10 个轮子，分别拼装两轮车和五轮车，经过学具和教具的"平均分"之后，正好分完，并联系除法的含义分别列式计算。

第二步，让学生用 10 个轮子，分别拼装三轮车和四轮车，都出现了新情况，那就是结果不正好，而是有剩余的轮子。在此基础上，了解余数的产生和来源。

学生在初步认识除法时，是建立在理解"平均分"的基础上进行学习的，而"平均分"的基本含义是"每份分得同样多"。本节课在平均分的结果上出现了新情况——有了剩余，因此，有些学生会认为这不是平均分。如上的教学设计，从"平均分"物品入手，从结果没有剩余开始，自然"生长"出结果有剩余。这样学生不仅无缝对接了旧知，也自然发展了新知，对平均分有了更加完整的认知，为除法意义的深度理解积累了丰富的经验。

二、关注除法和减法的联系

2022 版课标全新提出了两个"一致性"：数概念本质上的一致性和数运算本质上的一致性。从四则运算的含义出发，通过教学，首先应该让学生知道减法是加法的逆运算，乘法是加法的简便运算，除法是乘法的逆运算。同时，还应该让学生体会到运算和计数相关，加法是往后接着数数，减法是倒着数数，乘法是往后跳着数数，除法是倒着跳着数数。此外，还可以让学生了解乘法是特殊的加法，除法是特殊的减法。这样，学生对数与运算的一致性将会获得丰富的感悟和体会。

本课的教学重点是让学生理解余数的含义，丰富除法的意义。在旧知复习和余数产生之后，为帮助学生更好地理解有余数除法的含义和运算，笔者关注了如下三次"无缝对接"：

首先，在操作中让学生对比。一方面是没有余数和有余数的两种结果对比，另一方面是除法算式中商的单位名称对比。在操作对比中，帮助学生将文字信息和学具图片相互转化，将直观学具和算式各部分互相呼应。

其次，在连减中让学生对应。在表达有余数的运算时，首先列出连减算式，并将减法算式各部分和实际操作的过程对应，沟通减法和除法的内在联系，让学生感悟到除法是减法的简便计算。

最后，在数轴上让学生对照。从数数的方法出发，通过在数轴上表示平均分的过程，从 10 开始倒着跳着先数到 7，再数到 4，最后数到 1（即余数）。

三、关注余数和除数的关系

"余数必须比除数小"是余数概念的本质特征，也是计算有余数的除法需要遵循的基本规则，因此是本课学习的难点。现行教材专门编排了一道例题教学余数和除数之间的大小关系，让学生从具体到抽象、从感性到理性地理解余数一定要比除数小的道理。尽管如此，由于本课是学生首次学习有余数的除法，学生接触到的有余数除法计算和实际应用的例子尚不够丰富，要真正理解"余数必须比除数小"仍然具有很大难度，因此本课的目标定位是"初步理解"。

教学时，我对例题做了适当重组和创生：首先从基础出发，显示用 4 根小棒可以摆 1 个正方形，8 根小棒可以摆 2 个正方形，12 根小棒可以摆 3 个正方形，并分别用除法计算；接着分别让学生用 13、14、15、16 根小棒摆正方形，在操作之后列出除法算式，在此基础上初步感知余数 1、2、3 都比除数 4 小；然后继续思考，用 17、18、19、20 根小棒呢？

并进一步变式提问：如果摆正五边形，余数可能是几？摆正六边形呢？最后进行思辨：余数为什么要比除数小？如果余数和除数相等会怎样？余数比除数大又会怎样？

四、关注余数的应用和拓展

尽管有余数的除法属于整数除法运算的一种常见情况，但要让学生真正理解余数的意义和本质，需要借助实际情境才能帮助学生感悟余数的应用价值。因此，在初步了解余数的产生和来源，理解余数的含义和规律之后，需要通过适度的练习，帮助学生将知识转化为技能，将能力发展为素养。

第一层次是巩固性练习。先用小棒分一分，再填空，并列式计算。（1）8根小棒，每3根一份，分成（　）份，还剩（　）根。（2）11根小棒，平均分成2份，每份（　）根，还剩（　）根。

第二层次是应用性练习。看图讲述有余数除法的故事，并填写算式。让学生联系生活实际，在讲故事中形成初步的模型意识。

第三层次是拓展性练习。猜一猜，如果余数是5，那拼装的可能是几轮车？

学以致用是数学学习的重要目标。在巩固、应用和拓展练习中，学生能将已经学习的表内除法与本课学习的有余数除法进行对接和融合，进而丰富自己的认知结构，为今后进一步学习整数和小数除法计算打下坚实的基础。

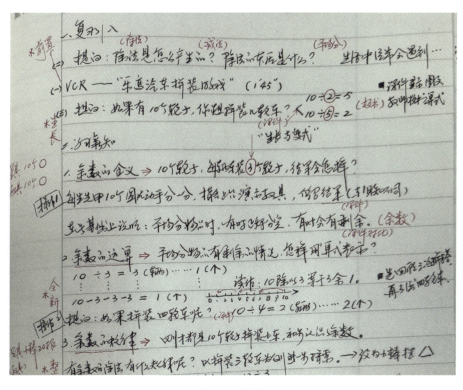

▲备课教案手稿

▲上课照片（2025 年 2 月 18 日）

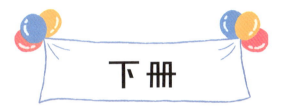

下册

教材简析

　　倍的知识历来是学生掌握表内乘除法之后学习的重要数学概念，也是解决实际问题中的一种典型数量关系。现行教材都是结合学生的生活实际首先建立倍的概念，然后进行灵活应用，进而形成有关倍的数学模型。2022版课标对"数与运算"领域作了结构化调整，把探索规律、式与方程、正比例与反比例这三个主题合并为"数量关系"。因此，2022版课标教材一般都是将倍的认识纳入数量关系主题学习之中的。在一年级学习了简单的数量关系之后，二年级结合实际情境进行倍的认识教学，为第二学段学习乘法模型做好前期的孕伏和准备。

　　与2011版课标教材相比，2022版课标教材将更加注重真实情境的创设与数量关系的建模。主要表现在如下三个方面：首先，注重与旧知的关联，从比较多少出发，由"差比"引申出"倍比"；其次，注重与生活的关联，在数量的比较中解决实际问题；最后，注重与运算的关联，在"一份"与"几份"中理解倍的关系，用乘、除法表达倍比的结果。

　　从数量关系的视角教学倍的认识，与单纯的数学概念教学不同，需要我们更加关注数量关系的发现、表达和应用过程。教学设计时，让学生从一个数量到两个数量，从求和计算到求差计算，从相差关系到倍比关系，从倍的本质到除法运算，不断感知理解和应用拓展。

教 学 设 计

★ 教学内容

2011 版课标教材（苏教版）三年级上册第 4 ～ 5 页，2022 版课标教材二年级下册第 19 ～ 20 页。

★ 教学目标

（1）使学生结合具体情境初步感知"倍"的含义，能初步解决求一个数是另一个数的几倍的实际问题。

（2）使学生在直观操作中充分理解数量之间的"倍比"意义，发展学生初步的观察、比较、抽象、概括、推理等能力。

（3）使学生进一步积累数学活动经验，体会数学与生活的密切联系，获得解决问题的成功经验，提高学好数学的信心。

★ 教学过程

一、复习旧知，孕伏算法

谈话引入，提问：6 里面有几个 3？ 10 里面有几个 2？ 15 里面有几个 5？

启发：根据运算的含义，求一个数里面有几个另一个数用什么方法计算？怎样列式算出来？

（分别对应显示 6÷3=2，10÷2=5，15÷5=3。）

二、引入新知，理解概念

（一）创设情境（课件显示）

讲述：春暖花开，同学们来到学校花坛。花坛里开满了鲜花，图中有哪几种颜色的花？你能分别数数各有几朵吗？

（学生观察图片，并汇报交流。）

明确：蓝花有 2 朵，黄花有 6 朵，红花有 8 朵。

提问：根据这些信息，你能提出哪些数学问题？

预设 1：黄花和蓝花一共有多少朵？三种花一共有多少朵？等等。

预设 2：黄花比蓝花多几朵？黄花比红花少几朵？等等。

针对学生会提出求和与求相差的实际问题进行评价，然后在求相差问题的基础上引出比较两个数量的另一种方法——倍。

（揭示课题：倍的认识。）

提问：关于"倍"，你了解多少？还想了解什么？

（二）初步感知（教具演示）

教师根据学生数出的花朵，先把 2 朵蓝花排在一起，然后把 6 朵黄花排在一起，并指出"黄花有 3 个 2 朵，黄花的朵数是蓝花的 3 倍"。

（教具演示，逐步完成板书。）

（三）动手操作（圈画图形）

讲述：刚才比较了黄花的朵数是蓝花的 3 倍。我们换一种花和蓝花比，红花的朵数是蓝花的几倍呢？我们动手圈一圈，比一比。

（带领学生在课本上圈一圈，填一填。）

指名汇报：蓝花有2朵，红花有4个2朵，红花的朵数是蓝花的4倍。

进一步提问：蓝花有2朵，红花有8朵，8里面有几个2？用什么方法可以计算？

（板书：8÷2=4。）

（四）变式训练（课件动态显示）

1. 蓝花不变，红花变化

（1）如果蓝花有2朵，红花有10朵，红花朵数是蓝花的几倍？怎样用除法计算？（10÷2=5。）

（2）如果蓝花朵数不变，红花有12朵呢？（12÷2=6。）

（3）如果蓝花有2朵，红花有4朵呢？（4÷2=2。）

（4）如果蓝花有2朵，红花也有2朵呢？（2÷2=1。）

通过"1倍"这一特例，让学生理解此时两种花同样多。

2. 倍数不变，花朵变化

（1）蓝花2朵，黄花6朵。现在蓝花增加1朵成3朵，如果依旧要使黄花朵数是蓝花的3倍，可以怎么办？

（2）如果蓝花变成1朵，要使黄花朵数是蓝花的3倍，可以怎么办？

结合学生的回答，通过课件图片动态对应显示。

3. 归纳小结

通过小结，逐步让学生理解："把一个数量看作一份，另一个数量有这样的几份，就是它的几倍。"

三、游戏活动，内化新知

（一）巩固性练习

1. 拍手游戏

首先，教师拍手三下，要求学生拍的次数是教师的3倍。

接着，指名学生到台前玩拍手游戏，并要求台下学生拍手次数是台前同学的几倍。

然后，同桌两人交换进行拍手游戏。

思考：怎样拍手让别人容易听出倍数关系？

2. 操作小棒（学具活动）

（1）第一排摆 3 根小棒，第二排摆 6 根小棒。

6 里面有（　）个 3，第二排小棒的根数是第一排的（　）倍。

（2）第一排摆 3 根小棒，第二排摆 15 根小棒。

15 里面有（　）个 3，第二排小棒的根数是第一排的（　）倍。

3. 观察填空（教具动态演示）

首先，出示一段绿色带子，提问：此时有"倍"吗？

接着，出示一段同样长的红带子，再出示 5 段同样长的红带子。

然后，进行变式，将带子逐渐变窄，提问：红带子的长是绿带子的几倍？

（二）应用性练习

1. 测量线段（上一题中带子图逐渐变窄，并渐变为线段，然后出示两条未知长度的线段）

提问：第一条线段的长度是第二条线段的几倍？

学生测量后列式计算。

2. 连线填空（学生在课本上独立完成）

（1）白皮球有 2 个，花皮球有 10 个。花皮球的个数是白皮球的多少倍？

（2）白萝卜有 4 个，红萝卜有 12 个。红萝卜的个数是白萝卜的多少倍？

（三）拓展性练习

1. 口答倍数

教师出示 8 张写有数字的卡片，联系复习题的三道计算题，让学生每次选择两个数，说出两数之间的倍数关系。（卡片上的数字有 1、2、3、4、7、8、9、10。）

2.涂色游戏

出示空白圆圈图，每行都是 12 个。提出涂色要求：先想好涂几个圆圈，然后求出这一行剩下的空白圆圈个数是涂色圆圈个数的几倍。

四、应用拓展，积累经验

师生总结全课，提出：倍是怎样产生的？应用倍的知识可以解决什么样的数学问题？

教 学 实 录

一、复习旧知，孕伏算法

师：我们已经学过了一些基本计算，你们能运用这些知识解决数学问题吗？比如，6 里面有几个 3 ？

生：6 里面有 2 个 3。

师：用什么方法可以算出来？

生：$6 \div 3 = 2$。

师：10 里面有几个 2 ？ 15 里面有几个 5 ？

生 1：10 里面有 5 个 2。

生 2：15 里面有 3 个 5。

（分别对应显示：$10 \div 2 = 5$，$15 \div 5 = 3$。）

师：求一个数里面有几个另一个数，用什么方法计算？

生：用除法计算。

二、引入新知，理解概念

师：春暖花开，同学们来到学校花坛。花坛里开满了鲜花。图中有哪几种颜色的花？你能分别数数各有几朵吗？

（课件出示图片，如图73。）

图 73

生1：有蓝、黄、红三种颜色的花。

生2：蓝花有 2 朵。

生3：黄花有 6 朵。

生4：红花有 8 朵。

师：根据这些已知信息，你能提出哪些数学问题？

生1：蓝花和黄花一共有多少朵？

生2：蓝花和红花一共有多少朵？

生3：红花和黄花一共有多少朵？

生4：三种花一共有多少朵？

生5：黄花比蓝花多几朵？

生6：蓝花比红花少几朵？

师：同学们提出的问题都很有道理。其中，不少同学提出了比较两种花多少的问题，也就是求两个数量相差多少。其实，比较两个数量除了我们已经学过的求相差多少，还有另一种方法——倍。

（揭示课题：倍的认识。）

师：关于"倍"，你了解多少？还想了解什么？

生1：我听妈妈说过现在的物价是过去的好几倍。

生2：我知道"倍"就是比原来多很多。

生 3：我想知道为什么要学习"倍"。

生 4：我还想知道什么时候要用到"倍"。

（教师根据学生数出的花朵，在黑板上先把 2 朵蓝花排在一起并画上集合圈。）

师：我们把 2 朵蓝花看作 1 份。那么黄花有这样的几份呢？

（教师把 6 朵黄花每 2 朵一份地排在一起并依次画上集合圈，如图 74。）

黄花有 3 个 2 朵，黄花的朵数是蓝花的 3 倍。

图 74

师：我们一起来数一数，看黄花有几个 2 朵？

生：1 个 2 朵，2 个 2 朵，3 个 2 朵。

师：黄花有 3 个 2 朵，我们就说黄花的朵数是蓝花的 3 倍。

（教师逐步完成板书。）

师：黄花的朵数是蓝花的 3 倍，是什么意思呢？

生 1：蓝花有 2 朵，黄花有 3 个 2 朵。

生 2：蓝花有 1 份，黄花有这样的 3 份。

生 3：6 里面有 3 个 2。

师：说得对！把 2 朵蓝花看作 1 份，黄花有 3 个 2 朵，也就是这样的 3 份，我们就说黄花的朵数是蓝花的 3 倍。

师：刚才我们比较了黄花朵数和蓝花朵数之间的倍数关系，那么红花朵数是蓝花的几倍呢？

师：我们还是把 2 朵蓝花看作 1 份，那么，红花有几个 2 朵呢？我们在图上一起圈一圈。

（出示课件，如图 75。）

图 75

（教师带领学生在课本上圈一圈，填一填。）

师：红花的朵数是蓝花的几倍？

生：红花的朵数是蓝花的 4 倍。

（板书：红花的朵数是蓝花的 4 倍。）

师：蓝花有 2 朵，红花有 8 朵，8 里面有几个 2？可以用什么方法计算？

生 1：8 里面有 4 个 2。

生 2：用除法计算。

（板书：8÷2=4。）

师：这里 8 表示什么？ 2 表示什么？ 4 表示什么？

生 1：8 表示红花的朵数。

生 2：2 表示蓝花的朵数。

生 3：4 表示红花朵数是蓝花朵数的 4 倍。

师：那么，刚才我们比较黄花的朵数是蓝花朵数的几倍，该怎样列算式计算呢?

生:6÷2=3。

(教师板书补充:6÷2=3。)

师:我们刚才已经比较了红花的朵数是蓝花朵数的4倍。那么现在老师适当改变红花的朵数,你还能用倍来比较吗?

(课件显示10朵红花。)

生:蓝花2朵,红花有10朵,红花的朵数是蓝花朵数的5倍。

师:你是怎样算的?

生:10÷2=5。

师:如果蓝花不变,红花有12朵,红花的朵数是蓝花朵数的几倍?

生:红花的朵数是蓝花朵数的6倍,12÷2=6。

师:如果蓝花不变,红花变成4朵,红花的朵数是蓝花朵数的几倍?

生:红花的朵数是蓝花朵数的2倍,4÷2=2。

师:如果红花变为2朵呢?

(课件显示动态变化,如图76。)

图 76

生1:红花的朵数是蓝花朵数的1倍。

生2:2÷2=1。

师:这里的"1倍"表示什么意思?

生:表示红花和蓝花同样多。

师:是的。不过在比较时,遇到两个数量同样多,一般不说"1倍",

通常直接说"同样多"。

师：刚才我们已经知道，蓝花 2 朵，黄花 6 朵。现在蓝花增加 1 朵变成 3 朵，如果依旧要使黄花朵数是蓝花朵数的 3 倍，可以怎么办？

生：下面黄花也要每个圈里增加 1 朵。

（课件出示，如图 77。）

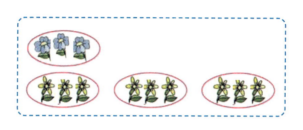

图 77

师：这时黄花有几朵？怎样计算？

生 1：黄花有 9 朵。

生 2：9÷3=3。

师：如果蓝花变为只有 1 朵，依旧要使黄花的朵数是蓝花朵数的 3 倍，又该怎么办？

生：把下面黄花变成每份也是 1 朵。

师：这时又该怎样列式？

生：3÷1=3。

师：通过刚才的学习，你对倍有了怎样的认识？

生 1：倍是用来比较两个数量的。

生 2：刚才是用除法计算出几倍的。

生 3：刚才都是把蓝花看作 1 份，黄花和红花有这样的几份就是蓝花的几倍。

师：是啊！把一个数量看作 1 份，另一个数量有这样的几份，就是它的几倍，可以用除法进行计算。

三、游戏活动，内化新知

师：我们来做一个拍手游戏。先听一听老师拍手几下，然后请同学们一起拍手，拍的次数是老师的 3 倍。

（教师拍手 3 下。）

师：怎样拍手让别人容易听出倍数关系？

生：拍了 3 下后要注意停顿一下。

（教师生一起拍手。）

×××

×××　×××　×××

师：接下来邀请一位小老师上台，自己想好拍手几下，然后提出要求，请下面同学拍手次数是小老师的几倍。

（一生上台拍手 4 下。）

生：请同学们拍手次数是我拍手的 5 倍。

（台下学生进行拍手游戏。）

师：现在请同桌两位同学进行拍手游戏。一个同学先拍，另一个同学听好；拍手同学提出要求，然后另一个同学拍手。一次游戏结束，交换进行拍手。

（同桌学生进行拍手游戏。）

师：接下来我们进行摆小棒游戏，比一比谁摆小棒的能力强！第一行摆 3 根，第二行摆 6 根，第二行小棒根数是第一行的几倍？怎样列式计算出来？

（学生演示操作过程，并说一说填写结果，如图 78。）

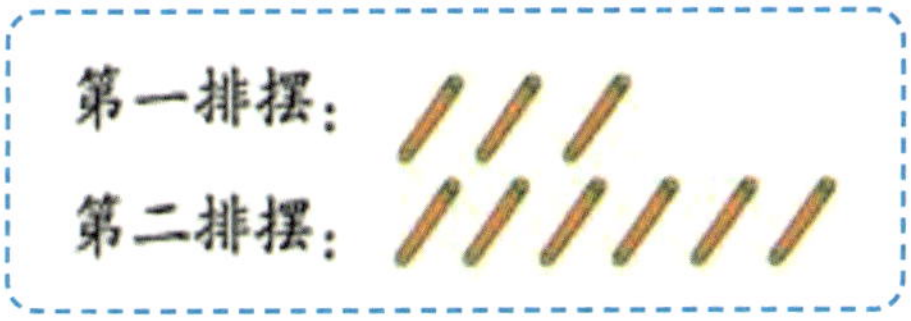

图 78

生 1：第二行小棒根数是第一行的 2 倍。

生 2：6 ÷ 3=2。

师：第一行还是摆 3 根小棒，第二行摆 15 根呢？怎样列式？

生 1：第二行小棒根数是第一行的 5 倍。

生 2：15 ÷ 3=5。

师：如果不摆小棒，你能直接说出 18 是 3 的几倍吗？

生：18 是 3 的 6 倍，18 ÷ 3=6。

师：我们刚上课时复习的三道题，求一个数里面有几个另一个数，其实也可以表示什么？

生 1：也可以表示求几倍。

生 2：6 是 2 的 3 倍。

生 3：10 是 2 的 5 倍。

生 4：15 是 5 的 3 倍。

师：接下来徐老师变一个小魔术，看谁观察能力强！

（课件出示一段绿带子，如图 79。）

图 79

师：请看，这是一段什么颜色的带子？

生：一段绿带子。

师：这时有倍吗？为什么？

生 1：这时没有倍。

生 2：因为没有带子和绿带子比。

师：说得好！倍是比出来的。那么现在呢？

（课件出示同样长的红带子，如图 80。）

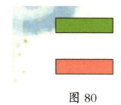

图 80

师：现在产生倍了吗？

生：现在是 1 倍。

师：为什么是 1 倍？

生：因为红带子和绿带子的长度相等。

师：其实两根带子的长度是什么关系？

生：一样长。

师：是啊！倍是两个数量比较时产生的。

（板书：数量关系）

（课件变化红带子的长度，如图 81。）

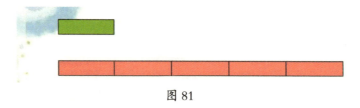

图 81

师：这时，红带子的长是绿带子的几倍？为什么？

生：红带子有这样的 5 份，所以是绿带子的 5 倍。

（课件继续变化，如图 82。）

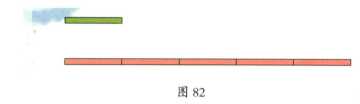

图 82

师：现在，带子有了怎样的变化？

生：带子变细窄了。

师：这时红带子的长是绿带子的几倍？

生：还是 5 倍。

师：带子变细窄了，为什么还是 5 倍呢？

生：因为长度没有变化。

（课件继续变化，如图 83。）

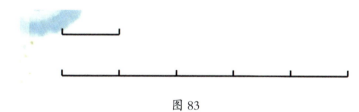

图 83

师：继续变化，现在两根带子又变成了什么？

生：变成了线段。

师：第二条线段的长度是第一条线段的几倍？

生：还是 5 倍。

师：线段是有长度的，接下来请同学们拿出直尺，分别测量下面两条线段的长度，再列式进行比较，求出第一条线段的长度是第二条线段的几倍。

（让学生在课本上测量与计算，如图 84。）

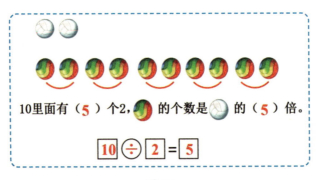

图 84

师：通过测量，这两条线段长各是几厘米？

生：第一条线段是 9 厘米，第二条线段是 3 厘米。

师：第一条线段长度是第二条线段的几倍？

生：3 倍。

师：你是怎样计算的？为什么？

生：9÷3=3，9 里面有 3 个 3。

师：其实我们在生活中，经常会遇到两个数量，可以用"倍"来进行比较。接下来，请同学们观察图片，用连线的方法，比较两个相关数量之间的倍数关系，再填空与列式计算。

（学生在课本上连线填空，反馈矫正，如图 85 和图 86。）

10 里面有（5）个 2，🔴的个数是 ⚪ 的（5）倍。

$$10 ÷ 2 = 5$$

图 85

师：花皮球的个数是白皮球的几倍？你是怎么计算的？

生 1：花皮球的个数是白皮球的 5 倍，10÷2=5。

生 2：通过连线，发现 10 里面刚好有 5 个 2。

师：两种萝卜比较的情况呢？

生：红萝卜的个数是白萝卜的 3 倍。

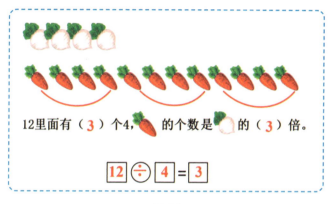

图 86

四、应用拓展，积累经验

师：最后，我们运用今天学习的知识玩一个涂色游戏。游戏规则如下：首先数出每一行圆圈的个数，接着涂色几个，然后列式求出空白圆圈个数是涂色圆圈个数的几倍。

（学生独立完成，并进行汇报交流，课件对应出示，如图 87。）

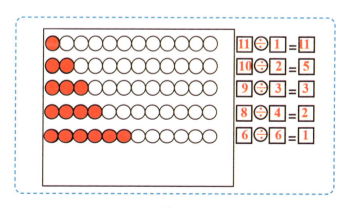

图 87

师：你是怎么涂色的？空白圆圈的个数是涂色圆圈的几倍？

生1：我涂了1个，空白圆圈的个数是涂色圆圈的11倍，11÷1=11。

生2：我涂了2个，空白圆圈的个数是涂色圆圈的5倍，10÷2=5。

生3：我涂了3个，空白圆圈的个数是涂色圆圈的3倍，9÷3=3。

生4：我涂了4个，空白圆圈的个数是涂色圆圈的2倍，8÷4=2。

生5：我涂了6个，空白圆圈的个数是涂色圆圈的1倍，6÷6=1。

师：怎么没有同学涂5个呀？

生：涂5个的话，空白7个，7除以5不大好算。

师：有道理！这样的问题目前我们不太好解决，以后会有办法的。这堂课上到这里，下课。

教学反思

2025 年 2 月 25 日，"相约星期二"——我的数学家常课开放日。今天我执教了"数量关系：倍"这节课。一直以来，"倍"是作为小学数学的重要概念进行编排和教学的。确实，数学学科的大厦是由许多的数学概念组成的。美国心理学家奥苏泊尔曾经说过："比起世界上的各种现象来说，人实际上是生活在一个概念的世界里。"从数学概念的角度看，"倍"是一个重要的关系概念。概念教学历来是数学教学中的难点内容，因为概念比较抽象，而儿童的思维是以具体形象思维为主。

2022 版课标教材关于"倍的认识"的编排做了一些调整：首先，教学时间从三年级上册移到二年级下册，并且设立了一个独立单元《简单的数量关系（二）》。其次，例题数量从两道例题增加为三道例题，编排的课程素材内容和形式更加丰富多样。最后，教学定位突出了"倍"的数量关系主题和地位，关注真实情境中的问题解决。

一、了解倍的来源

小学数学的大多概念来源于学生的生活经验，同时也常常能从学生的已有旧知中发展而来。"倍"的概念也是如此。一方面，学生在日常生活中经常遇到两个量成倍数关系的现象，也经常听到有关"倍"的比较性说法，甚至还有一些错误的说法；另一方面，学生认知结构中已经积累了一些数量之间进行比较的方法，尤其是比较多少的方法。在这样的基础上学习新知"倍"，可以充分利用学生的生活经验，同时在比较多少的方法基础上引出"倍"，有利于实现从"差比"到"倍比"的自然过渡。

课始，教师组织相关旧知的复习，突出求一个数里有几个另一个数的含义和对应的除法运算，为本课学习求一个数是另一个数的几倍做好必要铺垫。

然后，出示例题情境图，让学生在生活情境中搜集数学信息，提出数学问题，比较数量多少，再引出求一个数量是另一个数量的几倍。这样的设计，从学生的数学现实出发，以旧引新，以新促旧，新旧比较，使学生了解"倍"概念产生的来龙去脉，为深入理解"倍"的数量关系本质打下重要基础。

二、理解倍的本质

2022版课标对"数与代数"领域内容做了结构化调整，新设立"数量关系"主题，包含了过去的探索规律、式与方程、正比例与反比例等内容主题。其中，"倍"是数量关系主题的重要内容。

"倍"的本质其实就是几个几，是乘法和除法意义的进一步发展。如何让学生在乘法和除法意义学习的基础上理解"倍"的本质，是这节课教学的重点。在新知教学过程中通过如下五步展开学习：

第一步，初建"倍"的概念。用教具直观演示讲解，使学生在具体形象中了解6朵黄花是2朵蓝花的3倍。第二步，介入除法运算。让学生在动手圈画图形中进一步理解"倍"的概念，同时联系求8里面有几个2可以用除法计算。第三步，变化几份数。通过8朵红花变为10朵、12朵、4朵、2朵，蓝花朵数不变，使学生在变式中理解"倍"的含义与算法。第四步，变化一份数。通过把 2 朵蓝花变为 3 朵、1 朵，要使黄花朵数依然是蓝花朵数的 3 倍，让学生在变和不变中深入理解"倍"的意义。第五步，归纳概括。让学生结合具体的数量比较过程，归纳有关"倍"的概念含义，初步概括"倍"的本质特征。

新课程改革以来，数学概念教学倡导"淡化形式，注重本质"。因此，数学概念的教学，不像过去过早采用抽象烦琐的文字来完整叙述，而是注重让学生不断积累感知经验，在具体形象中逐步感悟概念的含义，并逐步归纳和提升相关数学活动经验，以达到对概念本质的丰富性理解。

三、沟通倍的关联

孤立的概念容易被遗忘，而单一的概念也不成体系。"倍"的概念虽然是首次学习，但是学生在生活经验中偶尔也会听说过，更重要的是，"倍"的概念与学生已经学过的相关知识间存在着很多内在的联系。因此，在教学过程中，要不断地加强沟通和比较，使新建的概念纳入学生原有的认知结构中，从而加深学生对概念的深度理解。

在引入概念时，从求两数相差多少的关系比较出发，介绍用"倍"来进行比较，体现从"差比"到"倍比"的发展需要；在学习新知时，首先从乘法的基本含义"几个几"出发，并通过"1 份"和"几份"的比较，初步建立"倍"的认知模型；在求一个数是另一个数的几倍时，联系除法的含义，通过运算思维再次形成"倍"的关系模型；在例题变式时，分别改变几份数和改变一份数，让学生巩固对"倍"的概念理解。此外，在"1 倍"这一特例处理上，结合数量的变化过程，直观地沟通起"1 倍"与"同样多"的内在联系，并进一步沟通"1 倍"和"几倍"的发展关系。

四、加强倍的应用

2022 版课标在第一学段的数量关系"教学提示"中指出："通过创设简单的情境，提出合适的问题，引导学生发现数量关系；利用画图、实物操作等方法，引导学生用学过的知识表达情境中的数量关系，体会几何直观，形成初步的应用意识。"

从概念应用的目标来看，本课的应用体现为基础性应用、对比性应用和发散性应用三方面；从概念应用的内容来看，本课主要体现为数学应用（应用"倍"的知识判断两数关系和列式计算倍数）、生活应用（判断白皮球和花皮球的倍数关系等）和拓展应用（从 12 个圆圈中灵活寻找空白圆圈数量和涂色圆圈数量之间的倍数关系）三个方面；从概念应用的形式来看，则有操作应用（包括摆小棒和测量等）、运算应用（包括列式计算和选择卡片）和游戏应用（包括拍手游戏和涂色游戏）三个方面。

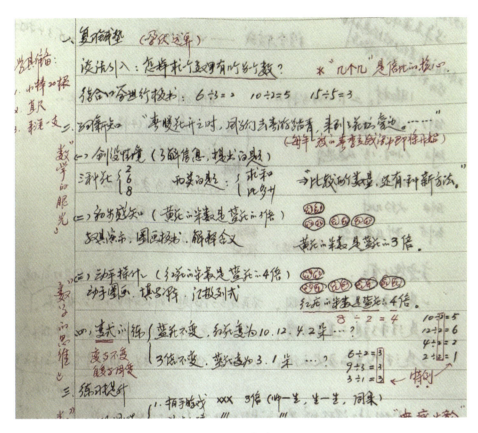

▲备课教案手稿

▲上课照片（2025 年 2 月 25 日）

2 时间在哪里

教材简析

时间看不见、摸不着，时间无法停止也不能重来。对于人类来说，时间具有神秘性。因此，时间的认识对于二年级学生来说，更加是学习难点。一直以来，小学阶段学习时间一般分为两个阶段，第一学段初步认识时间单位时、分、秒，第二学段认识时间单位年、月、日，并学习 24 时记时法。

2022 版课标在课程内容部分将时间单位的认识作了领域性调整，即从"数与代数"领域调整至"综合与实践"领域。这样调整之后，二年级的"时间在哪里"属于"综合与实践"领域新增的"第一类主题活动"，即融入数学知识学习的主题活动。同时，领域调整之后的时间单位教学，将更加注重现实的背景和生活的情境，注重跨学科主题学习，注重综合运用数学和其他学科的知识与方法解决真实问题，培养学生的创新意识和实践能力。

2022版课标在第一学段"综合与实践"的内容要求中以"时间在哪里"主题活动作了举例，并明确提出学业要求：认识时、分、秒，能说出钟表上的时间；了解时、分、秒之间的关系，能结合生活经验体会时间的长短；能将生活中的事件与时间建立联系，感悟时间与过程之间的关系；形成对时间长短的量感，懂得遵守时间的重要性。

本课的教学设计，主要从以下三个核心问题引领学生学习和发展：钟面上有什么？时间单位有哪些？怎样看钟表？

教 学 设 计

 教学内容

2011 版课标教材（苏教版）二年级下册第 8 ～ 10 页，2022 版课标教材二年级下册第 26 ～ 28 页。

 教学目标

（1）使学生初步认识钟面，了解钟面上的指针和数，知道钟面上一共有 12 个大格和 60 个小格。

（2）使学生初步建立时和分的概念，知道 1 时 =60 分，能够初步看出钟面上的时间。

（3）使学生在直观性实践活动中初步建立关于时和分的量感，感悟时间的重要性，培养节约时间的良好习惯。

 教学过程

一、生活引入

首先，让学生猜谜语："会说没有嘴，会走没有腿。嘀嗒嘀嗒响，天天催我起。(打一日常生活用品)"

然后，讲述并提问：钟和表能帮助我们更好地利用时间，那么时间在哪里呢？

（板书课题：时间在哪里。）

二、探索新知

（一）认识钟面——钟面上有什么

1. 指针

首先让学生自己观察钟面学具和教具，然后介绍自己的发现，从而明白：短针是时针，长针是分针，细针是秒针。

然后同桌互相指着钟面上的指针，分别说一说各是什么针。

2. 数

让学生观察钟面上的数，了解钟面上一共有 12 个数，明白 12 个数的布局和位置：12 在最上面，6 在最下面，3 在最右边，9 在最左边。

3. 大格和小格

首先通过观察和数数，让学生了解 12 个数围成一圈，将钟面一圈分成了 12 个大格，每两个数之间是 1 大格。

然后让学生了解每个大格里面又分成了 5 个小格，进而让学生推算出钟面上一共有 60 个小格。

（二）认识时、分——时间单位有哪些

1. 认识 1 时

提问：计量时间的单位有哪些？（时、分、秒。）人们是如何确定这些时间单位的呢？

明确：时针走 1 大格是 1 小时，简称 1 时。

教师用钟面教具对应演示 1 小时的形成过程。（时针从 12 走到 1，从 1 走到 2，从 2 走到 3，等等。）

提问：一节课有 1 小时吗？大约多长时间是 1 小时？

2. 认识 1 分

提问：钟面上多长时间是 1 分呢？

明确：分针走 1 小格是 1 分。

同时，教师用教具钟面演示 1 分的形成过程。

然后，用两种方法感悟 1 分的时间：第一种方法——静坐 1 分钟，第二种方法——看 1 分钟动画片。

提问：同样是 1 分钟时间，你的感受有什么不同？

3. 认识 1 时 =60 分

组织学生观察教具钟面演示，提问：时针走 1 大格的同时，分针走多少小格？

由此，理解 1 时 =60 分。

（三）学习看时间——怎样看钟表

1. 认识整时

首先，通过教具演示几个整时的时间，让学生说出钟面上各表示什么时间。

然后，在对比观察中明白看整时的方法：分针指着 12，时针指着几就是几时（整）。

2. 认识几时多

通过演示教具钟面，了解：时针刚走过几，就是几时多。

3. 认识几时几分

结合学生生活中一天活动的四幅情境图，分别说出钟面上的时间和所进行的活动。

早上 7 时，小朋友起床了。

7 时 15 分，小朋友在吃早餐。

7时30分,小朋友去上学。

7时45分,小朋友到了学校。

结合四幅情境图,让学生联系生活经验讲述数学故事,并说出每幅图上钟面表示的时间。特别是后三幅图,学会看几时几分的方法。在学生叙述看钟表的方法后,教师组织学生进行小结,即时针刚走过几,就是几时多;多了多少分,要看分针从12起走了多少小格。并让学生联系5的乘法口诀,进行推算。

三、练习提高

(一)巩固性练习

1. 写时间

观察三幅情境图中的钟面,分别说出时间,并写下来。(课本第9页"想想做做"第1题)

2. 拨钟表

在学具钟面上拨出3时、9时和12时。

(二)应用性练习

应用所学习的知识进行"修理钟表"活动,根据钟面上的时间,判断钟表哪根针掉了,然后自己画上指针。(课本第10页"想想做做"第3题)

(三)拓展性练习

说出自己一天的作息时间表,然后在表格中填一填,并分别在钟面上拨一拨,然后同桌进行交流汇报。

四、总结延伸

回顾本节课的学习内容,围绕三个核心问题进行总结,并结合进行爱惜时间和遵守时间的习惯教育。

教学实录

一、生活引入

师：今天的数学课，徐老师出一个谜语给大家一起来猜一猜，仔细听好啦——"会说没有嘴，会走没有腿。嘀嗒嘀嗒响，天天催我起。（打一日常生活用品）"

生：闹钟。

师：真聪明，猜对了！用过闹钟的同学举个手。

（绝大部分学生举手表示。）

师：闹钟有什么作用呢？

生：闹钟能够帮助我们知道时间，安排我们的学习和生活。

师：对！闹钟、电子钟，还有手表等，都可以称作钟表，钟表能够告诉我们什么呢？

生：时间。

（板书：时间。）

师：你见过时间吗？时间在哪里？时间看得见吗？

生：看不见。

师：时间虽然看不见，但是时间无处不在。今天这节课我们就正式来学习有关时间的知识，一起寻找时间在哪里。

（教师完成课题板书：在哪里。）

二、探索新知

师：通过前两个星期的准备，大家在家里和爸爸妈妈一起初步学习了看钟表。上个星期天我们又自己动手制作了钟面学具，先来欣赏几个同学的作品——

（教师出示几幅学生作品，如图 88、图 89、图 90、图 91。）

图 88 　　　　　图 89 　　　　　图 90 　　　　　图 91

师：要知道时间，首先要会看什么？

生：看钟表。

师：是的，会看钟表，就能知道时间，那今天我们就首先来寻找一下钟面上有什么。

（教师出示钟面教具，并板书：1. 钟面上有什么？）

师：现在请大家把钟面学具拿在手里，仔细观察钟面，然后请同学互相说说，钟面上有什么。

（学生拿出钟面学具进行观察交流。）

生：钟面上有三根针。

师：对，我们也叫它"指针"。

（板书：指针。）

师：有谁知道这三根指针分别叫作什么针？

生：时针、分针和秒针。

（板书：时针、分针、秒针。）

师：怎样判断钟面上的这三根针呢？什么样的针是时针？什么样的是分针？什么样的是秒针？

生1：又胖又短的是时针。

生2：长一些的是分针。

生3：最细最长的是秒针。

（板书：时针——短，分针——长，秒针——细。）

师：观察真仔细！我们一起指着针说一遍，时针短，分针长，秒针细。

（学生指着学具钟面上的针一起说一遍。）

师：今天暂时不学习有关秒的知识，我把教具钟面上的秒针拿下了。现在请大家继续来说一说，钟面上还有什么？

生：数字。

师：钟面上一共有多少个数？

生：12个。

师：对！那么12在钟面的什么位置呢？

生：在最上面。

师：我们一起先在钟面上找到12，然后准备数数，从1开始数。准备——开始！

生：1，2，3，4，5，6，7，8，9，10，11，12。

（学生在学具钟面上数数，教师在教具上指着再数一遍。）

师：我们知道钟面上这12个数围成了一圈，最上面是12，最下面是几？

生：最下面是 6。

师：谁再来继续说说，最左边是几？最右边是几？

生 1：最左边是 9。

生 2：最右边是 3。

师：非常好！我们确定了 12、3、6、9 这四个数，其他的数就好找了。我们一起来快速找一找，12 在哪里？

生：最上面。

师：6 在哪里？

生：最下面。

师：3 在哪里？

生：最右边。

师：那最左边是几？

生：9。

师：这 12 个数还把钟面上分成了一些格子。请大家看黑板上的钟面，比如 12 到 1 之间是一个格子，1 到 2 之间也是一个格子，2 到 3 之间又是一个格子。大家觉得这个格子比较大，我们就可以叫它什么格？

生：大格。

师：对，我们就可以把它叫作大格。

（板书：数、12、大格。）

师：钟面上一共有多少个大格？

生：12 个。

师：请大家伸出手，我们一起指一指自己钟面上的大格。先从 12 到 1，是 1 大格。我们来数数看，开始——

（学生拿出自己的钟面边指边数大格。）

师：钟面上除了有大格，还有什么格子？谁来说说看？

生：还有小格。

师：小格在哪里？

生：在大格子里。

师：说得好！在每个大格里面，还有一些小格。那一个大格里面有几个小格呢？

生：5个小格。

师：我们一起数一数，每个大格里面是不是5个小格。

（板书：小格、5。）

师：那么在钟面上一圈里面有多少个小格呢？

生：60个。

师：你是怎样知道的？你能算出来吗？

生：用乘法口诀可以计算。

师：真聪明！从12到1是5小格，12到2是几小格怎么算？

生：二五一十。

师：对！用5的乘法口诀可以算，那12到3有多少小格？

生：三五十五。

师：12到4呢？

生：四五二十。

师：12到5呢？

生：五五二十五。

师：12到6呢？

生：五六三十。

师：接下去大家一起来说。

生：五七三十五、五八四十、五九四十五。

师：那么从12到10有多少小格？怎样计算？

生：45 加 5 等于 50 个小格。

师：乘法口诀用完了，继续用加法算。那从 12 到 11 呢？

生：50 加 5 等于 55 个小格。

师：那么钟面上一圈有多少小格？

生：60 个小格。

师：如果用算式表示，除了可以 55 加 5 等于 60，也可以写成乘法，$12 \times 5 = 60$。

（板书：$12 \times 5 = 60$。）

师：钟面上有什么我们搞清楚了，我们就可以知道时间了，接下去我们继续寻找时间在哪里。这次请大家找一找计量时间的单位，谁来说说时间单位有哪些？

（板书：2.时间单位有哪些？）

生：时、分和秒。

（板书：时、分、秒。）

师：这三个是比较小的时间单位，以后我们还会学习到除了时、秒更长的时间单位呢。

生 1：我知道有年。

生 2：我还知道有月、日。

生 3：还有星期。

生 4：还有一辈子。

师：说得有意思！我们每个人都有一辈子！每个人的一辈子时间不一定一样，我们要过好自己的一辈子时间。

（教师和学生都笑了。）

师：接下来我们先来具体认识时间单位时、分和秒。钟面上怎么表示 1 小时的呢？

生：主要看时针走的时间。

师：说得有道理！时针走一大格就是 1 小时，简称 1 时。

（板书：时针走一大格是 1 小时。）

师：钟面上怎么看出 1 分呢？

生：分针走一小格就是 1 分。

师：说得对！分针走一小格是 1 分，生活中也叫 1 分钟。

（板书：分针走一小格是 1 分。）

师：根据这样的规律，那什么是 1 秒呢？

生：秒针走一小格就是 1 秒。

师：说得好！关于秒的知识，我们下一堂课再继续学习。

（板书：秒针走一小格是 1 秒。）

师：接下来，我们看钟面来感受一下 1 小时和 1 分钟的时间。请看徐老师的钟面，现在时针和分针都对着 12，有谁知道钟面上是什么时间？

生 1：12 点。

生 2：12 时。

师：都对！ 12 点是生活中的说法，数学上我们通常是说 12 时。现在仔细看钟面上的时针和分针，大家用手势表示时针和分针往哪个方向走的？

生：往右边。

师：对！像钟面上指针走的方向也叫顺时针方向。现在时针和分针同时开始走。

（教师在钟面教具上演示从 12 时到 1 时。）

师：我们看，刚才钟面上时针从 12 走到 1，也就是表示过了多长时间？

生：表示 1 小时。

师：对！时针走 1 大格就是 1 小时。其实分针也在走，分针走了多少小格？

生：分针走了一圈，是 60 小格。

师：我们继续来研究分针，分针从 12 开始走 1 小格就是经过了多长时间？

（教师在钟面教具上演示从 1 时整到 1 时 1 分。）

生：1 分。

师：对！分针走 1 小格就是 1 分。我们一起来实际感受一下 1 分有多长，你觉得 1 分的时间是长还是短呢？

生：和 1 小时比就短，和 1 秒比就长。

师：说得非常严谨，表扬这位同学！我们现在就一起感受 1 分有多长。首先请大家静静地坐着，过会我说开始就表示计时了，你可以默默在心里数数，看看 1 分的时间你能数到几。

（教师开始计时 1 分钟，学生静坐默默数数，时间到即停止。）

师：时间到！你觉得一分钟的时间怎么样？

生：坐的时候感觉 1 分挺长的。

师：你默数到了多少？

生 1：我数到了 51。

生 2：我数到了 64。

师：好的，接下来我们换一种方式，再来感受一下 1 分有多长。课前徐老师找了一个动画片，是《西游记》中"三打白骨精"的片段，想不想看？

生：想！

师：这段动画片正好 1 分钟，看的时候不出声音，静静地感受 1 分有多长。

（教师播放视频"三打白骨精"片段。）

师：你感觉这个一分钟怎么样？

生：很短。

师：为什么前面静坐的时候感觉到1分钟很长，现在又感觉到很短呢？

生：视频很好看，时间一下就过去了。

师：是啊！时间就是这么奇妙，我们做自己喜欢的事，就觉得时间过得特别快。

师：刚才我们找到了时间单位，有了时间单位，就可以帮助我们准确地看出时间了。

（板书：3.怎样看钟表？）

师：我们先从简单出发。请看这个钟面上是什么时间？

（教师拨钟面表示1时。）

生：1时。

师：说得对，分针指着12，时针指着1，就是1时整。钟面上时针和分针继续往前走，请大家看好，跟着老师一起来拨。当时针走到2，有谁知道是几时整？

（教师拨钟面演示从1时到2时。）

生：2时整。

师：说得对！钟面上整时的时候，大家有没有发现一个共同的规律，分针都指向几？

生：分针都指向12。

师：对的，分针指向12，时针正好指着几，这个时候就是几时。看徐老师继续拨，分针和时针同时转动。这个时候分针又指着12了，时针指着几？表示几时整？

（教师拨钟面演示从 2 时到 3 时。）

生：3 时整。

师：接下来跟着老师一起来拨，当分针又指着 12 了，时针指着几？就是几时呢？

生 1：时针指着 4。

生 2：就是 4 时。

师：我们看钟表时，遇到几时整，最容易看出时间。因为看几时整有什么规律？

生：分针指着 12，时针指着几就是几时。

（教师完成板书：时针指着几，就是几时。）

师：实际上，看钟面时，我们常常遇到的不是几时整。请看这个钟面，时针不是正好指着哪个数，而是刚过几？

（教师拨钟面演示 6 时多。）

生：时针刚走过 6，应该是 6 时多一些。

师：对，时针刚走过几，就是几时多。

（板书：时针刚走过几，就是几时多。）

师：徐老师继续拨钟面上的指针，请看现在是几时多？

生：还是 6 时多。

师：对，钟面上还是 6 时多。时针和分针继续走动，现在是几时多呢？

生：还是 6 时多。

师：我怎么看上去时针快到 7 了？

生：还是 6 时多，因为分针还没有走到 12。

师：说得对！快到 7 时了，其实还是 6 时多。

（教师拨钟面演示从 6 时多到 7 时还差一点。）

师：是啊！我们看钟面时间的时候，既要看时针，也要看分针。分针指着 12，就是正好几时；分针不指着 12，此时时针也不正好指着某个数，而是刚走过几，就是几时多。而要知道多了多少分，我们再来看分针。

师：接下去我们来看一段连环画，讲述数学故事，学看钟表时间。

（教师出示课件连环画，如图 92。）

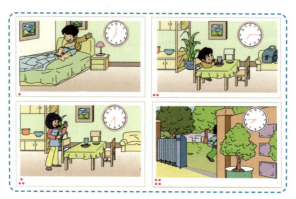

图 92

生：第一幅图表示，7 点的时候小朋友起床了。

师：讲得不错！ 7 点也叫作 7 时。可以这样写时间，先写"7"，再写"时"；还有一种写法，先写"7"，再写两个小圆点，然后写两个 0。

（板书：7 时，7：00。）

师：谁来接着讲故事？

生：7 时 15 分，小朋友在吃早饭。

师：对！ 7 时 15 分，该怎样写呢？

生 1：先写 7 时，再写 15 分。

生 2：先写 7，再写两个小圆点，最后写 15。

（板书：7 时 15 分，7：15。）

师：你们是怎么看出来钟面上是 7 时 15 分的呢？有谁愿意给大家介

绍一下方法?

生：时针刚走过 7，就是 7 时多一些，而分针指着 3，也就是走了 15 分，合起来就是 7 时 15 分。

师：讲得很有道理！徐老师再用钟面给大家演示一下。前面一幅图表示 7 时，然后时针和分针继续走动，第二幅图表示分针从 12 走到了 3，用哪句口诀可以算出走了 15 分呢?

生：三五十五，所以是 15 分。

（教师在钟面上演示从 7 时到 7 时 15 分。）

师：第三幅图和第四幅图，先请同学自己看图，然后同桌讲故事说时间，并说出是怎样看出时间的。

（同桌学生看图互相讲故事，交流看时间的方法。）

师：我请同桌派代表汇报一下。

生 1：小朋友吃完早饭，7 时 30 分准备上学了。

生 2：我们是这样看时间的，时针刚走过 7，就是 7 时多；分针从 12 走到 6，走了 30 分；合起来就是 7 时 30 分。

师：两人合作讲得非常好！掌声鼓励。

（板书：7 时 30 分，7：30。）

师：最后一幅图的故事呢?

生 1：小朋友 7 时 45 分走进了学校。

生 2：时针刚过 7，还是 7 时多；分针走到 9，五九四十五；这时就是 7 时 45 分。

生 3：其实还可以用 30 加 15 就是 45，因为和第三幅图相比，分针从 6 走到 9 走了 15 分。

师：都讲得很好！这四幅图就在我们数学书上，请大家打开数学书，我们一起在数学书上记录下四幅图的时间。

（学生在课本上分别用两种方法书写时间。）

三、练习提高

师：学习了时间知识就可以帮助我们解决实际问题了。你能先说出下面钟面上是几时，然后写出来吗？

（学生填写课本，教师出示课件，如图 93。）

图 93

师：哪几位同学来汇报一下？

生 1：早上 8 时，小朋友参加升旗仪式。

生 2：中午 12 时，小朋友在吃午饭。

生 3：下午 4 时，小朋友在进行活动。

师：接下来我们进行一次拨钟表比赛，看谁拨得准！第一个时间是 3 时，第二个时间是 9 时，第三个时间是 12 时。

（学生在学具钟上拨时间，同桌互相交流纠正。）

师：现在进行第二个游戏——修钟表。下面三个钟面都坏了，只剩下一根指针，你能根据钟面下面的时间，判断出哪根指针掉了吗？然后自己动手修一修，把掉了的时针或者分针画出来，

（学生在课本上完成，教师出示课件，如图 94。）

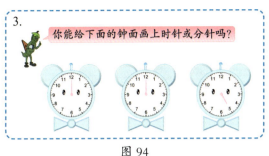

图 94

师：最后让我们回忆自己一天的作息时间，然后把它们记录下来，请看下面的作息时间表。

（学生回忆和交流一天的作息时间，然后记录在课本的表格里，教师出示课件进行反馈。）

四、总结延伸

师：回顾一下今天这节课，我们主要学习的是什么呀？时间在哪里呢？

生 1：我们认识了钟表。

生 2：我们学习了时间单位。

生 3：还学习了看钟表的方法。

生 4：时间在我们的生活当中。

师：时间虽然看不见，摸不着，但是每一个人都可以感受到它。下一堂课，我们还要继续学习有关时间的知识，进而学会自己制定周末作息时间。这堂课学习到这里，下课。

教学反思

2025年3月4日，"相约星期二"——我的数学家常课开放日。今天我执教了"时间在哪里"这节课。本来这节课是苏教版2011版课标教材二年级下册的第二单元内容（课题名称为"时、分、秒"），为了让学生有充分的准备时间——"让子弹多飞一会儿"，我延后到今天才开始正式教学。记得去年的数学家常课教学中，我两次采用了"让子弹多飞一会儿"的教学策略，分别教学"奇妙的七巧板"和"认识除法"，取得了较好的教学效果。（详见本书课例第5、6篇）

2022版课标关于课程内容作了较大的结构性调整，尤其是"综合与实践"领域调整幅度最大，主要体现在如下三个方面：首先，新增了不少知识内容；其次，强调跨学科主题学习；最后，明确了两种学习方式。

2022版课标教材将会有一些编排新变化：第一，单元标题做了调整，由过去的《时、分、秒》改为《时间有多长》（2022版课标里面所举案例标题是"时间在哪里"）；第二，注重了内容的整体结构，不再分三个例题分别认识钟面和时间单位及看钟表；第三，加强了素材的真实情境，从数学连环画入手将时间感悟和生活经验相结合；第四，新增了经过时间学习和体验；第五，还补充了数学传统文化的介绍，由过去"你知道吗"扩展为"了解更多有趣的钟面知识"等。

2022 版课标在课程实施的教学建议中指出——"强化情境设计和问题提出"。我们知道，"问题是数学的心脏"（美国数学家哈尔莫斯语），只有合理设计核心问题，才能更好地引发学生的认知冲突，激发学生学习动机，促进学生积极探究，让学生经历数学观察、数学思考、数学表达等学习过程，体会数学是认识、理解和表达现实社会的工具、方法和语言。问题固然重要，然而烦琐杂碎的问题也可能导致教学的零散性和思维的碎片化。因此，需要我们精心设计核心问题，从而引领学生有序思考和深入理解。

一、钟面上有什么？

学生正确看钟表时间的基本前提有两个：一是对钟面结构与组成的认识与了解；二是对时间单位的建立与理解。因此，本节课的第一个核心问题就是——"钟面上有什么？"

尽管二年级学生在日常生活中或多或少地接触到一些与时间有关的问题，已经积累了一些认钟表的生活经验，但要真正对钟面结构与组成有清晰的认知，仍然需要在数学课堂上进行有序学习与整体建构。

课始，在猜谜语的游戏中引入新知。"会说没有嘴，会走没有腿。嘀嗒嘀嗒响，天天催我起。（打一日常生活用品）"

接着，围绕"钟面上有什么？"这一核心问题，让学生观察钟面、交流汇报，教师同步形成结构性板书。

数：有 12 个数，把钟面等分成 12 个大格，每个大格里有 5 个小格，钟面上一共有 60 个小格。（$12 \times 5 = 60$）

指针：时针短，分钟长，秒针细。

二、时间单位有哪些？

2022 版课标将有关时间单位的知识内容作了领域性调整，从"数与代数"领域中的"量与计量"主题调整到"综合与实践"领域的第一类主题活动，即"融入数学知识学习的主题活动"。这一类主题活动，含有新知识的学习，需要学生学习和理解新知识，感悟知识的意义和应用。

时间是一个用来衡量事件发生顺序和持续长度的概念。时间能够帮助我们理解过去、现在和未来的关系。同时，时间看不见，摸不着，时间永不停止，无法倒回。因此，时间不仅抽象，而且神秘。作为计量时间的知识学习，首先要建立计量时间的单位。根据 2022 版课标的安排，第一学段主要学习时间单位时、分、秒，第二学段学习时间单位年、月、日等。如何让学生建立正确的时间单位呢？

首先，建立 1 小时、1 分、1 秒的概念。在钟面知识的基础上分别通过教具演示和学具操作，让学生明确：时针走 1 大格是 1 小时，分针走 1 小格是 1 分，秒针走 1 小格是 1 秒。

其次，感悟 1 小时、1 分、1 秒的观念。在初步建立了时、分、秒的概念之后，需要帮助学生体验 1 时、1 分、1 秒的实际长短，建立正确的时间观念，形成量感。本节课主要帮助学生实际体验 1 分的长短。（通过静坐数数和看动画片两种不同方式，在强烈反差中进行对比体验。）

三、怎样看钟表？

毋庸置疑，能够正确看钟表才是学习时间单位的主要技能目标。看钟表的方法需要依赖对钟面构造的认知和对时间单位的理解，课堂上教师分三步帮助学生学会看钟面上的时间。

第一步：认识几时整。分针指着 12，时针指着几，就是几时（整）。

第二步：认识几时多。时针刚过几，就是几时多。

第三步：认识几时几分。多了多少分，看分针从12起走了多少小格。

根据经验，对于二年级学生来说，认识几时整并不难，所以在课堂上简略教学；而认识几时几分则是学习难点。课堂上，通过例题的四幅连环画情境，帮助学生联系生活经验，先判断钟面上是几时多，再推算多了多少分。

当然，本节课是本单元的第一课时，属于单元整体教学视域下的第一种课型——"知识种子课"。因此，本课主要目的是整体认知和初步建构，再通过后面几课时突破难点和提高技能，逐步发展量感、推理意识和应用意识等核心素养。

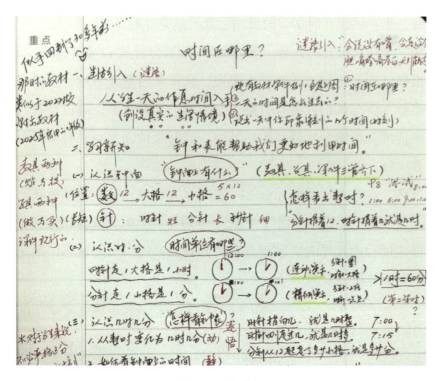

▲备课教案手稿

▲上课照片（2025年3月4日）

3 认识三位数

教材
简析

自 2001 年启动新一轮基础教育课程改革以来，小学数学课程内容的第一领域始终是"数与代数"。长期以来，小学阶段整数的认识教学分为五个阶段进行编排：10 以内数的认识，11 ~ 20 各数的认识，100 以内数的认识，万以内数的认识，较大数的认识。

2022 版课标将"数的认识"和"数的运算"合并为"数与运算"主题，并在第一学段提出如下学业要求：能用数表示物体的个数或事物的顺序，能认、读、写万以内的数；能说出不同数位上的数表示的数值；能用符号表示数的大小关系，形成初步的数感和符号意识。

与 2011 版课标教材相比，2022 版课标教材关于整数的认识主要有以下三个调整：首先，认数的范围重新划分。第一学段分别认识 0 ~ 5，6 ~ 9，10，11 ~ 19，20 ~ 99，三位数，四位数。其次，注重认数与计算相结合。最后，注重运用多种工具帮助认数。除了传统的小棒和计数器之外，还特别增加了小方块帮助认数，同时还加大了借助算盘进行认数的幅度，这也体现了弘扬中华优秀传统文化的课程理念。

本课的教学设计，依托 2011 版课标教材中的内容编排，结合 2022 版课标教材的新要求，着重教学三位数的认识，同时体现如下四个设计特点：第一，注重在熟悉的情境中感受数量抽象的过程；第二，注重运用多种直观的手段进行三位数的认识；第三，注重采用对应的方法进行整体认知；第四，注重多样的表征与符号的表达。

教学设计

⭐ 教学内容

2011 版课标教材（苏教版）二年级下册第 28 ~ 31 页，2022 版课标教材二年级上册第 62 ~ 64 页。

⭐ 教学目标

（1）使学生在生活情境中了解三位数的产生和应用，能说出三位数的组成，并能正确读、写三位数。

（2）使学生借助计数器正确进行数数，体验"满十进一"，感悟三位数的顺序和大小。

（3）使学生在认识三位数的过程中逐步发展数感和符号意识，养成合作交流的良好学习习惯。

⭐ 教学过程

一、复习引入

首先，师生谈话。提问：已经认识了哪些数？生活中还见过比 100 大的数吗？

接着，明确一位数。借助小方块进行数数，从 1 开始数到 10，明确一位数的特点，以及"满十进一"的计数规则。

然后，回顾两位数。借助计数器进行数数，从 1 开始数到 10，再从 10 数到 20，然后十个十个数到 90，再数到 100。由此，了解两位数的特点，进而生长出三位数的认知需要。

二、学习新知

（一）生活中的三位数

首先，提问：你能说一些生活中的三位数例子吗？

接着，结合学生的叙述进行适度板书和评价。

然后，出示例题图。（一个同学的身高是 134 厘米，一台电风扇的价格是 300 元。）

（二）三位数的组成

1. 认识 300

通过方块图和计数器，帮助学生了解 300 的组成和读写方法。

通过计数器拨数，进一步了解计数单位个、十、百及其进率。

2. 认识 324

通过方块图和计数器，帮助学生了解 324 的组成和读写方法。

3. 认识 360

通过计数器帮助学生认识 360 的组成和读写。

4. 小结对比

在对比中认识三位数的一般特征和组成，由此学会三位数的读写方法。

（三）不同方法数数

1. 一个一个数

首先，在一个一个地数数中，帮助学生经历从一位数发展到两位数，从两位数发展到三位数，再从三位数发展到四位数的过程。

然后，组织学生在计数器上从九百八十九数到九百九十九，再数到一千。感受 10 个一百是一千。

2. 十个十个数

组织学生在计数器上十个十个地数，从三百六十数到四百六十。

3. 一百一百数

组织学生在计数器上一百一百地数，从 100 数到 1000。

（四）小结

1. 认识计数单位和数位

首先，结合数数，了解计数单位及其进率。

然后，对应介绍数位，并初步形成数位顺序表。

2. 了解认数的方法

结合数位顺序表，帮助学生进一步认识数的组成和读写方法。

三、练习提高

（一）巩固性练习

1. 在计数器上拨数并读写

以教材第 31 页例题 3 的三个数（500、534、1000）为例，让学生独立完成并合作交流。

2. 看图读写并说出组成

让学生在课本上看图填写（640 和 406）并反馈交流。（第 31 页"试一试"）

（二）应用性练习

联系学生的生活实际，并以代金券为例，让学生数一数图中的代金券一共多少元。

（三）拓展性练习

让学生根据数的含义进行连线。（573、306 和 230 中的 "3" 各表示多少？）

四、总结延伸

师生一起回顾本节课的学习内容，并从三位数的认识延伸至四位数、五位数等更大数的认识。

一、复习引入

师：我们从一年级开始正式学习数学，大家已经在数学课上认识了哪些数？

生：1 到 100。

师：其实在我们的日常生活当中，有的数比较小，有的数比较大。你见过比 100 更大的数吗？

生 1：一万。

生 2：十亿。

生 3：101 及以上。

师：同学们说的都有道理。在我们的生活当中有的时候会遇到一些比 100 大的数，你知道你的身高是多少厘米吗？

生 1：127 厘米。

生 2：126 厘米。

师：嗯！这些数就比 100 大了。除了身高之外，我们到商店去买东西，你见过比 100 大的数吗？

生 1：147 元一盒的巧克力。

生 2：1200 元的酒。

生 3：我妈妈买房子的时候需要 100 多万。

师：我们先把学过的数进行一次整理分类。我们在数东西的时候，如果只有 1 个，那我们就数什么？

（教师出示小方块教具，带领学生数数。）

生：1。

师：也就是数数的时候从 1 开始数的，那我们就把 1 写下来，继续来数，然后就数到几？

（板书：1。）

生：2、3、4。

师：继续。

生：5、6、7、8。

师：8 再往后数一个是几？

生：9。

师：这些数有一个共同点，有谁找到了？

（板书：2、3、4、5、6、7、8、9。）

生：都是一位数。

师：对，这几个数都只占了一位，这就叫一位数。

（板书：一位数。）

师：大家看，9 再添一个，那它还是一位数吗？谁来说说看，这个时候变成多少？

生 1：它是两位数。

生 2：就是 10。

师：对！10 就是两位数。

（板书：10，两位数。）

师：现在我们不用方块，从 10 开始接下去数一个，是多少？

生（齐声）：11。

（板书：11。）

师：接着数。

生（齐声）：12、13、14、15、16、17、18、19、20。

师：我写几个代表数，然后再往下数。

（板书：12……20。）

生（齐声）：21、22、23、24……30。

师：大家有没有发现两位数比一位数要怎么样？

生：大。

师：是的，不仅比一位数要大，而且个数怎么样？

生：多。

师：刚才我们数了二十几，接下来还要数几十几啊？

生：三十几。

师：数数时除了可以一个一个数，还可以十个十个数。

生（齐声）：20、30、40、50、60、70、80、90。

师：接下去，我们从 95 开始，再一个一个数。

生（齐声）：95、96、97、98、99、100。

（板书：98、99。）

师：大家觉得 100 应该写在哪？它还属于两位数吗？

生：三位数。

师：对，100 这个数在写的时候占了几位？

生：三位。

师：所以 100 属于三位数。

（板书：三位数。）

师：现在我们一起用计数器来从一位数开始数到三位数，做好准备。先数1，从1先数到9。

（学生边拨边数：1、2、3、4、5、6、7、8、9。）

师：9再数一个就是多少？

生：10。

师：对，9加上1就是10。请大家在个位上先数出10个珠子，然后把这10个珠子怎么样？

（板书：9+1=10。）

生：先拨回去，然后在十位上拨一个珠子。

师：对！这叫作什么？

生：满十进一。

师：对，这就叫满十进一。现在我们再从10开始，一个一个地数，从10数到20。

（板书：满十进一。）

（师生一起：10、11、12、13、14、15、16、17、18、19、20。）

师：接下来我们再换一种数法，从20开始十个十个数，数到90。

生：20、30、40、50、60、70、80、90。

师：然后我们从91开始，再换成一个一个数。

生：91、92、93、94、95、96、97、98、99。

师：99再数一个就是多少？

生：100。

（板书：99+1=100。）

师：刚才我们通过借助小方块和计数器数数，把我们学过的数进行了整理。那么，根据这样的规律，在认识了一位数和两位数之后，还要认识几位数呢？

生：三位数。

师：对，这节课我们专门来研究三位数。

（板书：认识三位数。）

二、学习新知

师：刚才有同学说了身高和买东西时会遇到三位数。接下来请大家再看，这个同学的身高是 134 厘米，这里的 134 就是几位数？

（教师出示课件，如图 95。）

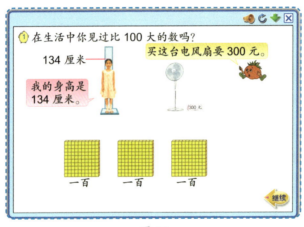

图 95

生：三位数。

师：买这台电风扇要 300 元，这个 300 也是几位数？

生：三位数。

师：接下来我们具体认识三位数。300 和 134 你觉得哪个更简单一点？

生：300。

师：我请一个同学到前面来用计数器拨 300。

（指名学生上台拨一拨。）

师：很好。300 这个数是怎么数到的呢？

生：一百一百地数。

师：那我们从 100 开始，老师拨，大家数。

生：100、200、300。

（教师在计数器上拨 100、200、300。）

师：对，像这个 100 是怎么来的呢？我们可以再回到刚才数数的起点，像这里从 1 数到 9，再数到 10，我们就说 10 个一是多少？

生：是十。

（板书：10 个一是十。）

师：然后我们数数时，遇到 10 个十就是多少？

生：一百。

师：对，10 个十是一百。

（板书：10 个十是一百。）

师：刚才我们初步研究了三百，三百是三位数。徐老师在黑板上也画下了一个计数器，你觉得最右边的计数单位应该是什么？

生：个。

（板书：个。）

师：从右边开始的第二位，计数单位是什么？

生：十。

（板书：十。）

师：第三位呢？

生：百。

（板书：百。）

师：那三百我该怎么写？谁来指挥老师写？

生：对齐百就写 3。

师：刚才拨珠也是在"百"这一档拨了 3 个珠子，那我写能不能只写 3 呢？

（板书：3。）

生：不行。

师：谁来继续指挥我？

生：在 3 后面再写 2 个 0。

（板书：00。）

师：对，它虽然只有 3 个珠，但是它是几位数啊？

生：三位数。

师：所以要占三位。300 是怎么组成的呢？ 300 里面有几个 100 ？

生：3 个一百。

师：请大家先把 300 拨出来。

（板书：3 个百。）

师：我们继续认识三位数。请大家先听拨珠的声音，然后在自己的计数器上拨出来。

（教师在百位上拨上 3 个珠子，十位上拨 2 个珠子，个位上拨 4 个珠子。）

师：你听出来了吗？请在自己的计数器上拨出来。

生：我听出来了，拨了 3 个百，2 个十，4 个一。

（学生在计数器上拨出 324。）

师：谁能读一读这个数？它是怎么组成的？

生 1：三百二十四。

生 2：是由 3 个百、2 个十和 4 个一组成的。

（板书：3 个百、2 个十和 4 个一。）

师：谁能把这个数写到黑板上来？

（一生上台板书：324。）

师：我们一起读一遍这个数。

生：三百二十四。

师：刚才我们认识了两个三位数。其中 300 这个数有什么特殊的地方？

生：虽然它是个三位数，但只有百位上是有珠子的，个位和十位是没有珠子的。

师：对的，我们就说这样的数是什么样的数呢？

生：整百数。

师：那 324 这个数还是整百数吗？

生：不是整百数，它每一位上都有珠子。

师：徐老师再来写一个三位数，大家看。我想请同学们读出并且拨出这个数。

（板书：360。）

师：谁来说说看，这个数特殊在哪里？

生：百位和十位都有珠子，就个位没有珠子。

师：对，谁能把这个数读出来？

生：三百六十。

师：谁能说出它的组成？

生：3 个百再加 6 个十。

（板书：3 个百和 6 个十。）

师：通过刚才的学习，我们对三位数有了一定了解。我们再来写几个三位数，有谁知道从 100 开始，再数一个是多少？

生：101。

师：那再往后数一个呢？

生：101、102、103、104、105、106、107、108、109、110。

（板书：101、102。）

师：先写这几个一百多的三位数，那一百多的数数完了，我们就可以数多少？

生：200。

（板书：200。）

师：从200再接下去数，你会数吗？

生：201、202、203、204、205。

（板书：201……）

师：再接下去数，二百多的数完了就应该数几百？

生：300。

师：我们就来从300开始，一百一百地数。

生：300、400、500、600、700、800、900。

师：九百多也是三位数。请大家看老师写一个三位数，谁能把它读出来？谁会读？

（板书：998。）

生：九百九十八。

师：再往后数一个呢？

生：999。

（板书：999。）

师：如果再数一个呢？

生：1000。

师：999再加1，是多少？

（板书：999+1=1000。）

生：1000。

师：一千这个数占了几位？

生：四位。

师：那它就是几位数？

生：四位数。

（板书：四位数。）

师：有谁知道最大的三位数是哪个数？

生：999。

师：对，999就是最大的三位数。那最小的三位数是哪个数？

生：100。

师：对的，最大的两位数是哪个数？

生：最大的两位数是99。

师：对，最小的两位数是哪个数？

生：10。

师：对，最大的一位数是哪个数？

生：9。

师：最小的一位数是哪个数？

生：1。

师：最小的四位数是哪个数？

生（齐声）：1000。

师：接下来我们专门用计数器来数数，看谁数得好。

师：请大家先把360拨出来。我请一个同学来做小老师，十个十个地数，从360开始起数到460。

（指名一生到台前拨计数器。）

生：370、380、390、400。

师：现在大家拨成400，再数十个是多少？

生：410。

师：很好！接着数数。

生：420、430、440、450、460。

师：大家拨珠数数都不错！我们换一个数，请你拨出989。

（板书：989。）

师：我请个同学到前面来拨。从989开始一个一个地数到1000。

（指名一学生上台拨一拨。）

师：989往后数一个是多少？

生：990。

师：同桌检查一下拨得对不对。继续数——

生：991。

师：继续往后一个一个数。

（学生边拨边数：992、993、994、995、996、997、998、999。）

师：再拨一个，个位满十，往十位进一；十位满十，往百位进一；百位满十，往千位进一。一千就这么产生了。

师：回顾一下刚才的学习过程，我们从几位数开始数数的？

生：一位数。

师：对，我们是从一位数开始，最小的一位数就是多少？

生：1。

师：然后一个一个数，数到9，9是最大的一位数。再数一个，我们就说10个一是十，这就产生了几位数啊？

生：两位数。

师：两位数数着数着，到最大的两位数是多少？

生：99。

师：如果我们从10开始，十个十个数，很快就能数到多少？

生：100。

师：100 就是最小的几位数？

生：三位数。

师：如果一百一百地数，那 10 个一百就是多少？

生：一千。

师：对，就产生了四位数了。按照这样的规律还会再产生五位数、六位数等等。

（板书：……）

师：请看，老师在黑板上画了计数器。从右边开始，个、十、百，接下去应该是？

生：千。

（板书：千。）

师：有谁知道个、十、百、千，这些叫计数的什么？

生：单位。

师：非常好，它们就叫计数单位。

（板书：计数单位。）

师：计数单位所占的位置就叫数位。右边起第一位就叫什么位？

生：个位。

师：第二位呢？

生：十位。

师：第三位呢？

生：百位。

师：第四位呢？

生：千位。

师：我们可以一个一个地数，也可以十个十个地数，还可以一百一百地数，这就叫数数。

（板书：数数。）

师：像这里我们说 324 里面有 3 个百、2 个十和 4 个一。我们还可以用一个算式表示出来，3 个百就是多少？

生：300。

师：2 个十就是多少？

生：20。

师：4 个一呢？

生：4。

师：谁能用算式表示出 324 ？

生：300+20+4。

（板书：300+20+4=324。）

师：这就叫一个数的组成。继续再看，像这里把每一位上是几个珠子写下来，如果没有珠子就要写哪个数字？

（板书：组成。）

生：写 0。

师：这就叫数的写法。

（板书：写法。）

师：我们不仅要知道数的写法，我们还要会读一个数，因此我们还要学习数的——？

生：读法。

（板书：读法。）

师：在认识数时，不仅要会数数，知道数的组成，还要知道数的写法和读法。

三、练习提高

师：接下来，比一比，看谁对三位数认识得好！首先请大家把计数器准备好，打开数学书翻到第 31 页。请你照样子拨一拨，在书上对齐写一写，然后读一读。

（教师出示课件，如图 96。）

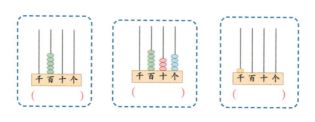

图 96

师：谁能够说出第一个数的组成？

生：它是由 5 个百组成的。

师：非常好！谁能够读出这个数？

生：五百。

师：谁能写出这个数？

生：对齐百位写 5，十位和个位都写 0。

师：谁来说出第二个数的组成？

生：5 个百、3 个十和 4 个一组成。

师：这个数你是怎么写的？

生：百位上写 5，十位上写 3，个位上写 4。

师：我们一起来读一遍。

生：五百三十四。

师：第三个数你是怎样读和写的？

生1：读作一千。

生2：千位写1，百位、十位和个位都写0。

师：接下来我们不拨计数器，看着图写数、读数并填写数的组成。

（教师出示课件，如图97。）

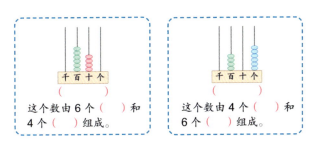

图 97

（学生独立填写课本。）

师：哪三个同学愿意合作汇报第一个数？

生1：这个数由6个百和4个十组成。

生2：这个数读作六百四十。

生3：写的时候百位写6，十位写4，个位写0。

师：合作很好，表扬他们！继续邀请三位同学合作汇报。

生1：这个数是由4个百和6个一组成的。

生2：这个数读作四百零六。

生3：这个数百位写4，十位写0，个位写6。

师：今后如果在生活当中再遇到三位数，你能够把它认出来吗？

生：能。

师：比如在买东西时需要付钱，这些代金券一共多少元呢？

（教师出示课件，如图98。）

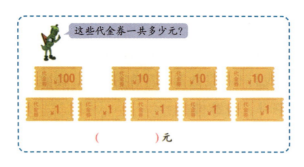

图 98

师：请同学们自己数数看，这些代金券一共多少元？然后写下来，同桌进行交流。

师：哪两位同桌同学一起来汇报一下？

生 1：一共 135 元。

生 2：这些代金券有 1 个一百元，3 个十元，5 个一元。

师：对！也就是有 1 个百、3 个十和 5 个一。怎样写呢？

生 1：我是写汉字的，一百三十五。

生 2：我是写数字的，135。

师：刚才认数时我们也发现，不同的数位表示不同的计数单位。如果有相同的数字，在不同的数位上，你能把它们对应找出来吗？

（教师出示课件，学生独立填写，如图 99。）

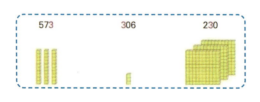

图 99

师：哪三位同学分别来汇报一下？

生 1：573 中的 "3" 在个位上，表示 3 个一，连中间的 3 个方块。

生2：306 中的"3"表示 3 个百，连最后一幅图。

生3：230 中的"3"表示 3 个十，连第一幅图。

四、总结延伸

师：回顾一下今天这节课，你们有哪些收获?

生1：我认识了三位数。

生2：认识数的时候，要会数数、读数和写数。

生3：认识数还要知道数的组成。

师：是的，生活中也经常用到三位数。今后我们还要学习更大的数呢! 这节课就学习到这里，下课。

2025 年 3 月 11 日,"相约星期二"——我的数学家常课开放日。今天我执教了"认识三位数"这节课。2011 版课标教材的单元标题是《认识万以内的数》,安排在二年级下册集中教学;2022 版课标教材的单元标题分别是《认识三位数》和《认识四位数》,分别在二年级上册和下册分散教学。

尽管 2022 版课标关于课程目标和课程内容作了结构化调整,但小学阶段核心素养的第一个表现依然是"数感",这也是课程改革二十多年来,一直没有改变的核心词。所谓"数感",主要是指对数与数量、数量关系及运算结果的直观感悟,"数感是形成抽象能力的经验基础"。

一、熟悉的情境

2022 版课标在课程理念部分明确指出:"引导学生在真实情境中发现和提出问题,利用观察、猜测、实验、计算、推理、验证、数据分析、直观想象等方法分析问题和解决问题。"因此,数感的形成,首先需要让学生在真实情境中理解数的意义,能用数表示物体的个数或事物的顺序。

课始,联系儿童的生活实际提问:在生活中你见过哪些数?有学生说到自己的身高是 126 厘米,有学生说一盒巧克力 147 元,还有学生说超市里看到一瓶酒 1200 元，父母买房子花了几百万元，等等。这样的谈话交流，激活了学生生活经验中的相关旧知，再现了从数量到数的抽象过程，为接下来进一步认识数提供感性基础。

接着，将学生叙说的各种数进行分类。一位数是 1、2、3……9，两位数是 10、11、12……99，三位数则是 100、101、102……999，以此类推。在此基础上进一步确认计数单位：10 个一是十，10 个十是一百，10 个一百是一千。

然后，着重以 300、324 和 360 这三个数为例，学习三位数的组成和读写方法。这三个数具有典型性，涵盖了整百数、几百几十几以及几百几十三种情况，让学生了解三位数的基本含义。

二、直观的手段

苏联心理学家乌申斯基曾经说过："一般说来，儿童是依靠形状、颜色、声音和感觉进行思维的。"尤其是低年级儿童，处于动作思维和形象思维为主的阶段，在学习抽象的数学知识时需要借助多种直观手段，调动学生多种感官功能，实现从感性经验到抽象思维的过渡。

首先，从数小方块开始。2022 版课标教材在认数教学的编排中大量采用了小方块进行直观教学，这有利于学生感知计数单位的直观模型。课始，老师带领学生数小方块，从 1 数到 9，并提炼出"一位数"；然后 9 个小方块再添上 1 个，得到最小的两位数——10，并得出"10 个一是十"。

其次，以拨计数器为主。让每个学生操作计数器，从 10 开始，先一个一个数到 20，然后十个十个数到 90，再从 90 开始一个一个数到 99，进而从 99 数到最小的三位数——100，并得出"10 个十是一百"。在学生具体认识了三位数的组成、读法和写法后，最后再次利用计数器数数，从 989 起，一个一个数到 999，进而发展为最小的四位数——1000，并得出"十个一百是一千"。

此外，辅以小方块和代金券。在巩固练习阶段，除了让学生用计数器认数，还补充了看小方块图认数，以及联系生活中的代金券认数。

三、对应的方法

2022版课标在第一学段关于"数与运算"主题的"教学提示"中特别指出："数的认识教学应提供学生熟悉的情境，使学生感受具体情境中的数量，可以用对应的方法，借助小方块、圆片和小棒等表示相等的数量，然后过渡到用数字表达，使学生体会可以用一个数字符号表示同样的数量；知道不同数位上的数字表示不同的值。"如何在教学过程中实现"对应"呢？课堂教学中主要有三个层次的体现。

第一层次——数数和拨数对应。数起源于数，从数数出发，结合对应的计数器拨数，从而把抽象的数转化为具体的算珠，促进动作思维走向形象思维，发展抽象思维。

第二层次——读法和写法对应。尽管教材在后面的例题安排有专门的读数和写数方法，但是学生对一个数的整体认知是难以分割的，数数和拨数当然离不开读数和写数，因此，我提前进行了读数和写数的对应教学。

第三层次——组成和计算对应。数的组成直接影响学生对数含义的理解，从而影响数的读法和写法，乃至影响数的大小比较和计算，因此是认数教学的重点。教学时除了将数的组成与计数单位相结合，还特别补充了数的组成与计算的对应。例如：99+1=100，324=300+20+4。

四、符号的表达

数来源于对数量本质的抽象，数量的本质是多与少，数的本质是大与小。数字其实就是那些能够由小到大进行排列的符号。认识数的主要技能首先体现为四个方面——数数、读数、写数、组成，在此基础上才能比较数的大小，实施数的运算，进而形成数感。在数的符号化表达过程中，应抓住三个关键点。

首先，抓住计数单位。计数单位是数概念发展的主要线索，有了计数单位，就产生了数位，然后逐步形成数位顺序表。

其次，抓住位值制。马克思曾经在其所著《数学手稿》一书中指出，十进制记数法是人类"最美妙的数学发明之一"。课堂上，在数数和进位的过程中，不断让学生感受到"满十进一"的规则之美。

最后，抓住表达方式。数有多种表达方式，主要有两种：数字模式和语音模式。语音模式主要通过读数和数数体现；数字模式则主要通过十进位值制体现。例如"三百二十四"是数 324 的读法，也是这个三位数的名称；反之，324 是读作"三百二十四"的数的书写形式。一个数的名称是有别于其他数的，因此具有唯一性，而一个数的表达方式常常不唯一。324 这个数可以用计数器表示，也可以用数字符号表示，还可以用小棒、算盘或小方块等表示。

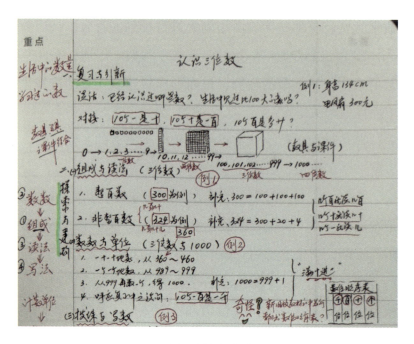

▲备课教案手稿

▲上课照片（2025年3月11日）

4 用算盘表示数

教材简析

　　算盘是一种手动操作计算的辅助工具，被称为"最古老的计算机"。2013年12月4日，中国珠算被列入联合国教科文组织非物质文化遗产名录。

　　尽管中国珠算历史悠久，但随着时代的发展和科技的进步，珠算已经在日常生活应用中逐渐退出历史舞台。因此，2001版课标删除了关于算盘的教学内容，而2011版课标又将算盘内容恢复，但不学珠算内容，只是将算盘作为认识多位数的一种工具。2022版课标继续保留算盘内容，新增了"在学生感受用算盘表示数的同时，向学生介绍算盘的历史，引导学生体会算盘是我国的优秀文化遗产"，并继续将"用算盘表示多位数"作为"附录"中的第一个案例。

　　2022版课标教材在二年级上册《认识三位数》单元首次介绍算

盘，并作为认数的一种工具进行教学；在二年级下册《认识四位数》单元继续编排算盘内容，帮助学生认识四位数。同时，2011版课标教材只用了100余字简单介绍算盘，而2022版课标教材中"你知道吗"则用了整整一页的篇幅，详细介绍了算盘的历史与文化。

　　本课的教学设计，主要体现如下三个特点：首先，充分了解算盘的悠久历史与文化价值；其次，介绍算盘的结构与基本规则，尤其是"以一当五"的特殊性；最后，在游戏中进行算盘拨珠活动，感受算盘表达数的独特性。

教 学 设 计

⭐ 教学内容

2011 版课标教材（苏教版）二年级下册第 34 ～ 35 页，2022 版课标教材二年级上册第 69 ～ 71 页。

⭐ 教学目标

（1）使学生在有趣的活动中认识算盘，初步了解算盘的悠久历史与文化价值。

（2）使学生了解算盘的结构特征与拨珠规则，并能在数数中熟悉算盘表达数的独特性。

（3）使学生在拨珠活动和游戏中感悟算盘的独特魅力，发展学生的数感、符号意识和推理意识。

⭐ 教学过程

一、谜语导入

首先，组织学生猜谜语。"一座城，四面墙；一群珠宝里面藏。如用小手拨一拨，噼里啪啦连声响。（打一数学工具）"

接着，播放视频资料《中国珠算》，让学生汇报交流课前了解的关于算盘的有关知识。

然后，揭示本节课的学习主题——"最古老的计算机（算盘）"。

二、学习新知

（一）认识算盘

1. 认识算盘的结构

首先，让学生自学课本，然后交流汇报。分别认识算盘的框、档和梁。

然后，让学生分别指一指算盘各部分，并认识上珠和下珠。

2. 了解拨珠的规则

首先，介绍算盘拨珠的三个规则，即拨珠靠梁、靠框无数、无珠为0。

接着，回顾认识数的四个方面，即数数、组成、读数、写数。

然后，着重介绍上珠和下珠的拨珠规则，即一个下珠表示1，一个上珠表示5。

（二）使用算盘

1. 初步拨珠

首先，分别让学生拨1、2、3、4。

接着，重点拨5，并续拨6、7、8、9。

然后，拨出10，再接着拨11至20。

2. 看图认数

首先，出示课本上的5幅算盘图（4，37，60，802，900），让学生独立认数并书写。

接着，邀请5名学生到黑板上分别书写。

然后，在交流汇报中明确算盘拨珠表示数的方法。

3. 拨珠数数

首先，一个一个数。从 1 数到 18，从 85 数到 100。

接着，一十一十数。从 280 数到 370。

然后，一百一百数。从 100 数到 1000。

三、练习提高

（一）巩固性练习

看算盘图，先说出数的组成，再读数（325，640，709，800）。
学生独立在课本上完成并交流反馈。

（二）应用性练习

1. 两人游戏

同桌两人，一人出数，另一人拨珠并读数。

2. 四人游戏

四人一组，轮流一人出数，其余三人拨数并读出来，进行比赛。

（三）拓展性练习

进行看珠想数游戏：

（1）一个珠子表示一位数，可能是多少？（1 或者 5。）

（2）一个珠子表示两位数，可能是多少？（10 或者 50。）

（3）两个珠子表示一位数，可能是多少？（2 或者 6。）

（4）两个珠子表示两位数，可能是多少？（11、15、20、60、51 或 55。）

四、总结延伸

组织学生回顾与总结，感受算盘的独特魅力。

教学实录

一、谜语导入

师：今天上课，老师先出一个谜语，请大家猜一猜。这是我从一位同学课前制作的数学手抄报里找到的——"一座城，四面墙；一群珠宝里面藏。如用小手拨一拨，噼里啪啦连声响。（打一数学工具）"

生：算盘。

师：对的。我们每一位同学已经准备好算盘了，大家先来看一看算盘。刚才谜语里面说有一座城，还有四面墙，指的是什么？

（教师展示教具算盘实物。）

生：算盘的框。

师：对，算盘有四面外框，将它围起来了。第二句说"一群珠宝里面藏"又是什么意思？

生：里面的算珠就像珠宝一样有很多。

师：对的，这里说的珠宝就是里面的算珠。"如用小手拨一拨"，那算盘珠子就会怎么样？

生：响起来。

师：对，大家试着拨拨看。

（学生拨动自己的学具算盘上的算珠，发出噼里啪啦的声音。）

师：算盘，有着悠久的历史和丰富的文化。我们先来看一段视频，通过这段视频，看你能了解到关于算盘的什么知识？

（教师播放视频《中国珠算》，如图100。）

图 100

师：通过这段介绍，你又了解到关于算盘的什么知识？

生：我知道算盘是世界非物质文化遗产。

师：珠算不仅是中国的，而且全世界都曾经在使用。

生：我还知道中国珠算2013年被列入世界非物质文化遗产，而且还大大提高了人们的理解力和思考力。

师：你真厉害！不仅知道了中国珠算是世界非物质文化遗产，还知道是哪一年发生的。其实在视频里，还有一段话，它说算盘是最古老的什么？

生：计算机。

师：对，算盘被称为最古老的计算机。

（板书：最古老的计算机——算盘。）

师：现在我们有计算机，古时候没有计算机，但是用算盘也可以算出来。今天这节课，我们就专门来研究算盘，并学会用算盘表示数。

二、学习新知

师：现在我们就来认一认算盘。刚才同学所说，有一座城，它有四面墙，这四面墙是这个算盘的什么？关于算盘，还有一些相关知识呢，请同学们先自学课本。

（学生自学课本，并互相交流。教师出示课件，如图101。）

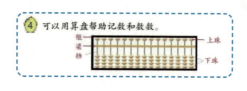

图 101

生：我知道四面墙就是指算盘的框。

（板书：框。）

师：对，大家用手摸一摸算盘的框，四面都摸一摸。如果这个框散掉了，这个算盘就不能用了。

师：继续观察算盘，除了框之外，中间还有一根横着的部分，有谁知道它叫什么？

生：叫作梁。

（板书：梁。）

师：对，中间的这个部分叫作"梁"，也叫"横梁"。请大家用手摸一摸自己算盘中间横着的梁。

（学生摸一摸算盘的梁。）

师：竖着的这一个一个的部分，叫什么？

生：叫作档。

师：对，这叫档。

（板书：档。）

师：那算盘上有多少档呢？每个算盘可能不一样，大家数数你自己的算盘有多少档。

生：我的算盘有 13 档。

师：有 13 档算盘的同学举个手。

（大部分同学举手。）

师：刚才没有举手的同学，你的算盘有多少档？

生 1：我的是 15 档。

生 2：我的是 17 档。

师：是的，我们一般使用的算盘都是十几档。当然，还有一些超级算盘，可能会不止十几档，甚至几十档都有。

师：认识了算盘的框、梁和档，就可以学习拨珠了。不过，算盘拨珠是有规则的。第一个规则叫"拨珠靠梁"，如果不靠梁，说明你有没有拨珠。现在算盘上有没有拨珠？

（板书：拨珠靠梁。）

生：没有拨珠。

师：没有拨珠的时候，那这些算珠靠的是什么呢？

生：框。

师：对，这是第二个规则"靠框无数"，如果算珠都靠框了，就表示有没有数啊？

（板书：靠框无数。）

生：没有数。

师：现在请大家把所有的珠子都靠框，靠框也叫作清盘。这个时候，所有珠子都靠框，表示没有数。

（学生将算盘清盘。）

师：第三个规则是"无珠为 0"，如果这一档一个珠子也没有，就表示什么？

生：0。

师：对，无珠为 0。

（板书：无珠为 0。）

师：接下去，我们继续来学习算盘。算盘其实是一个工具，它首先是帮助我们认识数的，我们以前除了用算盘认识数，还用了什么工具来认数？

生：计数器。

师：对，我们以前用计数器也认过数，还用过什么来认过数？

生：圆片、方片、小棒。

师：对，不管用哪一种工具来认数，我们一般要从四个方面进行认识。首先，要知道这个数是怎么数出来的，也叫数数，还要知道什么？

（板书：数数。）

生：组成。

（板书：组成。）

师：还要知道什么？

生：读数、写数。

（板书：读数、写数。）

师：接下去，我们就从认数的四个方面，根据算盘的拨珠规则，以及在算盘的不同位置上来拨珠表示数。有谁知道，算盘上每一档，它的珠子有什么区别吗？

（教师出示算珠图，如图 102。）

记数时，要拨珠靠梁，一个下珠表示1，一个上珠表示5。

图 102

生：下面有四个珠，上面有一个珠。

师：我们给它起个名称。下面的珠子叫下珠，那上面的珠子就叫什么？

生：上珠。

（板书：下珠、上珠。）

师：现在同学们一般用的算盘有几颗下珠？

生：4颗。

师：几颗上珠？

生：1颗。

师：那么一档就有几颗珠子？

生：5颗。

师：所以像这样的算盘就有一个名称，叫作什么算盘呢？

生：五珠算盘。

师：在过去，曾经也有过七珠算盘。这还不是最重要的，最重要的是下珠和上珠分别表示数的规则有点不一样，你觉得什么珠子和我们以前计数器表示数的规则是一样的？

生：下珠。

师：对，一个下珠就表示多少？

生：1。

师：对，一个下珠表示1。

（板书：一个下珠表示1。）

师：算盘最特殊的地方在于它的上珠。谁能说说看，算盘的上珠有什么特殊的规定？

生：一个上珠就表示5。

师：对，一个上珠就表示5。

（板书：一个上珠表示5。）

师：在拨珠之前，还得确定数位。有的同学的算盘上已经印好了数位或者计数单位，请同学指一指；没有印的，我们就统一以最右边这一档作为个位。拨珠的时候，我们的手指最好分工一下，拨入下珠用什么手指方便？

生：大拇指。

师：对！拨入下珠用大拇指。跟着老师一起来，拨入一个下珠表示1。

（师生一起在算盘上拨入一个下珠。）

师：那么拨去下珠用哪个手指比较方便？

生：食指。

师：对！拨去下珠用食指。

（师生一起在算盘上拨去一个下珠。）

师：拨上珠时用哪个手指比较方便？

生：中指。

师：对！拨入或者拨去上珠，都用中指。我们一起拨入一个上珠，再拨去。

（师生一起在算盘上拨入并拨去一个上珠。）

师：明白了拨珠的基本方法，我们就可以用算盘拨珠表示数了。接下来，请一位同学上来当小老师，我们一起试着拨几个数。

（一生上台示范，其余同学尝试拨珠。）

师：左手扶好算盘左边的框，先用右手的大拇指拨上入1，然后接着拨 2、3、4。接下去要拨 5 啦，可以用中指拨入一个上珠，再用食指把下面的 4 个下珠拨去。表扬小老师!

师：谁接着来当小老师?

（另一生上台示范，其余同学尝试拨珠。）

师：继续拨珠，先拨珠表示 6，谁来说一说是怎样拨珠的?

生：一个上珠和一个下珠，合起来表示 6。

师：很好! 接着拨出 7、8、9。接下去要拨 10 啦，再换一位小老师，谁愿意继续来当小老师?

（再一生上台示范，其余同学尝试拨珠。）

生：先拨去个位的珠子，然后在十位上拨入一个下珠。

师：很好! 这就是满十进一。不管是算盘，还是以前的计数器，都有一个基本规则叫什么?

生：满十进一。

（板书：满十进一。）

师：满十进一是认识数的基本规则。刚才我们初步认识了算盘，知道了各部分名称和拨数规则了之后，你觉得算盘和计数器最大的不同是什么?

生 1：算盘是下面的珠子拨到 4 之后，到 5 就不能用下珠了。

生 2：算盘一个上珠表示 5。

师：对，这样的规则就叫作"以一当五"，这是算盘最独特的地方，我们把这个独特性搞清楚了，其他拨法和计数器差不多。

（板书：以一当五。）

师：在拨数之前，我们先来认一认拨好的几个数。会认了，我们就能更好地拨珠。请大家打开数学书，在数学书第 34 页的中间有五个算盘图，先自己认一认，写一写。

（教师出示板贴，如图 103，学生在课本上书写。）

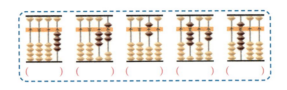

图 103

师：大家可以轻轻地读一读，然后对齐了数位写一写，老师邀请写得快的同学到前面来当小老师。

（指名五个学生上台分别书写。）

师：我们看看黑板上几位同学写得对不对。第一个数表示 4，对吗？

生：对。

师：在个位上拨了 4 个下珠，因为 1 个下珠表示 1，那 4 个下珠就表示 4。

师：谁能说出第二个数的组成？

生：由 3 个十和 7 个一组成的数是 37。

师：很好！第三个数出现了一个空档，我们刚才说空档上无珠，就表示什么？

生：无珠为 0。

师：因此这个数是多少呀？

生：60。

师：对！到第四个数了，谁能说说它的组成，并且把它读出来？

生：八百零二，由 8 个百和 2 个一组成。

师：中间空的这一档，我们在写的时候，要写什么？

生：写 0。

师：对，要写 0 占位。最后一个数空了几档？

生：两档。

师：空了两档，个位和十位都是 0，因此这个数读作什么？

生：九百。

师：接下去，我们用算盘来进行数数。先清盘，准备好了吗？

生：准备好了。

师：第一次拨珠数数，我们从 1 开始拨，数到 18 就停下来，注意手指的分工。开始——

（学生用算盘拨珠数数，教师巡视指导。）

师：拨到 18 就停下，你会拨了吗？

生：会。

师：第二次拨珠数数，从 85 数到 100，我请个小老师到前面带着大家拨珠。

（一生上台示范，其余同学尝试拨珠。）

师：先拨好 85，我们一个一个数。做好准备，开始——

（一生上台示范，其余同学尝试拨珠。）

师：拨到 89 时停顿一下，接下去怎么拨？

生：个位再拨的话，就满十进一，变成 90。

师：很好！继续——

师：拨到 99 时再停顿一下，接下去又该怎么拨？

生：个位满十进一，十位满十进一，百位拨上 1。

师：很好！刚才我们是一个一个数，接下去一十一十地数，从 280 数到 370。谁愿意上来当小老师？

（一生上台示范，其余同学尝试拨珠。）

师：280 往后数十个，290，再数十个，十位满十进一，就是多少？

生：300。

师：接下去，310、320……370。

师：接下来我们一百一百地数数，从 100 开始数到 1000。谁上来当小老师？

（一生上台示范，其余同学尝试拨珠。）

生：100、200、300……900、1000。

师：通过刚才的拨珠数数，哪个同学来谈谈，用算盘拨珠你感觉怎么样？要注意什么？

生 1：特别简单。

生 2：要注意一个上珠表示 5。

生 3：还要注意满十进一。

师：说得很有道理！会正确拨珠是一种能力，如果别人拨好的算珠，你能正确读出来或者写出来，也是一种重要的能力。

三、练习提高

师：接下来，请大家打开数学书，我们看第 34 页下面已经拨好的四个数，在下面对齐写一写，读一读。

（教师出示课件，如图 104。）

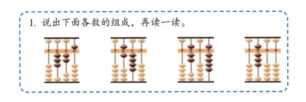

图 104

（学生自主完成。）

师：接下来，我请四组同学汇报。每组汇报的时候，一人说出它的组成，另一人读出这个数。

生1：第一个数由 3 个百、2 个十和 5 个一组成。

生2：这个数读作三百二十五。

师：很好！第二个数呢？

生1：这个数由 6 个百和 4 个十组成。

生2：读作六百四十。

师：不错！第三个数呢？

生1：这个数由 7 个百和 9 个一组成。

生2：读作七百零九。

师：也很好！最后一个数呢？

生1：最后一个数是由 8 个百组成的。

生2：读作八百。

师：大家合作得都很好！

师：接下来我们进行拨珠游戏活动。第一次是两人游戏，游戏规则：老师报一个数，同桌二人，一人拨出来，一人读出来。看谁拨得准，比谁读得准。

（同桌二人算盘清零，做好准备。）

师：第一个数是二百三十四。开始——

（同桌学生合作拨数并读数，互相评价。）

师：现在由同桌每人出一个数，另一人拨出来，比比谁又对又快。

（同桌学生互相出数并拨珠和读数。）

师：表扬游戏快速并正确的同学！接下来进行四人游戏。规则如下——首先一个人不拨珠，负责当小老师，出一个三位数，看其他三人谁拨得又快又准；然后再换一个同学出数，每人当一次小老师。

（教师提出游戏要求，如图105。）

比一比，看谁拨得又对又快。

图 105

（轮流由一生出数，三生拨珠，教师巡视指导。）

师：再次表扬游戏圆满完成的同学！最后我们做一个高级游戏，不拨算盘，但在脑子里想算盘。我们知道在算盘上，用一个珠子可以表示一位数，也可以表示两位数。请你在脑子里想一想，如果在算盘上用一个珠子表示一位数，你觉得有几种可能？

生：我觉得有两种可能，一个是1，一个是5。

师：正确。如果用一个珠子，表示两位数，请你在脑子里拨一拨，可能表示多少？

生：可能是50。

师：你能上来拨一下吗？

（一生上台演示，在十位上拨一个上珠。）

师：正确。只有50这一种可能吗？

生：还可能是10。

师：也请你上台拨一拨。

（一生上台演示，在十位上拨一个下珠。）

师：再来一个稍微高级的游戏。如果在算盘上用两个珠子，表示一位数，请你在脑子里拨，拨好了就举手。

生：一个是 2，一个是 6。

师：请你到讲台上拨出来。

（一生上台拨珠，个位上拨 2 个下珠，或者 1 个上珠和 1 个下珠。）

师：很好，掌声送给他。看来这也难不倒大家，想不想挑战一个更高级的游戏？

生：想！

师：用两个珠子，表示两位数，可能是多少？大家可以先在脑子里拨一拨，然后写下来，再用算盘拨珠验证一下。有了答案先在小组内交流一下。

（学生独立操作并书写，然后小组交流。）

生：可能是 60。

师：请大家在自己的算盘上拨珠验证一下。还可能是多少？

生：11。

师：大家实际拨一下，是不是用了两个珠子？

生：是。

师：还有什么可能？

生：51。

师：还有什么可能？

生：20。

师：还有其他可能吗？

生1：15。

生2：55。

师：还有没有？

生：没有了。

师：大家太厉害了！表扬所有爱动脑筋的同学！

四、总结延伸

师：同学们，通过今天的学习，你有哪些收获？

生 1：我们认识了算盘，知道算盘是中国古代人的创造。

生 2：可以用算盘表示数。

生 3：算盘拨珠时最特殊的是一个上珠可以"以一当五"。

师：今天才初步认识算盘，今后我们还会不断感受到算盘的重要作用呢！这节课就学习到这里，下课。

教 学 反 思

2025 年 3 月 18 日，"相约星期二"——我的数学家常课开放日。今天我执教了《认识万以内的数》单元中的"用算盘表示数"这节课。记得笔者小时候上学时，数学教材中是要求专门学习珠算的，有很长一段时间每天背着算盘上学放学。那时还是七珠算盘，大而笨重，携带不便，现在教材上和生活中基本上都是五珠算盘。本轮课程改革初期（2001 年—2011 年），珠算突然从课程标准中删除了，因此，课改的前十年，义务教育数学教材中不再出现算盘。2013 年 12 月 4 日，中国珠算被列入联合国教科文组织非物质文化遗产名录。从此，"最古老的计算机"——算盘再次焕发生命活力。

一、重视算盘的文化魅力

2011 版课标和 2022 版课标在"附录"的案例介绍中，都是把算盘作为第一个案例，只是案例标题有所微调，将"用算盘上的算珠表示三位数"调整为"用算盘表示多位数"。由此可见，课程标准对算盘的文化价值和教育价值十分重视。

我们也发现，2022 版课标在关于课程内容的理念部分，新增了一个要求，即"关注数学学科发展前沿与数学文化，继承和弘扬中华优秀传统文化",这也呼应了本轮课程标准修订的第一个主要变化——"强化了课程育人导向"。

教学中,我提前两周让学生准备算盘,课前查找关于算盘的相关资料,利用周末时间制作关于算盘的手抄报,互相交流算盘的有关历史知识,为本节课正式学习算盘做了充分的准备。这其实也是笔者一直倡导的无痕教育理念的实践策略之一——"让子弹多飞一会儿",提前准备,充分了解,慢慢感悟,深深理解,让学生在不知不觉中迈向数学本质。

课堂开始,我让学生猜谜语:"一座城,四面墙;一群珠宝里面藏。如用小手拨一拨,噼里啪啦连声响。(打一数学工具)"兴趣激发之后,让学生汇报课前了解的关于中国珠算的历史文化知识,然后播放一段视频——《中国珠算》,从更感性的视角,激发学生的民族自豪感和学习探究欲望。

二、重视算盘的结构特征

2022版课标在课程内容中的实例1——"用算盘表示多位数"中具体说明了算盘的结构与原理:"算盘起源于中国,以排列成串的算珠作为计算工具,成串算珠称为档,中间横梁把算珠分为上、下两部分,每个上珠代表5,每个下珠代表1。每串算珠从右至左依次代表十进位值制的个位、十位、百位、千位、万位数,可以任意选定某档为个位,不拨珠空档表示0。"

教学时,从如下三个步骤让学生了解算盘的结构特征。

首先,了解算盘的构造。先让学生了解算盘的框、梁和档,然后了解上珠和下珠,尤其是算珠的记数规则——一个下珠表示1,一个上珠表示5。根据经验,学生学习算盘计数最大的难点是上珠的特殊表达——"以一当五",因为学生已经习惯了十进制计数法,尤其是"满十进一"。

况且，算盘计数规则既有"满十进一"，还有"以一当五"。

其次，确定计数的单位。与计数器相比，一般的算盘有十几档甚至更多，可以表示更大的数。因此，在算盘上确定计数单位，是用算盘计数的前提。因为今后学习中还可以用算盘表示小数，所以并非所有算盘都是最右边一档定为个位。

然后，明确拨珠的要领。一方面，从算珠计数的结果看有三个要领，即拨珠靠梁，靠框无数，无珠为0；另一方面，拨珠的指法也有三个要领，即拨入下珠用拇指，拨去下珠用食指，拨入和拨去上珠用中指。

三、重视算盘的拨珠计数

2022版课标在"数与代数"领域的第一学段"数与运算"的内容要求第1条中就指出："在实际情境中感悟并理解万以内数的意义，理解数位的含义，知道用算盘可以表示多位数。"

2011版课标教材在二年级下册《认识万以内的数》单元中，首次编排算盘是在初步认识了三位数的组成、读法和写法之后，专门安排了一个例题（例4）进行认识算盘教学，然后以算盘为主要认数工具进一步认识四位数，并连续安排了4个例题进行算盘教学（例5是四位数的组成和读写，例6是万以内数的顺序，例7是中间有0的数的认识，例8是比较万以内数的大小）。

教学中，在认识了算盘的构造和原理之后，分四个层次帮助学生在具体拨珠中形成认数技能。

首先，明确算珠计数规则——"下珠表示1，上珠表示5"，然后在算盘上分别拨出1、2、3、4、5、6、7、8、9、10。这属于基本性拨珠练习，必须让学生通过拨珠和观察，建立基本的表象，从而和抽象的数形成对应性联结。

其次，用算盘进行数数。数数是认数的基础，在算盘上数数，可以帮助学生进一步熟悉算珠表达数的规则，感悟数的顺序，促进学生对数的组成的理解。

然后，看算盘图读写数。正确拨珠表示数是一项技能，而这项技能的形成一方面需要动手实际拨珠，通过动态表象形成动力定型；另一方面也需要"读图能力"，即看算珠图进行读写，在静态表象中内化数学模型。

最后，读数并拨珠表示。从抽象的数到直观的算珠，是儿童认知上的一次转化。如果说从直观算珠到抽象表达是一种"内化"过程，那从抽象表达再到直观算珠则是一种"外化"行为，在这种"互化"中逐步从数学技能发展为数学素养。

四、重视算盘的工具价值

作为中国优秀的文化遗产之一，中国珠算尽管有着独特的历史和文化价值，但是，随着时代的发展，生活中的复杂计算逐渐被计算器（机）代替，数学教学中的算盘主要是用来认数，用算盘计算也不再作为学习要求。

本节课是学生认识算盘的开始，一方面要让学生了解算盘的历史文化，学习用算盘表示三位数；另一方面也要让学生把算盘和计数器进行对照，感受不同计数工具的特点。进而，让学生今后学会选择合适的工具帮助计数。同时，二年级的数学课堂，还应该让学生感受到算盘活动的快乐有趣。

在初步认识算盘之后的巩固练习阶段，我设计了两轮五次趣味性拨珠游戏。

首先，进行小组拨数活动。同桌二人一组，一人拨珠一人读数；小组四人一组，每人轮流出数，进行拨珠比赛。

　　然后，开展灵活性拨珠活动。要求是先在头脑中进行拨珠，然后用算盘验证。首先提出："算盘上一个珠子，如果表示的是一位数，可能是多少？"（1和5）"如果表示的是两位数呢？"（10和50）然后提高要求："用2个珠子表示一位数，可能是多少？"（2和6）"如果表示的是两位数呢？"（20、60、11、55、15、51）

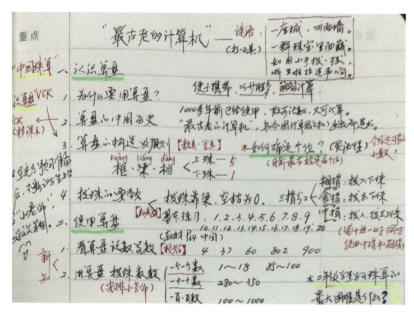

▲备课教案手稿

▲上课照片（2025 年 3 月 18 日）

5 繁星满天

教材简析

　　自二年级上册开始学习乘除法计算以来，乘法口诀成了提高乘除法计算能力的重要法宝。一段时间里，学生基本做到人人能背诵乘法口诀表；但是随着遗忘规律的作用，不少学生在后续的乘除法学习中经常会暂时性遗忘乘法口诀，导致计算能力下降。因此，二年级下册的数学学习中，需要对乘法口诀进行适度的复习，以不断增强学生的口诀记忆，从而促进运算能力和推理意识的提高。

　　另外，计算教学一直给人单调枯燥的印象，如何激发学生计算的兴趣和热情，值得我们每一个数学老师思考。2022版课标在"前言"中明确指出："合理设计小学一至二年级课程，注重活动化、游戏化、生活化的学习设计。"因此，笔者组织了一次数学游戏活动课——"繁星满天"，旨在以游戏的方式巩固表内乘除法，提高学生灵活运用乘法口诀计算的能力，发展思维能力。

该游戏由北京师范大学课程与教学研究院游戏化主题学习实验室开发，笔者选取了其中"'小思考家'思维拓展课程"系列游戏课程"分析与对策"（中级）中的第8讲——"繁星满天"。

本节游戏活动课的设计，主要体现如下几个特点：首先，在整理乘法口诀表得数的过程中，感受结构之美；其次，在游戏方法的介绍和理解中，感受规则之美；再次，在问题分析和决策中感受思考之美；最后，在合作挑战中感受探索之美。

教学内容

"'小思考家'思维拓展课程"——"分析与决策"第8讲。

教学目标

（1）使学生在复习与整理乘法口诀表的过程中，了解口诀得数的分布规律，并初步形成游戏的主要组成部分——游戏板。

（2）使学生在游戏中学会运用乘法口诀进行推算，进而合作用星星填满棋盘，提高乘法口诀运用的灵活性。

（3）使学生在合作性挑战中感受数学的结构之美、规则之美和思维之美，形成良好的合作精神。

教学过程

一、整理乘法口诀得数

首先，提出本课主要活动任务——"繁星满天"游戏，调动学生数学学习的积极性。

接着，组织学生一起整理乘法口诀表的得数。在整理过程中从如下四个方面进行梳理。

（1）平方数有 1、4、9、16、25、36、49、64、81。

（2）连续数有 1 至 9 以及 9 和 10、14 和 15、15 和 16、20 和 21、24 和 25、27 和 28、35 和 36、48 和 49、63 和 64 等。

（3）反序数有 18 和 81、27 和 72、36 和 63、45 和 54、12 和 21、24 和 42 等。

（4）相同得数有 4、6、8、9、12、16、18、24、36 等。

然后，师生共同整理出 36 个得数并写在正方形的格子里，形成游戏板的基本组成。

二、了解游戏基本规则

（一）视频介绍游戏规则

1. 游戏目标

双人合作轮流下棋，在 36 个得数上布满星星。

2. 游戏方法

（1）游戏开始时，用"石头剪刀布"的方式决定哪一方先落子。

（2）先手可以将两个滑块移到 1 至 9 的任意数字上，然后计算两个数的乘积，再将自己的棋子放到对应格子乘积上。

（3）后手只能在两个滑块中选择移动一个，重新计算两个数的乘积，再将自己的棋子放到对应格子乘积上。

（4）后续需要两人每次只移动一个滑块，然后计算乘积并放入自己的棋子。

（5）如果最后双方合作将游戏板上的格子都填满星星，则游戏挑战成功；如果游戏板上还有空缺的位置，并且某一方无法通过两数相乘落子，则游戏挑战失败。

1. 决定先手

邀请一名学生上台，和老师以"石头剪刀布"的方式决定谁先下棋。然后由先手把两个滑块移到相应位置，进而算出得数并将星星放到得数上。

2. 轮流下棋

再由后手移动其中一个滑块，计算得数后摆放星星。以此类推进行游戏。

三、试玩游戏发现诀窍

（一）同桌试玩游戏

同桌两名学生为一组，根据游戏规则，试着玩一玩游戏。在玩游戏的过程中，发现有什么问题以便稍后进行交流讨论。

（二）解决基本问题

1. 圈一圈

针对游戏中的关键步骤，让学生分别思考并圈出来：

要使得星星放在 10 上面，两个滑块应该在什么位置？

要使得星星放在 24 上面，两个滑块有几种放法？

2. 想一想

（1）如果星星落在 27 的位置上，接下来可以落到 18 的位置上吗？怎样移动滑块？

（2）如果星星落在 35 的位置上，接下来可以落到 18 的位置上吗？为什么？

（三）解决关键问题

1. 了解桥的作用

（1）以 12 为例，2 乘 6 得 12，3 乘 4 也得 12，因此 2、6、3、4 都

是 12 的"桥"。

（2）思考：游戏板上的得数最多有几个桥？最少呢？

（3）分别找出得数 15、36、49 的桥。

2. 找出得数的桥

（1）有 4 个桥的得数。（用红色彩笔圈出来。）

共有 6、8、12、18、24 这几个得数。

（2）有 3 个桥的得数。（用黄色彩笔圈出来。）

共有 4、9、16、36 这几个得数。

（3）有 1 个桥的得数。（用绿色彩笔圈出来。）

共有 1、25、49、64、81 这几个得数。

（4）有 2 个桥的得数。（用蓝色彩笔圈出来。）

游戏板上余下的就是有 2 个桥的得数。

3. 发现桥的规律

（1）有 4 个桥的得数，有什么特点？

学生观察发现，有 4 个桥的得数，属于口诀表中相同得数这一类中的数。

（2）有 3 个桥的得数，有什么特点？

学生观察发现，有 3 个桥的得数，不仅属于口诀表中相同得数这一类中的数，也在口诀表中的平方数里面。

（3）有 1 个桥的得数，有什么特点？

学生观察发现，有 1 个桥的得数，属于口诀表中平方数这一类中的数。

（4）你还有什么发现？哪些得数更容易落子？这些数大多在游戏板的哪个部分？不容易落子的得数呢？

学生观察发现，容易落子的得数大多在游戏板的上半部分，不容易落子的得数大多在游戏板的下半部分。

四、分析决策合作挑战

首先，提出游戏问题：怎样才能使得游戏挑战成功，也就是达到"繁星满天"？

接着，再次让同桌学生合作游戏，争取挑战成功。

然后，邀请挑战成功的学生介绍游戏经验，再请挑战失败的同学分析原因，教师进行指导和评价。

最后，总结游戏经验，表扬挑战成功的学生。

教学实录

一、整理乘法口诀得数

师：今天我们要上一节特别的数学课——游戏活动课。昨天中午的时候已经带大家熟悉了一遍游戏材料，谁来说说看，这叫作什么游戏？

生：繁星满天。

师：这个游戏的名称为什么叫繁星满天呢？

（板书：繁星满天。）

生：因为它里面装的棋子其实全是星星，而且点亮了一个数就像星星在闪烁一样。

师：说得非常好。星星会闪烁，如果繁星满天了，那是非常美妙的景观。所以我们游戏的目标就是通过两人的合作使得繁星满天，棋盘上不留空的地方。那么要做这个游戏，跟我们数学中的什么知识有关呢？

生：九九乘法口诀表。

师：对，跟乘法口诀表有关。所以今天要做繁星满天游戏之前，我们首先来整理乘法口诀表。乘法口诀表记得越熟练，做这个游戏就越容易成功。

（板书：整理乘法口诀表。）

师：我们一起来回顾一下，上学期专门学习过的乘法口诀表。有谁

336

知道乘法口诀表里面一共有多少句口诀？

生：45句。

师：对的，还记得上一次我们复习乘法口诀表的时候说过，45句乘法口诀跟我们班级的人数正好怎么样啊？

生：一样多。

师：巧了！这也是很有意思的一件事情，不过这45句不同乘法口诀的得数是45个不同的数吗？

生：不是的。

师：谁来说说看为什么不是呢？

生：比如说得数18，二九十八和三六十八都可以。

师：对呀，有些乘法口诀的得数可以用两句口诀来说，所以虽然说是45句口诀，但从得数来看，有谁知道有多少个不同的得数？

生：36个。

师：对的，得数一共有36个不同的数。接下来我们一起动笔整理出来。拿起笔，在发给大家的学习单上方格里填写。

（学生在学习单上方格内填写。）

师：我们从最简单的乘法口诀开始，一共有几种不同的口诀？

生：9种。

师：先在第一个格子里写1，然后依次填写得数2、3、4、5、6、7、8、9。

（教师在黑板上6×6的方格图中板书：1、2、3、4、5、6、7、8、9。）

师：像这样的数都有一个共同特征，可以叫作什么数呢？

生1：一位数。

生2：连续数。

师：对，既是一位数，也是连续数。

（板书：连续数。）

师：接下去的口诀得数应该是多少？

生：10。

（板书：10。）

师：按道理说 10 后面的连续数应该是多少？

生：11。

师：那 11 是不是乘法口诀的得数？

生：不是。

师：所以我们要跳掉它。好，继续写得数 12。13 也不是口诀得数；14 是的，15 是不是口诀得数？

生：是。

师：16 是不是呢？

生：是的。

（板书：12、14、15、16。）

师：14 和 15 是连续数，15 和 16 也是连续数。那 17 呢？

生：不是。

师：18 是的。19 和 20 呢？

生：19 不是，20 是的。

（板书：18、20。）

师：21 是的，又跟 20 连续了，22、23、24 呢？

生：24 是，22、23 不是。

（板书：21、24。）

师：接下去 25 是不是口诀得数？

生：五五二十五，是的。

师：25 是 24 的连续数。接下去呢？

生：26 不是，27 是的，28 也是，29 不是。

（板书：25、27、28。）

师：30 是的，三十几的还有哪几个得数？

生：32、35、36。

（板书：30、32、35、36。）

师：40 是的，四十几的还有哪几个得数？

生：42、45、48、49。

（板书：40、42、45、48、49。）

师：再接下去还有哪些得数呢？

生：54、56、63、64、72、81。

（板书：54、56、63、64、72、81。）

师：我们把 36 个得数全部找到了。刚才我们发现了一些连续数，从 1 到 9 都是连续的，除此之外，我们再看看还有哪些连续数？

生 1：9 和 10。

生 2：14、15、16 三个数连续。

生 3：20 和 21，24 和 25。

生 4：27 和 28，35 和 36。

生 5：48 和 49，63 和 64。

师：找得非常好！继续再看，得数里面还有一种数叫反序数。什么叫反序数呢？就是个位和十位的顺序正好调换了一下，谁能找出两个数是反序数的得数？

（板书：反序数。）

生：27 和 72。

师：对。还有吗？

（板书：27 和 72。）

生 1：18 和 81。

（板书：18 和 81。）

师：我们以前学几的乘法口诀时经常找到这种反序数？

生：9 的乘法口诀。

师：那么 9 的乘法口诀得数里还有几对反序数？

生 1：36 和 63。

生 2：45 和 54。

（板书：36 和 63，45 和 54。）

师：除此之外还有反序数吗？

生 1：24 和 42。

生 2：12 和 21。

（板书：24 和 42，12 和 21。）

师：还有一种数叫平方数，还记得我们背乘法口诀的时候，平方数是斜着背的。比如——得多少？

生：1。

师：二二得多少？

生：4。

师：1 乘 1 得 1，2 乘 2 是 4，1、4 就是平方数。3 乘 3 呢？

生：9。

（板书：1、4、9。）

师：还有哪些平方数？

生（齐声）：16、25、36、49、64、81。

（板书：16、25、36、49、64、81。）

师：这些数叫作平方数。还有一种比较难找的数，叫作什么呢？叫作相同得数。

（板书：相同得数。）

师：就像刚才有同学举例说的三六十八和二九十八，18 就是这两句口诀的相同得数。看谁还能找到一些相同得数？

（板书：18。）

生 1：36。

生 2：四九三十六和六六三十六。

生 3：24。

生 4：四六二十四和三八二十四。

生 5：12。

生 6：二六十二和三四十二。

（板书：36、24、12。）

师：还有哪些呢？

生 1：6。一六得六和二三得六。

生 2：8。一八得八和二四得八。

生 3：4。一四得四和二二得四。

生 4：9。三三得九和一九得九。

生 5：16。四四十六和二八十六。

（教师逐步整理成板书，如图 106。）

图 106

二、了解游戏基本规则

师：知道了这些秘密，就能帮助我们更好地完成游戏。我们先来了解一下游戏规则，请看视频介绍。

（教师播放繁星满天游戏规则视频。）

师：根据刚才的介绍，我们知道这个游戏的材料主要由哪两部分组成？

生：有两个部分，一个是棋盘，另一个是棋子。

师：对！所谓棋盘，也叫作游戏板；所谓棋子，就是两种颜色的星星，蓝色和黄色星星各有 18 个。

（板书：游戏板、棋盘、星星。）

师：游戏板的上半部分，也就是棋盘，其实是一个正方形，平均分成 36 格，每个格子里面的数其实就是什么？

生：乘法口诀的乘积。

（板书：乘积。）

师：游戏板的下半部分，有 1 到 9 的数和两个滑块。两个滑块分别对着的其实就是什么？

（教师板书并演示移动滑块的过程。）

生：就是两个乘数。

（教师板书并展示游戏板，如图 107。）

图 107

师：在同学们正式玩游戏之前，徐老师先邀请一个同学到前面来示范游戏。

（指名一个学生上台演示游戏活动。）

师：我们先用"石头剪刀布"来决定谁先移动滑块。

（教师和一生进行"石头剪刀布"演示。）

师：你赢了。你先选择一种颜色的星星，并且这两个滑块随你怎么移动摆放。

（学生将滑块分别移动摆放在"3"和"9"上。）

师：两个滑块对着的数相乘得多少？她应该将星星放到哪里？

生：27。

（学生放置黄色星星在 27 上。）

师：下面轮到我了。我能不能移动两个滑块？

生：不能。

师：对！除了第一次可以移动两个滑块，后面每人都只能移动一个滑块。我把其中对着 3 的滑块移到 5 上面。大家说乘法口诀——

（教师将滑块从 3 移动到 5。）

生：五九四十五。

师：对！那我将蓝色星星放到 45 的上面，又轮到你来了。

（教师放置蓝色星星到 45 上。）

（学生将滑块从 9 移动到 8。）

生：五八四十。

（学生放置黄色星星到 40 上。）

师：继续游戏，我将对着 5 的滑块也移到 8 上面，可以吗？

（教师将滑块从 5 移动到 8。）

生：可以。

师：那我就应该把星星放到哪儿去？

生：64。

（教师放置蓝色星星到64上。）

师：好，游戏示范就到这里，谢谢你。

三、试玩游戏发现诀窍

师：接下来，同桌两人试着玩一次。

（同桌两人试玩游戏。）

师：好，试玩结束。试玩当中老师注意观察了一下，有的同学玩得快，有的同学玩得慢，没关系，等熟练了，你会玩得越来越好。

师：针对试玩游戏中遇到的几个问题，我们一起来动手做做看。假如我要把星星放到10上面，那滑块应该在哪两个数上面，请你拿笔圈一圈。

（教师出示课件，如图108，学生在学习单上圈一圈。）

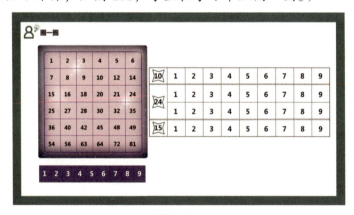

图 108

生：要圈2和5。

师：对！如果我要放到24上，你有几种圈法？

生1：可以圈4和6。

生 2：也可以圈 3 和 8。

师：对，因为四六二十四，三八也是二十四。如果要放到 15 上呢？

生：3 和 5。

师：对。现在请大家思考，如果星星落在 27 的位置上，能不能下一步落到 18 去？

（出示课件，如图 109。）

图 109

师：现在星星在 27，对应的两个滑块就应该在哪里？

生：3 和 9。

师：下一步，我怎么能够落子到 18 上呢？

生：二九十八。

师：也就是把滑块从 3 移到几？

生：2。

师：对！还有其他方法吗？

生：三六十八。

师：也对！那就将把滑块从 9 移到几？

生：移到 6。

师：继续思考，如果星星已经落在 35 的位置上，下一步能不能落子到 18？为什么？

生：不能，因为现在滑块在 5 和 7 上，不管怎么移动一个滑块，都算不出得数 18。

师：这是我们要注意的。不是你随意想一个得数就一定能落子，需要提前想好并灵活移动滑块。

师：要做到繁星满天，不仅需要同学们会背乘法口诀，还需要大家掌握技巧，灵活思考，特别是能够快速找到"桥"。什么是桥呢？举个例子，比如要把星星放到 12 上，那么 12 可能是三四十二，还可能是哪句口诀？

（出示课件，如图 110。）

图 110

生：二六十二。

师：对！我们就说 3 和 4、2 和 6 是 12 的桥。只要其中一个滑块在桥上，你再移动另外一个滑块，就一定能到达 12。

（板书：12 的桥有 3、4、2、6。）

师：这就像过桥一样，你要从这边到那边去，如果没有桥，你能到吗？

生：不能。

师：请大家在学习单上来找一找桥。12 既可以 3 乘 4 得到，还可以几乘几得到，填在方框里。

（教师出示课件，如图 111，学生在学习单上填写。）

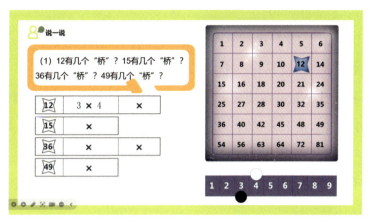

图 111

师：15 的桥有哪两个？

生：3 和 5。

师：这就叫 2 个桥的数，像 15 就是有 2 个桥的数。

（板书：2 个桥，15。）

师：下一个数 36，谁找到了它有哪几个桥呢？

生 1：六六三十六。

生 2：四九三十六。

师：那就是 6、4、9 三个不同的乘数，36 就属于有几个桥的数？

生：3 个桥。

（板书：3 个桥，36。）

师：像刚才 12 是有几个桥的数？

生：4 个桥。

（板书：4 个桥，12。）

师：那么，49 是几个桥的数呢？

生：1 个桥。

师：49 为什么只有 1 个桥？

（板书：1 个桥，49。）

生：因为七七四十九，乘数 7 和 7 相同，只有一个数。

师：对，那 49 就只有一个桥，那就是 7。

师：我们已经知道游戏板上的这些得数，有的只有 1 个桥，有的有 2 个、3 个或者 4 个桥。接下来我们分别用涂色的方法，把它们找出来，并圈一圈。

（教师在黑板上圈，学生在学习单上圈。）

师：有四个桥的得数，除了刚才找到的 12，还有哪几个数呢？

生 1：还有 24。

生 2：三八二十四，四六二十四。

师：不错！还有呢？

生 1：18，因为三六十八，二九十八。

生 2：还有 6，因为二三得六，一六得六。

生 3：还有 8，因为二四得八，一八得八。

（教师出示课件，如图 112，学生在学习单上用彩笔圈数。）

图 112

（板书：有 4 个桥的数是 12、18、24、6、8。）

师：我们一起把有 4 个桥的数用红笔圈出来。然后继续找有 3 个桥的数。可以同桌一起找，确认后用黄色笔圈起来，然后汇报。

生 1：我们找到了 4，三个桥是 1、2、4。

生 2：我们找到了 9，三个桥是 1、3、9。

生 3：我们找到了 16，三个桥是 2、4、8。

生 4：我们找到了 36，三个桥是 4、6、9。

（板书：有 3 个桥的数是 4、9、16、36。）

师：我们把有 3 个桥的数用黄色笔圈起来。接下来一起找只有 1 个桥的数，并用绿色笔圈起来。

（学生在学习单上圈出只有 1 个桥的数。）

师：谁来汇报一下 1 个桥的数有哪些？

生：1、25、49、64、81。

师：表扬全部找对的同学！剩下的都是 2 个桥的数了，比较多，下课后可以用蓝色笔圈出来。

师：同学们真厉害！分别圈出了有 4 个桥、3 个桥和 1 个桥的数。我们仔细观察一下，有 4 个桥的这些数，与上课一开始整理发现的得数相比，是属于哪一类数啊？

生：6、8、12、18、24 这几个数，属于具有相同得数的这一类。

师：找得对！再看有 3 个桥的数又是属于哪一类？

生 1：4、9、16、36 这几个数，也在相同得数里面。

生 2：不仅在相同得数里面，这四个数还在平方数里面。

师：是呀！平方数里面还有 1、25、49、64、81 这几个数，你又发现什么？

生：余下的这几个平方数，恰好是只有 1 个桥的数。

师：数学就是这么奇妙！寻找繁星满天游戏数的桥，和一开始整理乘法口诀的得数规律之间有着内在的联系。

师：根据大家刚才圈数的结果，你有没有发现桥多的数是在游戏板的上半部还是下半部？

生1：我发现桥多的得数大多数在上半部。

生2：我发现游戏板下半部，大多数是只有1个桥或2个桥的。

师：由此，我们在填满星星的时候，应该先填哪个部分的数呢？

（出示课件，如图113。）

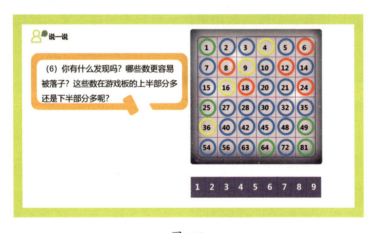

图 113

生：应该尽量先填满下半部分。

四、分析决策合作挑战

师：经过刚才的试玩游戏，我们发现游戏中的一些问题和规律；通过刚才寻找桥的过程，又知道了游戏的一些奥秘。过会我们再次进行游戏的时候，你有哪些经验要和同学们分享？

生1：我们不能不动脑筋，随意移动滑块。

生2：我们观察两个滑块时，尽量通过移动滑块，可以算出游戏板下半部分，也就是得数比较大的数。

生 3：我发现桥多的数容易填满。

生 4：我发现桥少的数不容易填满。

师：那么在游戏的时候，当你遇到桥多的数时，心里着急吗？

生：不着急。

师：遇到桥少的数呢？

生：太着急了。

师：大家说得很有道理！所以我们在做游戏的时候，如果桥少的数好不容易被你遇到了，你就赶紧把它填上。

师：最后我们进行正式游戏，看哪一组能够挑战成功。

（同桌学生进行游戏，教师巡视指导，并表扬挑战成功的同学。如图 114 和图 115。）

图 114   图 115

教学反思

2025 年 3 月 25 日，"相约星期二"——我的数学家常课开放日。今天我执教了一节数学游戏课——"繁星满天"。该课程资源来自"'小思考家'思维拓展课程"之"分析与决策"（二年级），教学的主要目的是帮助学生巩固表内乘除法计算，并在游戏中学会分析与决策，发展学生的运算能力和推理意识，培养学生思维的灵活性和合作精神。

2022 版课标在"前言"中明确指出："合理设计小学一至二年级课程，注重活动化、游戏化、生活化的学习设计。"一直以来，数学学科给人留下的总是严谨、单调、枯燥、乏味的形式化和抽象化印象，数学学习中如果能够多一些丰富有趣的游戏，一定会给我们的数学课堂注入生机和活力。正如中国著名儿童教育家陈鹤琴先生所说，对于孩子来说"游戏就是工作，工作就是游戏"。

一、充分感知乘法口诀得数

2022 版课标在第一学段"数与代数"领域课程内容中提出了"能熟练口算 20 以内数的加减法和表内乘除法"的学业要求。本学期已经学习了有余数的除法，今后还要进一步学习多位数乘除法计算。乘法口诀的熟练应用，是运算能力形成的重要基石。

课始，在老师的带领之下，师生共同围绕乘法口诀表中的得数展开复习和梳理，进而形成"繁星满天"游戏所需要的游戏板。首先提问：乘法口诀表中一共有多少句口诀？（45句）一共多少个不同的得数？（36个）接着在6×6的方格内，按顺序书写得数，并口述乘法口诀。在此基础上，进一步帮助学生从如下四个方面进行观察整理。

（1）连续数。除了1至9都是连续数外，还有两个连续自然数，9和10、14和15、15和16、20和21、24和25、27和28、35和36、48和49、63和64；甚至还有三个连续自然数，8、9和10，14、15和16。

（2）反序数。除了9的乘法口诀中的18和81、27和72、36和63、45和54之外，还有12和21、24和42。

（3）平方数。1、4、9、16、25、36、49、64、81。

（4）相同得数。4、6、8、9、12、16、18、24、36。

二、动态介绍游戏基本规则

"繁星满天"游戏材料由一张游戏板、两个滑块和36颗星星棋子组成。游戏板上方是由6×6的格子组成，格子内按序排列乘法口诀的所有得数（乘积）；游戏板下方有两个可以移动的滑块和1至9的数字；棋子包含18颗蓝色星星棋子和18颗黄色星星棋子。

游戏目标：双人合作下棋，将游戏板中填满星星。

游戏方法：

（1）游戏开始时用"石头剪刀布"的方式决定哪一方先落子。

（2）先手可以将两个滑块移到1至9的任意数字上，可以是相同数字，也可以是不同数字，然后计算两个数的乘积，再将自己的棋子放在对应乘积上。

（3）后手只能在两个滑块中选择移动一个滑块，将滑块放到别的数字上，重新计算两个数的乘积，再将自己的棋子放在对应乘积上。

（4）后续需要两人每次只移动一个滑块，然后计算乘积并放入自己的棋子。

（5）如果最后双方合作将游戏板上的格子都填满星星，则游戏挑战成功；如果游戏板上还有空缺位置，并且某一方无法通过两数乘积落子，则游戏挑战失败。

三、初次试玩暴露思维困惑

"繁星满天"是一款合作性游戏，其数学元素主要是正确计算表内乘除法，其思维含量主要体现在分析与决策。不过，初次玩这个游戏看上去并不难，但要挑战成功，也就是要达到"繁星满天"，则需要一些策略和智慧。因此，游戏规则介绍之后，所有学生都已经跃跃欲试了，索性就让学生先试玩一把。

首先，老师和同学们试玩。指名一个学生代表上台，和老师一起示范游戏的基本方法和步骤。

接着，同桌同学合作试玩。让每个学生两人一组，初步试玩游戏。

然后，分享游戏体会问题。初步试玩之后，让学生提出一些问题。有学生提出："我们从得数小的开始，越往后越不大好放棋子。"还有学生提出："移动滑块时，要把某些特殊的得数先放上棋子。"也有同学提出："移动滑块之前要进行一些计算，这样才能保证后面的落子。"

四、分析问题积累游戏经验

作为一款益智游戏，"繁星满天"既能帮助学生进一步提高乘除法运算能力，还能够在运算和游戏中学会分析与决策，从而培养数学思维，发展核心素养。面对试玩游戏之后的关键问题，即"怎样移动滑块容易挑战成功？"再次回到游戏板上的乘法口诀得数，联系课始的得数特征，让学生进行观察与分析。

首先，介绍游戏的关键"桥"。例如，两个滑块分别在"3"和"4"上，那星星就放在"12"上，我们就把3和4叫作12的"桥"，12的桥还有2和6。

其次，寻找典型得数的"桥"。让学生试着找出得数15、36、49的"桥"，明白有的数只有1个"桥"，有的有2个、3个、4个"桥"，进而用四种颜色的彩笔分别在学习单上的方格内圈出来。

然后，发现"桥"的个数规律。有4个"桥"的数是6、8、12、18、24；有3个"桥"的数是4、9、16、36；只有1个"桥"的数是1、25、49、64、81；其余都是有2个"桥"的数。

更为重要的是，寻找"桥"的过程与课始整理乘法口诀得数的结果进行呼应。比如，有4个"桥"和3个"桥"的数，恰好就是乘法口诀中得数相同的数（一共9个）；有3个"桥"和1个"桥"的数，恰好就是平方数（一共也是9个）。

通过分析和思考，产生游戏成功的策略性问题——哪些数容易被落子？首先落子在游戏板哪个部分？然后引导学生感悟"桥多的数不要着急""桥少的数不要错过""先尽量填满游戏板下半部"等策略。在试玩和交流之后，学生再次进行游戏，此时不再是无序和随意的落子，而是在游戏中主动思考，整体观察，判断预测，冷静分析，调整策略，有序合作，达成目标。

2022版课标在课程"总目标"中指出，让学生能"对数学具有好奇心和求知欲，了解数学的价值，欣赏数学美，提高学习数学的兴趣，建立学好数学的信心，养成良好的学习习惯，形成质疑问难、自我反思和勇于探索的科学精神"。本节课尝试用游戏的方式学习数学，让学生感受数学之美。如果说整理口诀是感受结构之美，介绍游戏方法是感受规则之美，试玩体验是感受合作之美，分析问题是感受思考之美，整个游戏活动则是感受数学探索之美妙。

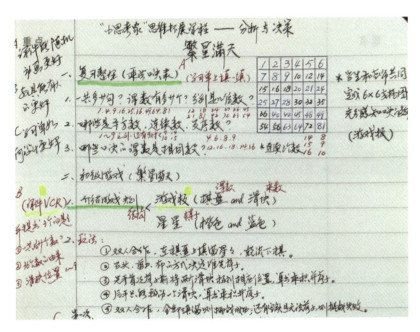

▲备课教案手稿

▲上课照片（2025 年 3 月 25 日）

6 两位数加、减两位数（口算）

教材简析

  2022版课标在"数与代数"领域第一学段的学业要求中指出："能口算简单的百以内数的加减法；能计算两位数和三位数的加减法。"同时在教学提示中指出："数的运算应让学生感知数的加减运算要在相同数位上进行，体会简单的推理过程。""在教学活动中，始终关注学生运算能力和推理意识的形成和发展。"

  与2011版课标教材相比，2022版课标教材将更加注重学生口算能力的培养。具体表现在两个方面：一方面，延后编排加减法笔算教学，整个一年级只教学口算内容；另一方面，两位数加减两位数的计算，先编排口算，再学习笔算。

  本课的教学设计，依托学生两位数加减两位数的笔算经验进行教学，因此在教学流程的设计上，着力体现数感的培养，同时也要预防

"笔算式口算"干扰。所谓"笔算式口算",是指口算时从低位算起,依照笔算的运算顺序和方法进行思考,看上去是口算,实质是头脑中用笔算进行的心算。而真正的两位数加减两位数口算,则是要从高位算起,先估算得数是几十多,再结合是否进位或退位,最终口算出得数。本节课依据2011版课标教材的例题(三位同学跳绳的实际问题),对比教学两位数加两位数的不进位和进位加法口算;然后从两位数加两位数的口算出发,让学生直接生发出两位数减两位数的不退位和退位减法口算,进而帮助学生在对比中整体建构口算方法。

教学内容

2011 版课标教材（苏教版）二年级下册第 59 ～ 62 页，2022 版课标教材二年级下册第 66 ～ 69 页。

教学目标

（1）使学生理解两位数加减两位数的口算算理，掌握两位数加减两位数的口算方法，并能正确进行口算。

（2）使学生在探索两位数加减两位数口算的算理和算法过程中，初步发展数感和推理意识，促进运算能力的形成。

（3）使学生在两位数加减两位数的口算学习中，发展运算思维，感悟数学规律，体验数学的应用价值。

教学过程

一、激活旧知，引入课题

首先，复习有关 100 以内的口算和笔算。

口算题有 40+20、40−20、45+3、45−3、45+8、45−8、45+20、45−20。

笔算题有 45+23、45+28、45-23、45-28。

接着，分别观察对比，归纳出口算和笔算的题目类型及方法。

口算类型有整十数加、减整十数，两位数加、减一位数，两位数加、减整十数。

笔算类型有两位数加两位数（不进位和进位），两位数减两位数（不退位和退位）。

然后，在复习的基础上，引入本节课的课题——两位数加、减两位数（口算）。

二、主动思考，探索新知

（一）口算两位数加两位数

1. 创设情境并列出算式

首先，联系学生生活实际，在跳绳情境中呈现相关信息：小华跳了45下，小红比小华多跳23下，小军比小华多跳28下。

然后，让学生提出相关数学问题，并列出两道加法算式：45+23 和45+28。

2. 不进位加法

首先，让学生自主思考 45+23 的口算方法。

接着，指名学生分别介绍口算的思考过程，教师对应板书。

然后，比较几种思考方法的异同。

预设 1：40+20=60，5+3=8，60+8=68。

预设 2：45+20=65，65+3=68。

预设 3：45+3=48，48+20=68。

3. 进位加法

提出：如何把 45+28 转化为旧知进行口算？

然后让学生自主探索与交流汇报。

预设1：5+8=13，40+20=60，60+13=73。

预设2：45+20=65，65+8=73。

预设3：28+40=68，68+5=73。

（二）口算两位数减两位数

1. 观察推想中列出算式

在对比小结两位数加两位数的口算基础上，让学生由此推想出两位数减两位数的算式：45−23，45−28。

2. 不退位减法

分组让学生讨论与交流，并按组上台展示汇报。

预设1：40−20=20，5−3=2，20+2=22。

预设2：45−20=25，25−3−22。

预设3：45−3=42，42−20=22。

3. 退位减法

预设1：15−8=7，30−20=10，10+7=17。

预设2：45−20=25，25−8=17。

预设3：45−8=37，37−20=17。

（三）观察对比

分别对比两位数加两位数的进位和不进位、两位数减两位数的退位和不退位，由此形成两位数加减两位数的口算方法。

三、练习提高，内化新知

（一）巩固性练习

1. 对比计算（课本第60页"想想做做"第1、2题）

第1题口算后比较三组题之间的关系，第2题侧重不进位和进位的方法对比。

2. 题组计算（课本第 62 页"想想做做"第 1、2 题）

发挥同桌和小组学习的功能，在对比中形成技能。

（二）应用性练习

1. 加法问题（课本第 60 页"想想做做"第 5 题）

呈现生活中常见的购物场景，出示有关玩具价格的信息：飞机玩具 37 元，汽车玩具 42 元，轮船玩具 29 元。

让学生结合情境信息讲述数学故事，提出加法问题，然后独立列式口算，并汇报交流。

（预设：37+42，37+29，42+29 等。）

2. 减法问题

在上题购物情境的基础上，继续让学生讲述数学故事，提出减法问题并计算和反馈。

（预设：42−37，37−29，42−29 等。）

（三）拓展性练习

组织同桌学生进行出题比赛。先出两位数加两位数的口算，要有不进位加和进位加；然后出两位数减两位数的口算，要有不退位减和退位减。

四、回顾总结，交流收获

结合板书，回顾本节课的学习内容，总结两位数加减两位数的口算方法，并延伸至后续知识学习。

教 学 实 录

一、激活旧知，引入课题

师：前一段时间我们学习了认数，谁来说说看我们已经认识到什么范围的数？

生：我们认识到 100 以内的数。

师：是的，100 以内的加法和减法计算，大家还记得吗？

生：上学期学过 100 以内的加减法口算和笔算。

师：那我们首先来复习一下简单的口算和笔算。

（教师板书如下口算和笔算题。）

40+20=   40−20=

45+3=   45−3=

45+8=   45−8=

45+20=   45−20=

```
    4 5        4 5        4 5        4 5
  + 2 3      + 2 8      − 2 3      − 2 8
  ───────    ───────    ───────    ───────
```

师：老师邀请四位同学到黑板上分别进行笔算，其余同学一起进行口算。

（四位同学上黑板笔算，教师板书：口算，笔算。）

师：不管是口算和笔算，首先我们要观察题目，看看它属于什么类型，应该用什么方法来计算。

生1：40+20=60。

生2：40−20=20。

生3：45+3=48。

生4：45−3=42。

生5：45+8=53。

生6：45−8=37。

生7：45+20=65。

生8：45−20=25。

师：大家算得非常棒！我们分别来观察一下，这些口算属于什么类型。横着看，最上面这两题有什么特点？

生：都是整十数的加减。

师：是的，整十数的加法和减法比较简单。大家看，4个十加2个十就是6个十，得60;4个十减2个十就是2个十，得20。

师：中间的这两道口算（45+3和45+8）属于什么样的加法？

生：两位数加一位数。

师：对，这两题都是两位数加一位数，但是它们有什么不一样？

生：上面一题不进位，下面一题要进位。

师：说得对。右边两题减法呢？

生1：45−3和45−8都属于两位数减一位数。

生2：45−3不退位，45−8要退位。

师：最下面两题属于什么类型？

生：两位数加、减整十数。

师：判断准确！我们再来看看四道笔算题，它们分别属于什么样的加减法？

生：都是属于两位数加、减两位数。

师：是的，这四题都属于两位数加、减两位数。这样的计算比上面的口算题要稍微怎么样？

生：复杂一点。

师：让我们一起来检查一遍。

（教师带着学生逐题检查，结合板书"满十进一""退一作十"。）

二、主动思考，探索新知

师：看来同学们以前的知识学得不错。今天我们在以前口算和笔算的基础上，将进一步提高要求，专门用口算的方法计算两位数加、减两位数，大家愿意挑战吗？

［板书：两位数加、减两位数（口算）。］

生（齐声）：愿意！

师：在我们日常生活当中，经常需要口算解决问题。请看图，你从中发现了怎样的数学信息？

（出示课件，如图116。）

图 116

生：小华跳绳，跳了 45 下。

师：还告诉了我们什么？

生：小红比小华多跳 23 下。

师：还有什么样的已知信息？

生：小军比小华多跳 28 下。

师：根据这三个已知的信息，我们可以提出一些数学问题，谁先来提一个？

生：小军跳了多少下？

（板书：小军跳了多少下？）

师：不错。谁再来提一个问题？

生：小红跳了多少下？

（板书：小红跳了多少下？）

师：非常好！还有不一样的问题吗？

生：小军比小红多跳几下？

师：不错，还有不同想法吗？

生：他们一共跳了多少下？

师：同学们提的问题都有道理，我们首先选两个典型的问题来解决。怎样求小红跳了多少下？

生：45+23。

师：不错。谁能列式求出小军跳了多少下？

生：45+28。

（板书：45+23，45+28。）

师：这两道计算题，都是属于什么类型？

生：两位数加两位数。

师：两位数加两位数的计算，以前我们是用什么方法算出结果的呢？

生：用竖式计算。

师：像这样的计算，今天我们试试不用竖式笔算，也就是用口算的方法，看大家能否想出得数。同桌同学先互相说一说怎样口算出结果，然后我再请同学介绍口算方法。

（同桌之间相互交流算法。）

师：谁先来介绍一下怎样口算 45+23？

生：我是先想 40 加 20 等于 60，然后算 5 加 3 等于 8，再把 60 和 8 合起来就是 68。

师：表达非常清楚，结果正确！还有其他方法吗？

（板书：①想：40+20=60，5+3=8，60+8=68。）

生：我先想 5 加 3 等于 8，再想 40 加 20 等于 60，最后 60 加 8 等于 68。

师：不错，这也是分三步想出结果。有没有谁能两步就能想出来的？

生：我是先想 45 加 20 等于 65，再算 65 加 3 等于 68。

师：非常好，老师也记录下来。

（板书：②想：45+20=65，65+3=68。）

师：掌声送给他！只用了两步就口算出结果，还可以怎样想呢？

生：先算 45 加 3 等于 48，再算 48 加 20 等于 68。

师：也很好，我们将他的思考过程记录下来。

（板书：③想：45+3=48，48+20=68。）

师：同学们很聪明，想出了三种方法！我们仔细观察一下，这三种方法背后的道理是什么。第一种想法，其实采用的是什么方法？

生：十位跟十位加，个位跟个位加，再把它们合起来。

师：对！先把十位和个位上的数分别相加，再把结果合并起来。第二种方法呢？

生：先用第一个加数和第二个加数的整十数加起来，再加上第二个加数个位上的数。

师：两位数加整十数的口算我们学过，两位数加一位数的口算也学过，这样就把新的知识转化为已经学过的旧知。第三种方法呢？

生：先算第一个加数加第二个加数个位上的数，再加第二个加数十位上的数。

师：是啊！也是把新知转化为旧知。那第二题45+28，大家也能把新知转化为旧知进行口算吗？

生：我是先想5加8等于13，再算40加20等于60，最后算13加60等于73。

师：掌声送给他！同学们有没有发现这种方法和前面一题的几号方法类似？

（板书：①想：5+8=13，40+20=60，60+13=73。）

生：和①号方法类似。

师：也是个位和个位加，十位和十位加，然后再合起来，用了三步。那这道题分成两步怎样想呢？

生：45加20等于65，65加8等于73。

师：不错，我记录下来。

（板书：②想：45+20=65，65+8=73。）

师：用两步口算，还可以怎样想？

生：28加40等于68，68加5等于73。

（板书：③想：28+40=68，68+5=73。）

师：同学们真厉害！不需要老师讲方法，自己根据以前的学习经验就解决了新问题。刚才计算的这两题，有什么相同和不同的地方呢？

生1：相同的地方是第一个加数都是45。

生 2：不同的地方是，第一题不进位，第二题要进位。

师：同学们对两位数加两位数的口算学得不错，以此类推两位数减两位数，会遇到什么样的情况呢？同桌两人先讨论一下。

（同桌两位同学讨论交流。）

生 1：两位数减两位数，有不退位和退位两种情况。

生 2：像 45-23 就是不退位的减法，因为个位上 5 减 3 够减。

生 3：像 45-28 就是退位减法，因为个位上 5 减 8 不够减。

（板书：45-23，45-28。）

师：同学们想得很全面！这两题分别该怎样口算呢？请每个同学先独立思考和计算，然后在四人小组内互相交流，讲述自己的口算方法。

（学生独立思考并小组交流。）

师：我们邀请一个小组来汇报介绍一下你们的想法。先看不退位减法 45-23。

生 1：我先算十位上的 4 减 2 等于 2，再算个位上的 5 减 3 等于 2，得数就是 22。

生 2：这其实就是先算 40-20=20，再算 5-3=2，然后算 20+2=22。

生 3：这题还可以先算 45-20=25，再算 25-3=22。

生 4：这题也可以先算 45-3=42，再算 42-20=22。

（教师分别板书：①想：40-20=20，5-3=2，20+2=22。

②想：45-20=25，25-3=22。

③想：45-3=42，42-20=22。）

师：表扬这一组同学，合作汇报非常精彩！

师：刚才的这道题，不管是哪一种想法，其实都没有退位，因此四十几减去二十几，得数是几十多？

生：得数是二十多。

师：刚才这三种算法，还有什么特点？

生1：第一种方法，用了三步才口算出得数。

生2：第二种和第三种方法，只用了两步就算出得数。

生3：第二种方法，其实是先算两位数减整十数，再用两位数减一位数。

生4：第三种方法，是先算两位数减一位数，再算两位数减整十数。

师：大家的思考都很有道理！第二道减法题，哪个组上台汇报？

（小组同学上台，分别介绍算法。）

生1：个位上5减8不够减，我先算15减8等于7，再算30减20等于10，然后把10和7合起来，得数是17。

生2：我先算45减20等于25，再算25减8等于17。

生3：我先算45减8等于37，再算37减20等于17。

师：是啊！这一题的个位上5减8不够减，因此口算时就会遇到退位的问题。计算退位减法时，要注意什么？

生：退位后，十位上要减少1，口算时不要忘记。

师：提醒得很好！

（板书：①想：15-8=7，30-20=10，10+7=17。

②想：45-20=25，25-8=17。

③想：45-8=37，37-20=17。）

师：同学们真厉害！没有要老师讲，一口气学会了4道比较复杂的口算题。我们再来回顾并观察一下，这4道口算题有什么特点？

生：这4道题都是两位数加、减两位数。

师：口算两位数加、减两位数时，和笔算两位数加、减两位数，有什么相同和不同的地方？

生1：相同的地方都是要相同数位上的数才可以相加减。

生2：不同的是，笔算时从个位算起，口算时从十位算起。

师：是啊！不管是口算还是笔算加减法，都要注意相同数位的数才可以直接相加减。

师：那么，为什么在口算两位数加减两位数时，通常要从十位想起呢？

生：口算时从十位算起更快。

师：说得有道理！口算时，通常从高位想起，比如四十几加二十几，要么得数是六十几，要么就是七十几。那怎么知道得数是六十几还是七十几呢？

生：这就要看个位了，个位上不进位就是六十几，进位了就是七十几。

师：说得真好！我们再看减法口算，可以怎样思考和判断？

生1：比如，不退位时，四十几减二十几得数就是二十几。

生2：退位时，四十几减二十几得数是十几。

师：你觉得黑板上的这四道口算题，哪几题比较简单，哪几题比较难？

生：不进位和不退位的口算简单，进位和退位的口算比较难。

师：是啊！尤其遇到进位和退位的口算时，不要着急写得数的十位，要看清是否需要满十进一或者退一作十。

三、练习提高，内化新知

师：接下来我们一起检测一下自己掌握的情况。请你翻到数学书第60页，看第一题，一组一组地做，算完的小朋友想一想每组三道题之间有什么关系。

（出示课件，如图117。）

32 + 50 =	26 + 40 =	14 + 50 =
82 + 7 =	66 + 9 =	64 + 6 =
32 + 57 =	26 + 49 =	14 + 56 =

图 117

生 1：32+50=82，82+7=89，32+57=89。

生 2：26+40=66，66+9=75，26+49=75。

生 3：14+50=64，64+6=70，14+56=70。

师：不错，这三组题都做对的同学举手。那大家发现这三道题之间有关系吗？

生 1：每组下面两道题的得数都相同。

生 2：每组上面两题第二个加数合并起来就是第三道题的第二个加数。

生 3：每组第一题的第一个加数就是第三题的第一个加数。

生 4：每组上面两题合并起来就是下面一题。

师：我们继续挑战，来看第 2 题。每个蘑菇上面有两道对比口算题，请大家分别对比着写出答案，看谁算得又对又快！

（出示课件，如图 118。）

23 + 36 =	25 + 62 =	26 + 42 =
28 + 36 =	25 + 69 =	26 + 44 =

图 118

生：23+36=59，28+36=64。

师：不错，这两题有什么关联？

生 1：第二个加数一样，都是 36。

生 2：上面一题不进位，下面一题要进位。

师：观察真仔细！第二组题呢？

生：25+62=87，25+69=94。

师：全对！这两题有什么联系？

生1：第一个加数相同，第二个加数不同。

生2：上面一题不进位，下面一题要进位。

师：不错！最后一组题呢？

生：26+42=68，26+44=70。

师：很好！大家发现有什么规律吗？

生：每组第一道都不进位，第二道都要进位。

师：看来同学们加法口算得不错，接下来看大家减法口算得如何。请将书翻到62页，完成第1题，看谁算得又对又快！

（出示课件，如图119。）

57 - 30 =	76 - 60 =	40 - 20 =
27 - 2 =	16 - 8 =	20 - 3 =
57 - 32 =	76 - 68 =	40 - 23 =

图 119

生：57-30=27，27-2=25，57-32=25。

师：很好！继续。

生：76-60=16，16-8=8，76-68=8。

师：不错！继续。

生：40-20=20，20-3=17，40-23=17。

师：对比这三组题，你有什么发现？

生1：每组题第1道和第3道的被减数一样。

生2：每组题上面两道的减数合并起来就是下面一题的减数。

生3：每组题上面两道题合并起来就是下面一题。

374

师：大家观察对比得很有道理！继续对比口算。

（出示课件，如图120。）

$$93-53=$$
$$93-57=$$
$$75-23=$$
$$75-29=$$
$$50-27=$$
$$50-24=$$

图120

生1：$93-53=40$，$93-57=36$。

生2：$75-23=52$，$75-29=46$。

生3：$50-27=23$，$50-24=26$。

师：算得都不错！谁来对比一下？

生1：每组上下两道题的被减数都相同。

生2：前两组减法题，都是上面一题不退位，下面一题要退位。

生3：第三组两道减法题，都要退位。

师：表扬计算正确的同学！接下来我们运用今天学习的口算解决生活中的实际问题。

（出示课件，如图121。）

我买一架飞机和一辆汽车。

我买一辆汽车和一只轮船。

小军　37元　42元　29元　小红

图121

师：你能看图讲数学故事，并提出用加法计算的实际问题吗？

生 1：小军买一架飞机和一辆汽车，用了多少元？

生 2：小红买一辆汽车和一只轮船，用了多少元？

生 3：我想买一架飞机和一只轮船，需要多少钱？

师：问题提得好！请大家分别列式口算并回答问题。

（学生在本子上独立列式解答，然后交流汇报。）

师：你还能继续看图讲数学故事并提出减法问题吗？请在小组内互相说一说，并列式解答。

（学生在小组内讲故事提问题，独立列式解答，然后交流汇报。）

师：根据两位数加减两位数的口算类型，我们还可以进行出题比赛呢。同桌两个同学，一个同学先出一个两位数，另一个同学出两个两位数，做加法时一次是不进位加，一次是进位加；然后交换过来，出减法口算题。

四、回顾总结，交流收获

师：同学们，这节课你学会了什么新本领？

生：口算两位数加减两位数。

师：两位数加减两位数口算时要注意什么？

生 1：要注意相同数位上的数才可以加减。

生 2：要注意进位或者退位。

师：今天就学习到这里。下课！

教学反思

2025 年 4 月 1 日，"相约星期二"——我的数学家常课开放日。今天我执教了一节"数的运算"主题的方法生长课——"两位数加、减两位数（口算）"。

2022 版课标在第一学段"数与运算"的学业要求中明确指出："能熟练口算 20 以内数的加减法和表内乘除法，能口算简单的百以内数的加减法；能计算两位数和三位数的加减法。形成初步的运算能力。"本节课教学的两位数加、减两位数（口算）是属于百以内数的加减法，是在学会口算整十数加减整十数、整十数加减一位数、两位数加减整十数的口算基础上进行后续教学的，同时由于二年级上册已经学习了两位数加、减两位数的笔算方法，本次学习则是进一步提出了口算方面的要求。

2022 版课标教材与 2011 版课标教材相比，"数与运算"主题的教学主要有如下三点变化：首先，更加注重认数与计算相结合，分别在认识 10 以内的数、11 ~ 19 各数、20 ~ 99 各数时，结合计算进行认数。其次，更加重视口算，整个一年级不学习笔算，只学习口算加减法。最后，在百以内数的计算编排时，先学习口算后学习笔算，这与现行教材相比变化较大。针对如上的教材编写变化分析，值得我们思考的问题是：到底先学习口算还是先学习笔算更加有利于学生运算能力的形成？有了笔算的先入为主，学生口算时会不会出现"笔算式口算"（即从个位口算起）？

一、在复习铺垫中激活相关旧知

自 2001 年启动本轮基础教育新课程改革以来，教材中对于数的运算主题的编排，都是在实际情境中展开例题的教学。因此，传统数学教学经验中的复习与铺垫，一度消失了踪影。事实上，复习铺垫与创设情境本身并不矛盾，有些新知识的引入可以通过创设情境开始学习之旅，有些后续性很强的知识学习则离不开必要的复习铺垫。

本节课学习两位数加、减两位数（口算），需要借助学生已有经验中的相关旧知，包括两位数的组成、两位数加减两位数笔算以及整十数加减整十数、两位数加减一位数、两位数加减整十数的口算等。课始，笔者设计了两个类型的复习铺垫。

首先是口算复习。出示 40+20，40-20，45+3，45-3，45+8，45-8，45+20，45-20。这 8 道口算题结构性强，很有典型意义，帮助学生在复习中激活旧知经验，进而重温口算的算理和算法，为新知生长提供必要的土壤。

其次是笔算复习。让四位同学上台板演计算 45+23，45+28，45-23，45-28。既然学生已经在上学期学习过两位数加、减两位数的笔算，积累了必要的运算经验，本节课不仅不要回避这一认知基础，为了更好地迁移和对比，还要再次回忆旧知，帮助学生实行新旧知的无缝对接。

二、在生活情境中体会运算意义

如今的数学教材，在新知编排时几乎没有单纯的计算例题，所有的计算教学都结合实际情境进行展开，其主要目的是让学生了解运算的实际意义，体会运算的应用价值，同时也能结合生活实例更好地理解算理和形成算法。

因此，新课学习时，我根据教材例题的编排，通过解决生活情境中的实际问题，引入两位数加两位数的口算学习。

首先，观察例图并列出算式。创设学生运动会跳绳比赛的情境，呈现三条信息：小华跳了45下，小红比小华多跳23下，小军比小华多跳28下。让学生提出问题并着重解决：小红跳了多少下？小军跳了多少下？由此列出两道加法算式：45+23 和 45+28。

其次，自主探索并分享交流。对于二年级学生来说，算出这两题的得数并不难，重要的是理解口算的算理。因此，需要学生自主探索并讲述口算的道理和方法（同桌互相讲述口算的思考过程）。

再次，理解算理并多样选择。学生在探索之后分别出现了三种典型算法，如口算 45+23：第一种方法是先算 40 加 20 得 60，再算 5 加 3 得 8，最后算 60 加 8 得 68；第二种方法是先算 45 加 20 得 65，再算 65 加 3 得 68；第三种方法是先算 45 加 3 得 48，再算 48 加 20 得 68。在此基础上进行初步对比，得出分别对应相加再合并的方法。

最后，观察对比并形成算法。分别观察对比学生出现的三种典型的算法，进而形成从高位算起的口算思路。同时针对口算中的学习难点——进位加法，帮助学生在观察审题中先估计得数是几十多，进而确定十位上的数字。

三、在迁移对比中初建运算模型

尽管必要的生活情境能激发学生运算需求，体验运算的应用价值，但从运算和推理的视角来看，内容的结构化设计更能促进学生的整体性建构。因此，两位数加两位数的口算教学之后，笔者没有继续创设生活情境解决问题并引出两位数减两位数的口算，而是在梳理了加法口算方法之后，进行迁移性推想。

教学中，老师提出：由刚才两位数加两位数的两种口算类型（不进位加法和进位加法），你可以推想出两位数减两位数的对应类型吗？你能根据加法的数据自己编出不退位减法和退位减法吗？

首先，由两位数加两位数的不进位加法，推想出两位数减两位数的不退位减法，学生对应编出45-23，并估计得数是二十多。

接着，由两位数加两位数的进位加法，对应推想出两位数减两位数的退位减法，学生编出45-28，并观察个位不够减需要退位，由此估计得数是十几。

然后，分别让学生自主探索与对比建构。在对比时，既有同一道题目的不同口算方法对比，也有退位减法和不退位减法的对比，还有加法口算和减法口算的对比，并且有口算方法和笔算方法的对比等。

四、在分层练习中形成运算能力

2022版课标的"课程目标"中关于核心素养的构成"会用数学的思维思考现实世界"指出，义务教育阶段的数学思维主要表现为运算能力、推理意识或推理能力。关于"运算能力"这一核心素养表现的内涵包括：能够明晰运算的对象和意义，理解算法与算理之间的关系；能够理解运算的问题，选择合适简洁的运算策略解决问题；能够通过运算促进数学推理能力的发展。运算能力有助于形成规范化思考问题的品质，养成一丝不苟、严谨求实的科学态度。

因此，技能的形成需要适度的练习，练习的设计需要关注数学的本质，体现思维发展的层次。本节课设计了如下三个层次的练习。

首先是巩固性练习。通过两轮题组对比性口算，帮助学生巩固口算方法，内化运算模型，促进技能形成。

其次是应用性练习。通过解决实际问题，进一步体会数学与生活的密切联系。创设购物情境，飞机玩具一架 37 元，汽车玩具一辆 42 元，轮船玩具一只 29 元。让学生分别讲述数学故事，提出加法计算和减法计算的问题，并进行独立计算。

然后是拓展性练习。通过自编口算题目的活动，促进结构性思维的形成。出示方框题，让学生思考：方框内填哪些数字是不进位加法或者进位加法？填哪些数字是不退位减法或退位减法？

▲备课教案手稿

▲上课照片（2025年4月1日）

两步计算的实际问题

教材简析

　　两步计算的实际问题历来是解决问题教学的重点和难点，究其原因，主要是需要确定"中间问题"。因为一步计算的实际问题，只需要联系四则运算的含义即可对应列式解答，而两步计算的实际问题需要确定先算什么，然后确定再算什么。这就需要对已知条件之间的数量关系进行分析，对已知条件和所求问题之间的数量关系进行分析。因此，从某种意义上说，学生学习两步计算实际问题的开始，实质是真正分析数量关系的开始。学生只有完成了从一步计算实际问题到两步计算实际问题的过渡，今后遇到更复杂的解决问题时才有认知基础和方法支撑。

　　2022版课标在"数与代数"领域新增了"数量关系"主题，并特别指出："数量关系"主要是用符号（包括数）或含有符号的式子表达数量之间的关系或规律。学生经历在具体情境中运用数量关系解决问题的过程，感悟加法模型和乘法模型的意义，提高发现和提出问题、分析和解决问题的能力，形成模型意识和初步的应用意识。

2022版课标教材在编排教学单元时新增了"简单的数量关系"，在第一学段"数量关系"内容中编排了一步计算和两步计算的实际问题。本课的教学设计，依托2011版课标教材例题，结合2022版课标教材，进行了整合，特别注重帮助学生联系生活实际分析数量关系，寻找"中间问题"，确定解题思路，积累活动经验。

教 学 设 计

教学内容

2011 版课标教材（苏教版）二年级下册第 63 ~ 64 页，2022 版课标教材三年级上册第 89 ~ 90 页。

教学目标

（1）使学生联系生活场景理解两步计算实际问题的已知条件及所求问题之间的数量关系，正确列式解决简单的两步计算实际问题。

（2）使学生在直观活动和适度抽象中初步学会分析数量关系，确定中间问题，形成解题思路，初步建立两步计算实际问题的数学模型。

（3）使学生在数量关系分析和问题解决经历中探索数学与生活的关系，感悟模型意识和应用意识，积累分析和解决问题的丰富经验。

教学过程

一、创设情境，复习导入

首先，创设情境（乘坐公交车），激活学生的生活经验。

接着，进行口算复习（卡片）。

口算题有如下 6 道：34+3、18−15、19+18 、34−15、34+18 、52−15。

然后，在谈话中揭示课题——解决实际问题。

二、联系生活，探索新知

（一）理解题意

首先，出示"原有 34 人"和"到站后下车 15 人"，让学生提出问题并列式解答。

接着，出示"原有 34 人"和"到站后上车 18 人"，让学生提出问题并列式解答。

最后，将已知条件整理合并为"原有 34 人""到站后下车 15 人""上车 18 人"，让学生提出问题——公交车离站时车上有多少人？

（二）分析关系

1. 先求下车后还有多少人

让学生独立思考后列式解答，然后指名学生上台讲述思考过程。

预设 1：先求下车后还有多少人。

思路是：根据"原有 34 人"和"下车 15 人"，可以先求出"下车后还有多少人"，再结合"上车 18 人"，可以求出离站时车上有多少人。

2. 先求上车后共有多少人

预设 2：先求上车后共有多少人。

思路是：根据"原有 34 人"和"上车 18 人"，可以先求出"上车后共有多少人"，再结合"下车 15 人"，可以求出离站时车上有多少人。

3. 先求上车和下车相差多少人

预设 3：先求上车和下车相差多少人。

思路是：根据"上车 18 人"和"下车 15 人"，可以先求出"上车比下车多多少人"，再结合"原有 34 人"，可以求出离站时车上有多少人。

列式解答：

预设方法 1：34−15=19（人），19+18=37（人）。

预设方法 2：34+18=52（人），52−15=37（人）。

预设方法 3：18−15=3（人），34+3=37（人）。

回顾小结：

比较三种方法的相同点和不同点，突出解决两步计算实际问题的关键是确立第一步求什么。

三、分层练习，内化新知

（一）巩固性练习

解决画片问题。（课本第 63 页"想想做做"第 1 题）

首先，让学生根据方框内的相关信息（原有 37 张，又买了 13 张，送给小芳 15 张），讲述数学故事，提出数学问题；然后分析数量关系，再独立列式解答，并讲述思考过程。

（二）应用性练习

解决水泥问题。（课本第 64 页"想想做做"第 3 题）

首先，让学生根据长条图呈现的相关信息（上午运来 45 袋水泥，下午运来 54 袋水泥，用去 88 袋），讲述数学故事，提出数学问题；然后分析数量关系，列式解答并介绍思路。

（三）拓展性练习

解决班级调查中遇到的问题。（课本第 64 页"想想做做"第 5 题）

首先，根据左边的统计表提供的信息（男生 26 人，女生 24 人），让学生提出数学问题。

接着，根据右边的统计表提供的信息（会游泳的 32 人，会溜冰的

29 人），让学生提出数学问题。

然后，把左右两张统计表结合起来，让学生讲述数学故事，提出两步计算的实际问题；独立解答后讲述思路并进行对比。

四、课堂回顾，总结提升

回顾本节课的学习历程，针对两步计算的实际问题解决过程中的经验，突出分析数量关系并确定先求什么的重要性。

一、创设情境，复习导入

师：同学们好！大家在生活中乘坐过公交车吗？

生（齐声）：乘坐过。

师：今天的数学课，徐老师请来了一辆"公交车"，由它带领大家学习数学本领。

（教师在黑板上贴出一辆公交车图片。）

师：首先我们来复习几道已经学习过的口算——

34+3　18-15　19+18　34-15　34+18　52-15

（教师依次出示上述口算卡片，请学生回答，并贴在黑板上。）

师：口算得不错！让我们继续乘坐公交车去解决实际问题。

（板书课题：解决实际问题。）

二、联系生活，探索新知

师：谁来说说看，一辆公交车刚开进一个站台后，一般会发生什么样的事情？

生1：会有上车和下车的人。

生 2：有时只有上车的人。

生 3：也有时只有下车的人。

生 4：还可能没有上车也没有下车的人。

师：是啊！有的时候只有上车没有下车，也有的时候只有下车没有上车，有的时候既有人上车又有人下车，还有时既没有人上车也没有人下车。让我们先从最简单的开始思考——假如这辆公交车上原有 34 人，到站后下车 15 人。谁来提一个问题？

（出示教具卡片，如图 122。）

图 122

生：下车后还有多少人？

师：谁来列出算式？

生：34－15=19（人）。

（教师从复习时的卡片中找到对应算式：34－15=19。）

师：现在我们把已知信息修改一下，到站后上车了 18 人，又可以提出什么问题？

（出示教具卡片，如图 123。）

图 123

生：上车后共有多少人？

师：谁能列式算出来？

生：34+18=52（人）。

（教师从复习时的卡片中找到对应算式：34+18=52。）

师：大家的提问和列式都不错。不过，这两个问题还都比较简单，都可以用几步算出来？

生：都可以用一步算出来。

师：是啊！今天我们要学习解决稍微复杂点的实际问题，也就是既有人上车又有人下车的情况。谁能完整讲述数学故事，再来提一个问题？

（教师在黑板上完善教具卡片，如图124。）

图 124

生：公交车上原有34人，到站后有15人下车，又有18人上车。公交车离站时车上有多少人？

师："离站"是什么意思？

生：就是公交车停在某一站，上车和下车一些人后，公交车又离开了站台。

师：同桌两位同学先商量商量，怎样能求出离站时车上有多少人呢？讨论后各自在练习本上列式计算。

（同桌学生讨论并列式计算，教师巡视指导。）

师：接下来，有请几位小老师来介绍一下自己的思路。要说清先算什么，再算什么，以及为什么可以这么算。

生：我是先算 34-15=19，因为公交车是先下后上的。

师：34-15 算出的是什么呢？

生：算出的 19 人是下车后车上还有的人数。

师：你是根据哪两个已知条件求出下车后车上还有多少人的呢？

生：根据"原有的人数"和"下车的人数"这两个条件，就可以算出下车后车上还有多少人。

师：有道理。第二步是怎么算的？

生：19+18=37（人）。

师：和他想法一样的举手。

（部分学生举手示意，教师给予表扬，并从复习时的口算题中移下相应算式卡片：19+18=37。）

师：我们再回头来看一下，这种方法是先求什么？

生：先求下车后车上还有多少人。

师：是的。先从原有的 34 人中减掉下车的 15 人，得到下车后车上还有 19 人；然后再加上车的人数就能算出最后的结果。还有其他方法吗？

生：先求 34+18=52（人）。

师：这样列式就是在先求什么？

生：先算上车 18 人后车上的人数。

师：根据哪两个已知条件求出来的？

生：根据"原有 34 人"和"上车了 18 人"这两个已知条件，就能求出上车后共有多少人。

师：对！第二步怎么计算？

生：用上车后一共的 52 人减去下车的 15 人。

师：说得很有道理。算式怎样列？

生：52-15=37（人）。

（教师从复习时的口算题中移动相应算式卡片：52-15=37。）

师：我们也来回头看一下第二种方法。第一步根据"原有 34 人"和"上车 18 人"可以求出什么？

生：先求出上车后一共有多少人。

师：然后怎么思考？

生：从上车后一共的人数里面去掉下车的人数，就可以求出离站时车上有多少人。

师：说得很好！还有其他不同思路吗？

生：我先算 18-15=3（人）。

师：这么列式求出的是什么？

生：求出的是上车和下车相差的人数。

（教师从复习时的口算题中移动相应算式卡片：18-15=3。）

师：对，掌声送给她。这样算出的就是上车和下车相差的 3 人。

师：那么究竟是上车的人数多，还是下车的多？

生：上车的多。

师：然后怎么思考呢？

生：上车的人多，所以总的人数要加上 3 人，也就是 34+3=37（人）。

（教师从复习时的口算题中移动相应算式卡片：34+3=37。）

师：有道理，有没有和这种方法一样的呢？

（学生举手示意。）

师：很聪明！我们也回顾一下这种解法的过程。先求什么？

生：先根据"上车 18 人"和"下车 15 人"这两个已知条件，求出上车比下车多 3 人。

师：然后呢？

生：然后就在原有的 34 人上面加 3 人，就可以求出离站时车上一共有多少人。

师：同学们真爱动脑筋！不仅自己分析和解决了问题，而且还想出了不同的解法。这三种方法有什么相同的地方和不同的地方？

生：算出来的得数相同，都是 37。

师：不同的地方呢？

生 1：第一种方法是先求下车后还有多少人，也就是从原有的人数里把下车的人数减掉，再加上车的人数。

生 2：第二种方法先求上车后共有多少人，再从总人数里面减掉下车的人数。

师：第三种方法比较独特，先把下车和上车人数的相差数求出来，但是上车的人多，还是下车的人多？

生：上车的多，所以要再加上这 3 人。

师：是的。如果是下车的多，又该怎么样呢？

生：如果是下车的多，就要减掉相差的人数。

师：仔细观察，三种方法还有什么相同的地方吗？

生：都是用两步计算的。

师：以前我们学习的都是一步计算的实际问题，从今天开始，我们正式学习两步计算的实际问题。

（教师完善课题板书：两步计算的实际问题。）

师：解决两步计算的实际问题，我们要注意什么？

生：先想好第一步求什么。

师：对！如果第一步会求了，第二步就简单了。

三、分层练习，内化新知

师：接下来，我们运用今天学习的本领解决生活中的实际问题。

（出示课件，如图 125。）

小华现在有多少张画片？算一算，填一填。

原有 37 张 → 又买了 13 张 → 送给小芳 15 张 → 还剩　　张

图 125

师：这道题告诉我们哪些已知条件？要解决什么问题？

生：小华原来有 37 张画片，又买了 13 张，送给小芳 15 张。要求还剩下多少张。

师："还剩多少张"是什么意思？

生：也就是求小华现在的卡片张数。

师：对。我们发现小华原来是有一些卡片的，后来发生了哪两件事情？卡片张数发生了怎样的变化？

生：小华买了 13 张卡片，又送给小芳 15 张，卡片变少了。

师：接下来，大家可以根据事情发生的顺序列式，也可以仔细分析数量之间的关系，灵活列式解答。

（学生独立列式解答，教师巡视指导。）

师：谁愿意来当小老师，把你的思考过程讲给大家听？

生：我先算 15-13=2（张），然后算 37-2=35（张）。

师：和他想法一样的同学请举手。

（部分学生举手示意。）

师：这种思路不错。谁能解释一下是怎么思考的？

生 1：先求出送给的和又买的卡片相差 2 张。

生 2：送给的比又买的多 2 张，总数就变少。

生 3：再从原来的卡片数中去掉少了的 2 张，就是剩下的张数。

师：这种解法和例题里面第几种方法类似？

生：第三种方法。

师：还有不一样的想法吗？

生：我先算 37−15=22（张），然后算 22+13=35（张）。

师：和这种想法一致的同学举手。谁来说说看，他第一步算的是什么？

（学生纷纷举手示意。）

生：算的是从原有总数中减掉送出卡片后的数量。

师：然后怎么思考呢？

生：然后加上买进的 13 张卡片，算的就是最终卡片数。

师：这种方法也不错。还有第三种方法吗？

生：先算 37+13=50（张），再算 50−15=35（张）。

师：想法和他一样的举手。

（学生纷纷举手示意。）

师：这种方法是按照事情发展的顺序来思考的，原有 37 张，又买了 13 张，就是先变成多少张呢？

生：变成 50 张。

师：又送给小芳 15 张，就是去掉 15 张，算出现在还有 35 张。

师：大家的思考都很有道理。你觉得解决两步计算的实际问题，哪一步比较重要？

生：第一步。

师：是的。也就是我们要思考"先求什么"。

（教师在板书中标注强调"先求什么"。）

师：那么，用两步计算的方法解决实际问题时，是不是每道题都有三种方法？

生1：是的。

生2：不一定吧！

师：先不着急下结论。我们一起来看这样一个实际问题。

（出示课件，如图126。）

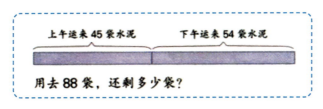

图 126

师：请同学们自己读题后独立思考，分析数量关系，然后列式解答。

（学生各自读题思考，列式解答。）

师：谁愿意来当小老师？

生：先算 45+54=99（袋），再算 99-88=11（袋）。

师：有谁知道他是怎么思考的？

生1：第一步算式，把上午和下午运来的水泥袋数合起来，就能算出一共运来多少袋水泥。

生2：从一共运来的水泥中减去用掉的袋数，就算出还剩的袋数。

师：说得有道理。这一题还有不一样的算法吗？

生：没有了。

生：看来我们解决两步计算问题时，有时候只有一种方法，有时候会有多种方法。

师：同学们，你觉得比解题更重要的是什么？

生1：会做这道题。

生 2：会审题。

生 3：会思考。

生 4：会问问题。

师：是啊！问题比解题更重要。

师：接下来，我们来比一比，看谁能够提出好问题。我们一起来看表格和文字。

（出示课件，如图 127。）

图 127

师：有一个同学叫丁丁，在班级里做调查，画了两个表格。仔细观察左边的表格，告诉我们什么？

生：男生有 26 人，女生有 24 人。

师：看右边这个表格，他又调查了什么？

生：会游泳的有 32 人，会溜冰的有 29 人。

师：根据第一个表格，能不能提出一个合适的问题？

生：男生和女生一共多少人？

师：谁能列算式算出来？

生：24+26=50（人）。

师：根据这两个条件，谁能够提出不一样的问题？

生：男生比女生多几人？

师：很好，谁来列式计算？

生：26-24=2（人）。

师：根据右边的表格，又能提出什么问题？

生：会游泳的和会溜冰的一共多少人？

师：谁还能提出一个不一样的问题？

生：会游泳的比会溜冰的多多少人？

师：我们刚才是把两张表格分开来提出问题。现在我们把两个表格连起来看，你能提出一个问题吗？

生：不会游泳的有多少人？

师：谁能连起来讲一个数学故事？

生：男生有 26 人，女生有 24 人，会游泳的有 32 人。不会游泳的有多少人？

师：解决这个问题要用几步？应该怎么列式？

生：要用两步，先算 26+24=50（人），再算 50-32=18（人）。

师：谁能再来选择其中三个条件，提出不一样的问题？

生：这个班不会溜冰的有多少人？

师：谁能说完整呢？

生：男生 26 人，女生 24 人，会溜冰有 29 人。不会溜冰的有多少人？

师：对。请大家独立列式解答。

（学生独立完成。）

生：26+24=50（人），50-29=21（人）。

师：老师也有一个问题。右边的表格中，我们把会游泳和会溜冰的人数加起来，32 加 29 等于多少？

生：61。

师：这个班只有 50 人，为什么加起来会有 61 人，怎么会多 11 人呢？

生：因为班级里还有既会游泳又会溜冰的，丁丁在调查的时候，他们举了两次手，所以总人数比全班人数多。

师：你太厉害了！掌声送给他。

四、课堂回顾，总结提升

师：今天这节课，我们一口气解决了不少问题。回顾今天的学习过程，我们主要解决的是什么样的实际问题？

生：两步计算的实际问题。

师：两步计算的问题比一步计算的问题要复杂一些。通常列这两道算式的时候，哪一步是解决问题的关键？

生：第一步。

师：对，第一步会了，第二步就比较容易了。第一步是怎么想出来的呢？你有什么经验？

生：第一步一般是由前两个条件或者后两个条件结合想到的。

师：很好！找到两个相关的已知条件就能确定第一步求什么了。有的题目解决方法不止一种，有的却只有一种，我们要具体情况具体分析。

师：课后，请同学们继续思考，生活中什么时候、什么地方要用到两步计算的实际问题。今天这节课就上到这儿，下课！

教　学　反　思

2025 年 4 月 15 日，"相约星期二"——我的数学家常课开放日，适逢南通大学国培计划重庆名师班学员来访，和我校老师一并听课与交流。今天我执教了一节"数量关系"主题的知识种子课——"两步计算的实际问题"。

2022 版课标教材与 2011 版课标教材相比，主要有如下三点变化：首先是学段安排调整，从二年级下册调整到三年级上册；其次是单元标题变化，从《两、三位数的加法和减法》单元中的嵌入式实际应用例题，调整为专门的单元《数量关系的分析》；最后是例题内容进行了扩充，从一个例题扩充为两个例题。

一、注重复习铺垫，为新知生长提供土壤

本轮课程改革之前，传统的小学数学教材中有一个特别重要的内容领域——"应用题"，几乎每个年级教材中都有专门的应用题单元。随着课程改革的启动和发展，过去的"应用题"单元消失，"应用题"的名称也被"解决问题"替代，其实这并非不重视"应用题"，而是从过去的课程内容要求提升为课程目标要求。如今，2022 版课标在"总目标"中特

别指出：体会数学知识之间、数学与其他学科之间、数学与生活之间的联系，在探索真实情境所蕴含的关系中，发现问题和提出问题，运用数学和其他学科的知识与方法分析问题和解决问题。

课始，主要复习了两位数加减两位数的口算，34+3，18-15，34+18，34-15，52-15，19+18。

同时，设计了一步计算的铺垫性复习题。

（1）一辆公交车上原有 34 人，到站后下车 15 人，车上还有多少人？

（2）一辆公交车上原有 34 人，到站后上车 18 人，车上共有多少人？

无痕教育的基本观点："教育就是生长，生长需要土壤。"上述的复习与铺垫，具有如下的"土壤"价值：首先，紧密联系学生的生活经验。从学生日常生活中乘坐公交车遇到的几种真实场景展开，回顾几种实际情况。公交车到站后有时只有上车的，也有时只有下车的，有时既有上车又有下车的，有时没有上车也没有下车的，分别让学生提出应用性问题，这样从一步计算问题逐渐发展为两步计算实际问题。其次，口算复习中的 6 道题目的设计，全是接下来解决例题时所需要的算式，提前帮助学生扫除计算障碍，也体现了知识之间的内在联系，以便更好地实现无缝衔接。

二、抓住数量关系，为模型构建提供支撑

2022 版课标在第一学段"数量关系"的学业要求中明确指出两条要求：第一条，能在熟悉的生活情境中运用数和数的运算，合理表达简单的数量关系，解决简单的问题。第二条，能在解决问题的过程中，体会解决问题的道理，解释计算结果的实际意义，感悟数学与现实世界的关联，形成初步的模型意识、几何直观和应用意识。

新课学习时，因为有了复习题的铺垫，学生已经积累了分析一步计

算实际问题数量关系的丰富经验，并且提出了两个一步计算的实际问题（下车后车上还有多少人？上车后车上共有多少人？）。在此基础上，重点让学生理解"到站后下车15人"和"上车18人"的实际含义，然后分析三个已知条件之间的关系，进而思考可以先求什么。

在学生初步了解已知条件之间的关系以及条件和问题之间的关系之后，放手让学生列式进行计算，然后选择学生上台讲述思考方法和列式道理。

（1）34−15=19（人），19+18=37（人）。

（2）34+18=52（人），52−15=37（人）。

（3）18−15=3（人），34+3=37（人）。

课堂上，再次采用"小先生"的方法，分别让三名学生上台讲述思考方法和列式道理。正如"小先生"制的提出者教育家陶行知先生所言，课堂学习不再是老师单方面的讲解，也不是学生无序的个体学习，而是"人人为师，合作学习"以及"即知即传，相互成就"。

三、突出中间问题，为问题解决提供抓手

不管课程改革发展到什么程度，也不管"应用题"的名称被改成"解决问题"或"问题解决"，培养学生的问题意识依然是学习数学的重要目标。教材编排两步计算的加减实际问题，具有独特的教学价值。一方面，可以帮助学生初步理解两步计算实际问题的结构特点，体会分析数量关系的常用策略，积累分析问题和解决问题的经验；另一方面，可以有效拓展学生探索和解决现实世界实际问题的范围。此外，学生在分析数量关系和解决实际问题的过程中，可以更好体会四则运算的应用价值，提高推理意识和思维策略。

教学中，一步计算实际问题不是本节课的重点，两步计算的第二步

也不是本课的重点，本节课着重突出了第一步先求什么，即"中间问题"。如何让学生准确寻找到中间问题，从而确定先求什么呢？

在数量关系主题的内容学习时，需要让学生首先理解已知条件和所求问题的含义，然后进一步分析条件之间、条件和问题之间的关系，进而寻找到合适的"中间问题"，即根据哪两个已知条件可以先求出什么。

（1）根据"原有34人"和"下车15人"，可以求出"下车后还有多少人"；再根据"下车后还有19人"和"上车18人"，可以求出"离站时车上有多少人"。

（2）根据"原有34人"和"上车18人"，可以求出"上车后共有多少人"；再根据"上车后共有52人"和"下车15人"，可以求出"离站时车上有多少人"。

（3）根据"上车18人"和"下车15人"，可以求出"上车比下车多多少人"；再根据"原有34人"和"上车比下车多3人"，可以求出"离站时车上有多少人"。

四、实施分层练习，为素养提升提供保证

问题解决首先是一种基本技能，即发现、提出、分析和解决问题；其次是一种核心素养表现，即模型意识、几何直观、推理意识和应用意识等。技能的形成需要适度的练习，练习的设计需要关注数学的本质，关注通性通法，体现思维发展的层次性。本节课设计了如下三个层次的练习。

首先是巩固性练习（课本上"想想做做"第1题）。通过简化的条件，展现事情发生的顺序，引导学生独立分析和解决问题（三种解法）。

其次是应用性练习（课本上"想想做做"第3题）。通过条形图呈现已知条件和问题，让学生独立完成（只有一种解法）。

然后是拓展性练习（课本上"想想做做"第 5 题）。呈现比较复杂的已知条件，培养学生的问题意识，再次感受从一步计算问题发展为两步计算问题的过程，甚至发展为三步计算实际问题。

尽管 2022 版课标教材对解决实际问题和数量关系教学有了新的调整，但是本节课基本按照 2011 版课标教材进行教学。因为，笔者认为，现行教材的例题和习题编排十分适合二年级学生学习两步计算的实际问题。记得人民教育出版社章建跃博士多次指出"以课本为本才是好数学教学"。

▲备课教案手稿

▲上课照片（2025 年 4 月 15 日）

8 两位数乘一位数

一般说来，小学阶段的整数乘法计算教学分为三个阶段进行编排：在二年级上册初步认识乘法含义并集中学习表内乘法（一位数乘一位数），在三年级上册学习两、三位数乘一位数的口算和笔算，在三年级下册学习两位数乘两、三位数。在表内乘法阶段，学生只要熟练记忆乘法口诀，就能正确迅速算出结果；而从两位数乘一位数开始，则要理解算理并形成算法。因此，两位数乘一位数的计算，实则是学生真正探索多位数乘法运算算理的开始。

2022版课标更加重视学生口算能力的培养，无论是在加减法计算部分，还是在乘除法计算部分，都是先着重教学口算，再逐步教学笔算，不断促进运算能力的发展。

2022版课标教材将在二年级下册教学"两位数乘、除以一位数"

的口算，然后在三年级上册再教学"两位数乘、除以一位数"的笔算。

　　本课的教学设计，合理整合新旧教材的编排特色，具有如下三个特点：第一，口算和笔算同步教学。在一节课上，先学习整十数乘一位数的口算，再学习两位数乘一位数（不进位）的笔算。第二，突出计数单位的作用。口算时，将整十数转化为几个十与一位数相乘；笔算时，在分解和组合中对比不同的计数单位。第三，让学生在探索算理的过程中感悟从未知到已知的转化。不是孤立地学习两位数乘一位数的计算，而是整体设计，迁移渗透，逐步建构。

教 学 设 计

⭐ 教学内容

2011 版课标教材（苏教版）三年级上册第 1 ~ 2 页，2022 版课标教材二年级下册第 33 ~ 34 页。

⭐ 教学目标

（1）使学生理解两位数乘一位数的算理，并掌握计算方法，会口算整十数乘一位数，会笔算两位数乘一位数（不进位）的乘法。

（2）使学生在直观活动中经历两位数乘一位数算理的探索过程，并逐步由直观算理发展为抽象模型。

（3）培养学生的运算能力、推理意识和解决简单实际问题的能力，养成自主探索、合作交流的良好习惯。

⭐ 教学过程

一、复习铺垫

首先，师生谈话：同学们好！大家看，今天谁来做客了？（课件显示大象图片。）今天大象给我们带来了什么数学问题呢？

（请三位同学到黑板上板演笔算，其余同学口算。）

笔算题：
$$\begin{array}{r} 1\ 3 \\ +1\ 3 \\ \hline \end{array} \qquad \begin{array}{r} 2\ 0 \\ +\ 6 \\ \hline \end{array} \qquad \begin{array}{r} 3 \\ \times\ 2 \\ \hline \end{array}$$

口算题：$2×4$　$3×3$　$1×5$

$40+40$　$30+30+30$　$20+20+20+20$

8个十是（　　）　　10个十是（　　）

15个十是（　　）　　56个十是（　　）

接着，提问：这些笔算题的答案中都有一个"6"，这些6都在哪一位上？分别表示什么？左边两题得数中的"2"分别表示多少？

然后，在复习的基础上，引入本节课的课题——两位数乘一位数。

二、探索新知

（一）整十数乘一位数（口算）

1. 探索 $20×3$

首先，出示大象搬木头的动画，让学生理解题意并列式。

接着，让学生自主探索口算方法并与同桌交流。

然后，组织学生汇报，呈现不同算法。

预设1：看图知道每头大象搬了2堆，一共6堆，6个十是60。

预设2：用加法算，$20+20+20=60$。

预设3：想2乘3得6，20乘3就得60。

2. 变式练习

首先，将大象搬木头变式为5头大象、8头大象，每头大象还是搬20根，学生分别列式计算 $20×5=100$，$20×8=160$。

接着，进行对比口算。

$4×3=$　　　$7×8=$　　　$5×6=$　　　$9×2=$

$40 \times 3=$　　$70 \times 8=$　　$50 \times 6=$　　$90 \times 2=$

然后，师生对口令算。（教师出一位数乘一位数，学生对整十数乘一位数。）

（二）两位数乘一位数（笔算）

1.初建模型

首先，出示小猴采桃动画图片，让学生讲数学故事，并提出问题，列出算式。

预设1：14+14=。

预设2：$14 \times 2=$。

预设3：$2 \times 14=$。

让学生自主探索之后，交流汇报，教师用竖式记录学生的思考过程：先算4乘2得8，再算10乘2得20，然后算8加20得28。

$$
\begin{array}{r}
1\ 4 \\
\times \quad 2 \\
\hline
8 \quad \cdots\cdots 4 \times 2=8 \\
2\ 0 \quad \cdots\cdots 10 \times 2=20 \\
\hline
2\ 8 \quad \cdots\cdots 8+20=28 \\
\end{array}
$$

2.运用模型

在初步理解两位数乘一位数的算理之后，让学生继续用初建模型独立进行笔算。

笔算：
$$
\begin{array}{r}
2\ 4 \\
\times \quad 2 \\
\hline
\end{array}
\qquad
\begin{array}{r}
1\ 1 \\
\times \quad 6 \\
\hline
\end{array}
$$

3.简化模型

组织学生对比三道竖式计算的过程与结果，提出：三题的竖式计算过程有哪些相同地方？哪些地方的数字不写，不影响计算结果？

然后让学生讨论并用橡皮擦去重复部分，调整为竖式计算的简化模型。

4. 形成算法

根据学生逐步形成的两位数乘一位数的竖式计算简化模型，教师重新书写例题算式的竖式算法。

$$
\begin{array}{r}
1\ 4 \\
\times\quad 2 \\
\hline
2\ 8
\end{array}
$$

三、练习提高

（一）巩固性练习

用竖式计算（学生独立用简化模式进行计算）。

21×2　43×2

（二）应用性练习

1. 购买矿泉水问题

创设召开运动会的实际情境，班级里需要购买矿泉水，每箱 12 瓶，买了 4 箱。一共购买了多少瓶？

学生独立理解题意，列出算式，竖式计算，解答问题。

2. 游乐场坐飞机问题

创设到游乐场乘坐飞机的情境，呈现相关信息：有 3 架飞机，每架飞机限乘 13 人。35 号同学能坐上飞机吗？ 40 号同学呢？

学生讨论题意，独立解决，互相交流。

（三）拓展性练习

购买玩具问题：机器人玩具每个 32 元，汽车玩具每个 21 元，洋娃娃玩具每个 13 元，小狗玩具每个 23 元。

提出要求：每人选择一种玩具，自主决定购买几个，但要又对又快地计算出花了多少钱。

预设 1：只购买其中的 1 个。

预设 2：购买几个，是两位数乘一位数的不进位乘法。

预设 3：购买几个，遇到两位数乘一位数的进位问题。

预设 4：购买几个，遇到两位数乘两位数的计算问题。

四、总结全课

回顾本节课的学习内容，确立两位数乘一位数的计算方法，延伸至今后要进一步学习的乘法计算问题。

一、复习铺垫

师：从一年级到现在，我们已经学过了哪几种计算？

生：四种计算，加、减、乘、除。

师：我们学会了加减乘除法，这叫四则运算。从计算的书写方法来讲，有的叫什么计算？有的叫什么计算？

生：有的叫口算，有的叫笔算。

师：今天这节课，我们就进一步学习口算和笔算。

（板书：口算、笔算。）

师：首先，请大家看黑板左边的三道竖式。

（教师提前在黑板上板书竖式，如图128。）

$$
\begin{array}{r} 1\,3 \\ +1\,3 \\ \hline \end{array}
\qquad
\begin{array}{r} 2\,0 \\ +\ 6 \\ \hline \end{array}
\qquad
\begin{array}{r} 3 \\ \times 2 \\ \hline \end{array}
$$

图 128

师：我请三个同学到前面来用竖式计算。

（三名学生上台完成竖式。）

师：其他同学一起来进行口算。请大家来看，这是谁要给我们出题了？

生：大象。

师：对！徐老师邀请大象和我们一起学数学呢。

（课件出示大象图片，如图129。）

图 129

生 1：2×4=8。

生 2：3×3=9。

生 3：1×5=5。

师：刚才算了几道乘法口算，现在开始算加法了。

生 1：40+40=80。

生 2：30+30+30=90。

生 3：20+20+20+20=80。

师：大家加法也算得不错，你能回答大象提出的问题吗？

生 1：8 个十是 80。

生 2：10 个十是 100。

生 3：15 个十是 150。

生 4：56 个十是 560。

师：同学们回答问题也很好！我们一起来看看到黑板上来笔算的三

位同学，看他们做得怎么样？

生：都对。

师：那徐老师想问问大家，前两题竖式中得数的 2 为什么要写在十位上呢？

生：它表示 2 个十。

师：这三道题的个位都是几？

生：6。

师：谁来说说看，它们表示 6 个多少？

生：6 个一。

师：对的，个位上的 6 就表示 6 个一。

二、探索新知

师：刚才的大象给我们出完题之后，它们准备劳动啦！请看，这次来了几头大象啊？

（课件出示大象搬木头的动画，如图 130。）

图 130

生：3 头。

师：大象有很强的本领，它的鼻子特别厉害，可以搬运木头呢。谁能够根据大象搬木头的图片，讲一个数学故事？

生：森林里来了 3 头大象，每头大象搬了两堆木头，每堆有 10 根。请问一共有多少根木头？

师：讲得非常好！掌声送给他。

师：我们发现每头大象前面堆着的就是它自己搬的木头，第一头大象搬了多少根木头呢？

生：20 根。

师：第二头大象呢？

生：20 根。

师：第三头大象呢？

生：20 根。

师：要求一共搬了多少根，谁能列出算式？

生：3×20。

（板书：3×20。）

师：可以写成 3×20，当然也可以写成 20×3。你会算出这道题的得数吗？

生：会。

师：我想对于二年级同学来讲，计算这道题应该不太难。不过，得数不是最重要的，怎么得到得数才是最重要的。请同桌两位同学先互相说一遍得到得数的过程，我再邀请同学介绍方法。

（同桌学生独立思考并交流方法，教师巡视指导。）

师：哪位同学愿意当小老师？

生：先算二三得六，再在 6 后面添一个 0。

师：为什么可以这样算呢？所谓二三得六，是得到 6 个什么？

生：6 堆。

师：每一堆是多少呀？

生：10 根。

师：6 堆说明就有 6 个十，得数就是 60。还有其他算法吗？

生：可以想加法，把 3 个 20 加起来。

师：是啊，乘法是特殊的加法。我们来加加看，20 加 20 得 40，40 加 20 得多少？

生：60。

师：这两种方法都有道理。我们看，大象又搬木头了。这次是几头大象搬木头呢？

（课件出示 5 头大象搬木头图，如图 131。）

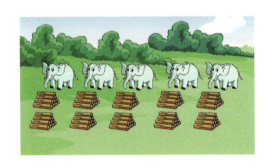

图 131

师：谁能够根据现在大象的头数和它搬运的木头，列出一道算式并算出来？

生：5×20=100。

（板书：5×20=100。）

师：你是怎么想的呢？

生：二五一十，一共有 10 个十，所以 10 后面再添一个 0。

师：看来同学们蛮喜欢这种方法的。那假如现在是 8 头大象，每头大象还是搬运 20 根木头，谁会计算？

生：20×8=160。

（板书：20×8=160。）

师：以后遇到这样的口算题，我相信大家都会算了。请大家看学习单上的"想想做做"第1题"比一比，算一算"，这几组题看谁算得快，算得好。

（课件出示对比题，学生独立计算，如图132。）

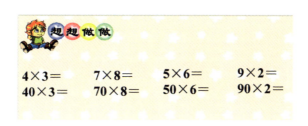

$4×3=$　　$7×8=$　　$5×6=$　　$9×2=$
$40×3=$　$70×8=$　$50×6=$　$90×2=$

图132

师：谁来汇报第一组题？

生：$4×3=12$，$40×3=120$。

师：很好！第二组题汇报的时候，同桌两人合作汇报。

生1：$7×8=56$。

生2：$70×8=560$。

师：对！第三组题，谁来汇报？

生1：$5×6=30$。

生2：$5×60=300$。

师：不错！继续——

生1：$9×2=18$。

生2：$90×2=180$。

师：这几组题上下对比之后，你有没有发现什么规律？

生：下面一道题都多了一个0。

师：对！因为乘数多了一个0，得数也相应多了一个0。

419

师：根据这样的规律，接下来徐老师出题，请同学们对照着出题。3×5，谁会出一道整十数乘一位数的题目？

生1：3×50=150。

生2：30×5=150。

师：我出6×8，你出几十乘几？

生1：60×8=480。

生2：6×80=480。

师：继续看，徐老师又邀请了一种小动物一起来学数学啦！这次是谁来了呢？

（课件出示小猴采桃图，如图133。）

图 133

生：猴子。

师：猴子最喜欢吃什么？

生：吃桃子。

师：是啊！两只猴子正在采桃子呢。谁能看图讲数学故事？

生：两只猴子采桃，每只猴子都采了14个。

师：谁能提出一个数学问题？

生：它们一共采了多少个？

师：很好，谁能列出算式？

生 1：14+14。

生 2：2×14。

生 3：14×2。

（板书：14+14、2×14、14×2。）

师：这三种算式都可以算出两只猴子一共采了多少个桃。我们已经学过两位数加两位数，因此第一道算式得数是多少？

生：14+14=28（个）。

师：那 2×14 和 14×2 的得数也应该等于多少？

生：28。

师：今天要开始学习笔算两位数乘一位数了，请大家先看好徐老师写竖式。像这里 2×14 或者 14×2，我们在写竖式的时候，到底把哪个乘数写在上面呢？

生：14 写在上面。

师：对。把两位数 14 写在上面一行，在第二行左侧写乘号，然后乘数 2 对齐 14 的个位，最后在下面画一条横线。接下去该怎么计算呢？

生：二四得八。

师：这个 8 是怎么得到的？

生：2×4=8。

师：在图上指一指 2×4 是哪边的部分呀？

生：右边篮子里的部分。

师：继续来算——

生：10×2=20。

师：这个 20 是图上哪边篮子里的个数？

生：左边。

（分别板书：2×4=8，10×2=20。）

师：那要求出它们一共采了多少个，还要怎么办？

生：把左边篮子里的桃和右边篮子里的桃加起来。

师：对，这很重要。大家一起说，老师写下来。

生：8+20=28。

师：在竖式中就是个位上 8 加 0 得 8，得数十位上写 2。

（教师完成竖式，并板书：8+20=28。）

$$
\begin{array}{r}
1\ 4 \\
\times\quad 2 \\
\hline
8 \quad \cdots\cdots 4 \times 2 = 8 \\
2\ 0 \quad \cdots\cdots 10 \times 2 = 20 \\
\hline
2\ 8 \quad \cdots\cdots 8 + 20 = 28
\end{array}
$$

师：我们再回到这个竖式，不管是 2×14 还是 14×2，它们都有一个共同点，是几位数乘几位数？

生：两位数乘一位数。

（板书课题：两位数乘一位数。）

师：我们在写竖式的时候，一般要把几位数写在上面？

生：两位数。

师：我们一起看着竖式说一遍刚才计算的过程。先乘个位，二四得八，表示 4×2=8；再用十位上的 1 乘 2，也就是 10×2=20；最后我们要把两次相乘的结果加起来，20+8=28。

师：像这样的竖式计算，你学会了吗？我们一起再来计算两题，第一题是 24×2，第二题是 11×6。这两题都要完整地写竖式，不要操之过急，我们就模仿黑板上刚才一起想出的笔算方法。

（学生在学习单上独立计算，并请两名学生到黑板上计算。）

师：我请第一位同学介绍一下自己的算法。

生：要算 24 乘 2，第一步 2 乘 4 得 8，第二步算 20 乘 2 得 40，第三步算 8 加 40 得 48。

师：讲得非常完整！第二位小老师继续——

生：要算 11 乘 6，先算个位，6 乘 1 得 6；再算十位，10 乘 6 得 60；最后算 6 加 60 等于 66。

（两名学生在黑板上形成如下完整竖式。）

```
    2 4           1 1
  ×   2         ×   6
  ───────       ───────
      8             6
  4 0           6 0
  ───────       ───────
  4 8           6 6
```

师：掌声送给两位小老师！大家仔细看黑板上的三道乘法竖式，它们有什么相同的地方？

生 1：都是两位数乘一位数。

生 2：第一步都是乘个位，得到一位数。

生 3：第二步都是乘十位，得到整十数。

生 4：第三步都是做加法。

师：大家观察得很仔细。再思考并讨论一下，竖式中有哪些地方不写也不影响计算结果？可以拿出橡皮擦一擦，改一改，改完之后同桌交流一下方法和经验。

（学生小组讨论，并用橡皮修正。）

师：解铃还须系铃人。我们还邀请刚才的两位小老师上台，演示一下竖式修改的过程，并讲解道理。

生 1：第一题个位上算出来是 8，十位上算出来是 40，只要在十位上写 4 就可以。

生2：第二题先乘个位，一六得六，得数个位写6；再乘十位，一六得六，得数十位也写6。

（学生修改后的竖式如下。）

$$
\begin{array}{r}
2\,4 \\
\times\quad 2 \\
\hline
4\,8
\end{array}
\qquad
\begin{array}{r}
1\,1 \\
\times\quad 6 \\
\hline
6\,6
\end{array}
$$

师：讲得真好！徐老师也学习你们的写法，再用简便的竖式算一遍14乘2。

（教师板书简便竖式。）

$$
\begin{array}{r}
1\,4 \\
\times\quad 2 \\
\hline
2\,8
\end{array}
$$

师：今后我们遇到两位数乘一位数的竖式，就可以像这样书写。

三、练习提高

师：请大家用这种简便写法再计算两题，写在学习单上。

（学生自主练习，教师巡视指导。）

师：哪两位同学汇报一下？

生1：要算21乘2，先算个位，一二得二，个位写2；再算十位，二二得四，十位写4，得数是42。

生2：要算43乘2，先算二三得六，再算二四得八，得数是86。

师：学习了两位数乘一位数的计算，就可以帮助我们更好地解决实际问题。开运动会的时候，同学们去买了矿泉水，你能算出一共买了多少瓶吗？

（出示课件，如图134。）

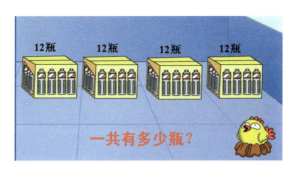

图 134

师：请大家在练习本上先列横式，再写竖式解答。

（一生上台完成，其余同学自主完成。）

师：谁来汇报一下？

生：12 乘 4 等于 48 瓶。

师：不错。在游乐场活动中，小朋友们也遇到了实际问题，请看图——

（出示课件，如图 135。）

图 135

师：前面的同学已经登上飞机了，后面的同学正在排队登机。那么根据序号，35 号同学在问什么问题？

生：这次我能上吗？

师：对啊，越往后的同学越着急，都想早点上去玩，40 号同学也在问能不能上呢。要解决这两个问题，该怎么办呢？

生：首先得知道有 3 架飞机。

师：这个信息很重要，还有什么信息也很重要？

生：每架限乘 13 人。

师："限乘 13 人"是什么意思啊？

生：最多可以乘坐 13 人。

师：可不可以坐 14 人？

生：不可以。

师：是啊！坐 14 人就会超载，不安全。接下来，大家在练习本上列式计算，并解决问题。

（学生自主完成，教师巡视指导。）

师：谁来汇报一下？

生：$3 \times 13 = 39$（人）。

师：怎样进行比较呢？

生 1：35 小于 39，所以 35 号同学这次能坐上飞机。

生 2：40 大于 39，所以 40 号同学这次不能上。

师：最后，我们再到商店里的玩具柜台看一看。

（出示课件，如图 136。）

图 136

师：现在，每人选自己最喜欢的一种玩具，注意只能选一种，选好了不出声音，点个头。

（学生纷纷默默选择并点头示意。）

师：然后呢，每人就买自己最喜欢的这一种玩具，买几个随你，但是你要能快速而准确地算出花了多少钱，请把算式写在作业本上，过会请大家汇报。

（学生自主完成，教师巡视指导。）

师：谁先来汇报？

生：$32 \times 1 = 32$（元）。

师：大家说他买了什么？

生：1个机器人。

师：哪个接着汇报？

生：$32 \times 2 = 64$（元）。

师：他买了几个什么玩具？

生：2个机器人。

师：继续汇报——

生：$3 \times 13 = 39$（元）。

师：大家说他买的是什么？

生：3个洋娃娃。

师：有没有买四个玩具的？

生：我买4个机器人，算式是32×4。

师：怎么计算呢？有没有遇到什么问题？

生：好像得数要进位，是三位数。

师：是啊！个位上二四得八，十位上三四十二，要进位了。有谁知道得数可能是多少？

生：128。

师：正确。两位数乘一位数的进位算法，后面几节课我们会进一步学习。还有哪些同学也遇到进位问题？

生：我想买 9 个洋娃娃，13 乘 9，好像要进位两次呢。

师：虽然问题越来越复杂，但只要学习了基本的方法，今后就会逐渐解决更复杂的问题。

四、总结全课

师：回顾一下，今天这一堂课，我们主要学习了什么内容？

生：两位数乘一位数。

师：怎样计算两位数乘一位数？

生：简单的可以口算。

师：什么样的两位数乘一位数比较简单呢？

生：整十数乘一位数比较简单，可以口算。

师：是的，不是整十数的两位数乘一位数，通常需要笔算。不过今天学习的笔算还算比较简单的，你觉得简单在哪里？

生：今天学习的两位数乘一位数，都没有进位。

师：是啊！两位数乘一位数，有的不进位，有的要进位，有的可能需要连续进位呢。今后我们会进一步学习多位数的乘法。今天这节课就学习到这里，下课！

教学反思

2025 年 4 月 22 日，"相约星期二"——我的数学家常课开放日。今天我执教了"两位数乘一位数"的第一课时。这一内容，2011 版课标教材编排在三年级上册，2022 版课标教材将其调整到二年级下册，于是我提前进行了教学。

关于乘法和除法的教学，一般教材都是在二年级上册编排乘法和除法的初步认识，然后从三年级开始教学两位数乘、除以一位数，到四年级时基本完成整数阶段的多位数乘、除法的运算教学。

2022 版课标在第一学段的"数与代数"领域教学中提出了"探索乘法和除法的算理和算法，会简单的整数乘除法"的内容要求，第二学段进一步提出"探索并掌握多位数的乘除法，感悟从未知到已知的转化"。

2022 版课标教材关于"两位数乘一位数"的内容编排作了一些调整：首先，教学时间从三年级上册移到二年级下册，单元标题由《两、三位数乘一位数》调整为《两位数乘、除以一位数》。其次，例题数量从九道例题减少为两道例题，二年级下册只教学两位数乘、除以一位数的口算，三年级再教学乘除法笔算。

一、关注旧知复习铺垫

尽管本轮课程改革以来，绝大多数计算例题都是从实际情境中引入并进行教学的，而且教材中也大多没有专门编排复习与铺垫的内容。因此二十多年来，很多老师误以为所有的计算教学都是从情境中直接开始的。事实上，小学生学习的大多数知识尤其是计算类知识，都是有着旧知基础的后续性学习。所以，关注相关旧知的复习铺垫，能帮助学生从旧知中生长出新知，由已有方法迁移到新的方法，感悟知识之间的整体性特征和结构性关联。

课堂开始，我设计了口算和笔算的两类复习铺垫。（邀请三名同学上黑板笔算，其余同学看课件口算。）

口算：$2×4$，$3×3$，$1×5$，$40+40$，$30+30+30$，$20+20+20+20$，8个十是多少？10个十是多少？15个十是多少？56个十是多少？

笔算：$13+13$，$6+20$，$3×2$。

通过口算的复习，激活学生认知经验中的如下相关旧知：一位数乘一位数、整十数加整十数、整十数连加以及若干个十是多少等。

通过笔算的复习，再现如下笔算经验：两位数加两位数、一位数加整十数、一位数乘一位数等。同时提问：三题得数个位上的 6 表示什么？左边两题得数十位上的 2 表示什么？

二、重视口算方法多样

2022 版课标教材更加重视学生的口算能力发展。一方面，在整个一年级不编排笔算教学的内容，一直到二年级下册才开始学习两、三位数的加法和减法笔算；另一方面，乘除法的计算教学安排，先编排两位数乘、除以一位数的口算（二年级下册），再编排相关笔算（三年级上册）。

例题 1 教学整十数乘一位数的口算。通过大象搬木头的情境，让学生发现数学信息（3 头大象搬木头，每头大象搬了 20 根木头），提出数学问题（一共搬了多少根木头），列出乘法算式（20×3）。

首先，让学生独立思考并探索口算方法。

接着，让学生交流汇报算法并讲述算理。

然后，让学生对比几种算法并选择算法。

最后，让学生对应练习并自主出题计算。

2001 版课标率先提出了"重视口算，加强估算，提倡算法多样化"的要求。课改初期，有部分老师对"算法多样化"存在片面理解，导致刻意追求所谓的"多样化"，影响了学生基本算法的形成。如今，经过理性反思后，2011 版和 2022 版课标虽没有再提"算法多样化"的具体要求，但是特别指出"提出独特的策略和方法，激发创造的热情，形成创新意识""积累根据解决问题的需要合理选择策略和方法的经验"。

三、实现笔算模型生长

荷兰著名数学教育家弗赖登塔尔倡导数学教学中"有指导的再创造"，"学生可以创造一些对他来说是新的，而对指导者来说是熟知的东西"，"指导意味着在教的强迫性和学的自由性两者之间取得一个微妙的平衡"（《数学教育再探——在中国的讲学》一书）。

教学时，教师从如下四步帮助学生建立笔算模型。

第一步，初建模型。结合例题图，学生直观理解算理，并通过三步进行了计算：$4 \times 2=8$，$10 \times 2=20$，$8+20=28$。由此形成两位数乘一位数的详细过程与笔算完整模型。

第二步，运用模型。初建模型后，教师并没有立即让学生直接简化为算法模型，而是让学生运用刚刚建立的完整模型计算了两道笔算题：

24×2 和 11×6。

第三步，简化模型。将运用初建模型计算的两道题与例题的竖式进行对比，提出：三道题有哪些相同的地方？哪些数不写不影响计算结果？由此，学生进行比较和讨论，并用橡皮擦去重复书写的数和横线，进行简化和调整，形成乘法竖式计算的简化模型。

第四步，形成算法。根据学生自主创造和发现的简化模型，老师规范板书 14 乘 2 的竖式计算简化过程，学生运用简化模型再计算两题，由此初步形成两位数乘一位数的计算方法。

以上的教学设计，逐步实现了从"算理直观"到"算法抽象"的无缝对接与内在联结，从而促进学生笔算模型的内在建构，体现了先理后法、以理驭法、理法相融。

四、设计分层阶梯练习

有效的练习能促进学生将知识转化为方法，将技能发展为思维，将能力上升为素养。没有层次的练习既容易导致机械重复与单调乏味，也容易导致题海战术与两极分化。因此，要根据所学知识内容和儿童认知规律，设计分层次和有梯度的练习，帮助学生逐步内化知识、形成技能、发展思维和培养素养。

第一层次是巩固性练习。让学生独立用竖式计算两位数乘一位数：21×2、43×2，在适度重复中巩固算法，理解算理，逐步形成技能。

第二层次是应用性练习。通过生活情境，让学生运用所学的两位数乘一位数的知识分别解决买了多少瓶矿泉水和游乐场飞机游戏中遇到的实际问题，体现了学以致用的教育价值。

第三层次是拓展性练习。创设购买玩具的情境，让学生自主挑选一种自己最喜欢的玩具（单价分别是 32 元、13 元、21 元、23 元），根据自己的需要购买几个，并正确算出一共花了多少钱。由此，从两位数乘一位数的不进位乘法发展为进位乘法，甚至从两位数乘一位数发展为两位数乘两位数，培养学生的迁移意识和探索精神。

"再创造"理论源自荷兰著名数学教育家弗赖登塔尔。他指出，"学习数学的唯一正确方法是实行'再创造'"，同时还针对人们对此理论的质疑，写下了这段值得我们深思的文字："再创造算法可能是一个乏味而又费时的活动，它的深奥策略有必要让教师、教科书作者、教育开发者和研究人员相信，最终结果的价值和付出的劳动和花费的时间是相称的。"

▲备课教案手稿

▲上课照片（2025 年 4 月 22 日）

两位数除以一位数

从表内乘除法发展为两位数乘、除以一位数，是小学阶段学生认知上的一次飞跃，也是学生运算能力形成和发展的重要节点。因为一位数乘一位数的计算，主要依赖乘法口诀表的熟练程度，而两位数乘、除以一位数开始，则更需要理解算理并形成算法。

2022版课标在核心素养的主要表现及其内涵阐述中，十分重视"运算能力"的培养，并具体提出理解算法与算理之间的关系、选择合理简洁的运算策略、促进数学推理能力发展等方面的要求。

2022版课标教材在二、三年级的乘除法计算教学编排上有如下三个特点：一是将乘数或除数按照两位数和三位数分开编排，二年级下册编排《两位数乘、除以一位数》（口算）单元，三年级分别编排《两、三位数乘一位数》和《两、三位数除以一位数》单元。二是改变过去口算和笔算结合教学的节奏，提前教学两位数乘、除以一位数的口算。三是重视除法笔算教学的算理和算法（整体性教学）。

本课的教学设计，体现如下几个特点：首先，重视乘法和除法关系的教学，体现"乘除是一家"，感悟除法是乘法的逆运算。其次，重视直观理解算理的过程，让学生操作小棒和演示小方块，感悟计数单位的运算价值。最后，重视题组的对比和归纳，体现"出题比做题更重要"，让学生在对比中迁移，在迁移中拓展，在巩固中应用，在应用中提升。

教学设计

教学内容

2011 版课标教材（苏教版）三年级上册第 48 ～ 49 页，2022 版课标教材二年级下册第 36 ～ 37 页。

教学目标

（1）使学生理解两位数除以一位数的算理，掌握两位数除以一位数的口算方法，能正确口算简单的两位数除以一位数。

（2）使学生在操作活动中探索两位数除以一位数的算理，体会计数单位的运算作用，感悟乘除法之间的内在联系。

（3）使学生在运用计算解决实际问题的过程中发展运算能力和推理意识，感悟数学和生活的密切联系。

教学过程

一、复习铺垫

首先，在谈话交流中复习口算。

口算题：8÷2=　　　　9÷3=

$$10 \times 2 = \qquad 20 \times 4 =$$

$$13 \times 2 = \qquad 21 \times 4 =$$

接着，在复习的基础上，体会乘法口诀的作用。

然后，结合口算的过程，教师提出——"乘除是一家"。

二、学习新知

（一）整十数除以一位数

1. 创设情境中列出算式

首先，出示情境："把60支铅笔平均分给3个班，每班分得多少支？"

然后，分析数量关系，列出算式 $60 \div 3$。

2. 小棒操作中探索算理

首先，让学生动手操作小棒，探索算理。

然后，让学生上台演示教具，理解算理。

3. 方块演示中形成算法

首先，让学生上台演示教具，讲述算理。

然后，联系计数单位，形成计算方法。

4. 乘除对比中想乘算除

提问：根据"乘除是一家"，怎么想乘法算除法？

联系乘法算式（20）$\times 3 = 60$，算出 $60 \div 3 = 20$。

（二）两位数除以一位数

1. 情境对比中列出算式

首先，归纳整十数除以一位数的特征和方法。

然后，将整十数除以一位数改编为两位数除以一位数（$36 \div 3$）。

2. 直观操作中理解算理

首先，让学生操作小棒，探索算理和算法。

然后，让学生上台演示长条教具，讲述思考过程。

3. 图式对应中形成算法

在图式对应中形成计算方法：先算 30 除以 3 等于 10，再算 6 除以 3 等于 2，然后把 10 和 2 合并起来得 12。

4. 小结对比中归纳方法

首先，联系乘法算除法，由（12）×3=36，推想出 36÷3=12。

然后，对比整十数除以一位数和两位数除以一位数的口算方法。

三、练习提高

（一）巩固性练习

1. 对比出题（从除法到除法）

从复习题中的一位数除以一位数出发，让学生联系今天所学知识进行出题活动。

由 8÷2=4 出题 80÷2=40，由 9÷3=3 出题 90÷3=30。

2. 对比出题（从乘法到除法）

从复习题中整十数乘一位数以及两位数乘一位数的口算，联系今天所学知识进行出题活动。

由 10×2=20 出题 20÷2=10，由 20×4=80 出题 80÷4=20。

由 13×2=26 出题 26÷2=13，由 21×4=84 出题 84÷4=21。

（二）应用性练习

1. 大米和小米问题

出示生活情境图，呈现数学信息（一袋大米 20 千克，一袋小米 2 千克，大米的千克数是小米的多少倍？），让学生讲述数学故事并列式解答。

2. 打乒乓球分组问题

出示乒乓球比赛的场景，让学生讲述数学故事，并列式解答。

（1）40个同学打乒乓球，都参加单打，可以分成多少组？

（2）40个同学打乒乓球，都参加双打，可以分成多少组？

（3）400个同学打乒乓球，都参加单打或都参加双打，各分成多少组？

（4）4000个同学呢？

（三）拓展性练习

联系复习题和巩固性练习中的出题活动，进一步进行对比出题拓展活动。

由 $80 \div 4 = 20$ 出题 $80 \div 20 = 4$。

由 $84 \div 4 = 21$ 出题 $84 \div 21 = 4$。

四、总结延伸

回顾本节课的学习内容，进行总结与延伸。

一、复习铺垫

师：如果说一年级的计算主要学习的是加减法，那从二年级开始，我们主要学习的是什么计算？

生：乘法和除法。

师：我们知道，乘除法的计算都需要依靠什么"法宝"？

生：乘法口诀。

师：看来乘法和除法之间是有密切联系的。今天的数学课，徐老师要和同学们分享两句话，第一句话是——

（板书：乘除是一家。）

生：乘除是一家。

师：我们先来复习几道除法和乘法口算题。

（板书：$8 \div 2 =$，$9 \div 3 =$，$10 \times 2 =$，$20 \times 4 =$。）

师：谁来选一道做做看？

生：$10 \times 2 = 20$。

（板书：20。）

师：你是怎样想的？

生：2 个十等于 20。

师：有道理，想哪句乘法口诀呢？

生：一二得二。

师：第二道乘法题谁来算？

生 1：二四得八。

生 2：20×4=80。

（板书：80。）

师：不错，那计算 8÷2 想哪句口诀？

生：也是二四得八。

师：果然用一句乘法口诀既可以算乘法，也可以算除法。还有一道题怎样计算？

生：想三三得九，9÷3=3。

师：前几节课我们还学习过像这样的乘法计算，大家看——

（板书：13×2=，21×4=。）

生 1：13×2=26。

生 2：21×4=84。

（教师分别板书：26 和 84。）

二、学习新知

师：在日常生活当中经常会遇到乘法或者除法的实际应用问题，我们先来看一个实际问题。

（出示课件，如图 137。）

图 137

师：谁来讲述数学故事？

生：把 60 支铅笔平均分给 3 个班，每班分得多少支？

师：怎样列算式呢？

生：60÷3。

（板书：60÷3。）

师：为什么要用除法计算？

生：把 60 平均分成 3 份，求每份是多少，所以用除法。

师：像这样的除法，是几位数除以几位数？

生：两位数除以一位数。

师：对，那两位数除以一位数该怎么算呢？

（教师板书课题：两位数除以一位数。）

师：我们先用小棒来摆摆看。拿出 6 捆小棒，平均分成 3 份，分好后看看每份是多少。

（学生独立操作，教师指名一生上台演示分小棒。）

师：我们看这位同学分得怎么样。谁来说说看得数是多少啊？

生：20。

（板书：20。）

师：谁来说说是怎样想出得数的？

生：60 根小棒也就是 6 个十，6 个十平均分成 3 份，每份有 2 个十，就是 20。

师：为了看得更清晰，我们还可以用这样的长条来演示。一个长条是由 10 个小方块组成的，也就是 1 个十。谁能上来把 6 个十的长条也平均分成 3 份？

（指名一生上台分一分长条教具。）

师：大家看，6 个长条平均分成 3 份，每份是多少？

生：2 个十，就是 20。

师：假如没有小棒，也没有长条，谁能够想出得数？

生：想 6 除以 3。

师：你所说的 6 实际上是 6 个什么？

生：6 个十。

师：除以 3 得到 2 个什么？

生：2 个十，就是 20。

（板书：6 个十、2 个十。）

师：很好，其实 60÷3 先想几除以几？

生：6 除以 3。

师：对，6 除以 3 就等于 2，那 60 除以 3 就是 2 个十。

师：刚才我们分享过一句话，大家还记得吗？

生：乘除是一家。

师：谁能用乘法的思路想出这道除法题的得数？

生 1：想二三得六。

生 2：想 20 乘 3 等于 60。

［板书：（20）×3=60。］

师：对，想乘法算除法。因为 20×3=60，所以 60÷3=20。

师：刚刚徐老师和大家分享了第一句话，叫作"乘除是一家"。接下来我们再分享第二句话——"出题比做题更重要。"

生（齐声）：出题比做题更重要。

师：刚才我们口算的是比较简单的两位数除以一位数。所谓简单，简单在被除数是什么数啊？

生：整十数。

师：如果被除数不是整十数，该怎么口算呢？我们一起来把例题改编一下。现在不是分60支铅笔了，我们把60改成36，还是平均分给3个班。每个班分得多少支呢？

（板书算式：36÷3。）

师：请大家用小棒摆一摆，分一分。先拿出3捆和6根，同桌可以一起摆摆看。

（学生两人合作一起分小棒。）

师：邀请两个同学上台，给大家演示一下你们分小棒的过程，并且讲述口算方法。

（同桌两人上台演示分小棒的过程。）

生1：我先把3捆小棒平均分成3份，每份1捆；再把6根小棒平均分成3份，每份2根；然后看出每份都是12根。

生2：我补充一下，每份是1个十和2个一，得数就是12。

师：表扬他们！

（板书：12。）

师：那用长条该怎么分呢？我也请两位同学到前面来分分看。

（指名学生两人合作一起上台分长条教具。）

师：我们还可以把刚才分的思考过程记录下来。先是怎么分的？

生：先分3个十。

师：也就是先算30除以3等于10。接着是怎么分的？

生：再分6个一。

师：也就是再算 6 除以 3 等于 2。然后呢？

生：把 10 和 2 合并起来。

师：是啊！被除数 36 是由 30 和 6 组成的，我们可以用先分再合的方法进行思考。

（板书：30÷3=10，6÷3=2，10+2=12。）

师：谁能完整地说说 36÷3 的思考过程？

生：先算 30÷3=10，再算 6÷3=2，最后算 10+2=12。

师：说得非常好！再回到刚才分享的第一句话，乘除是——？

生：是一家。

师：那么这道题目我们还可以用什么样的乘法来帮助我们计算呢？

生：想 3 和多少相乘得 36。

师：是啊！多少乘 3 就是 36？

生：12。

师：对的，我们知道（12）×3=36，那么 36÷3=12。果然"乘除是一家"。刚才我们分享的第二句话是什么？

生：出题比做题更重要。

三、练习提高

师：你能把刚才复习题中的 8÷2 改编成整十数除以一位数吗？

生：80÷2。

师：非常好！ 80÷2 等于多少呢？

生：40。

（板书：80÷2=40。）

师：谁能在复习题的基础上继续出题？

生：由 9÷3=3 可以出题 90÷3=30。

（板书：90÷3=30。）

师：那我们继续来出题。请看上课一开始的复习题，13×2=26。这是两位数乘一位数，你能由这道题出一道两位数除以一位数的题吗？

生：26÷2。

师：很好！谁能算出得数？

生：等于13。

（板书：26÷2=13。）

师：非常好，学会了乘法可以帮助我们出除法题。这里还有一道两位数乘一位数的题（21×4=84），你也能出成两位数除以一位数的题吗？

生：84÷4。

师：谁会算？

生：21。

（板书：84÷4=21。）

师：同学们真厉害！我们继续进行出题比赛。刚才同学们从复习题中的8÷2=4，编出了整十数除以一位数的题目，80÷2=40。现在你能在此基础上，改编成一般的两位数除以一位数吗？

生：88÷2。

师：不错，谁能算出得数来？

生：等于44。

（板书：88÷2=44。）

师：非常好！我们再来看这一组（9÷3和90÷3），谁能在这道题的基础之上继续出题？

生：99÷3。

师：很好！谁会算出来？

生：等于33。

（板书：99÷3＝33。）

师：通过刚才的出题过程，大家最大的体会是什么？

生1：乘除是一家。

生2：出题比做题更重要。

师：学会了两位数除以一位数的口算，就可以帮助我们解决实际问题。请大家拿出练习本。

（学生拿出练习本。）

师：先解决第一个实际问题。请看图，谁能讲出数学故事？

（出示课件，如图138。）

图 138

生：一袋大米有20千克，一袋小米有2千克，大米的千克数是小米的多少倍？

师：请每个同学思考后在练习本上列式解答。谁来汇报一下？

生：20÷2＝10。

（板书：20÷2＝10。）

师：为什么用除法计算呢？

生：因为要求20里面有几个2。

师：我们再到体育馆去看一看，你发现了哪些数学信息？

（出示课件，如图139。）

图 139

生 1：有 40 个同学打乒乓球。

生 2：左边球桌上的同学在进行单打，右边同学在进行双打。

师：从一张球桌进行比赛的人数来看，打乒乓球有两种方式——单打和双打。单打比赛一组几个人？

生：两个人一组，一个站这边，另一个站那边。

师：那双打比赛呢？

生：每边有 2 个人，一张球桌有 4 个人。

师：假如这 40 个同学都参加的是单打，也就是一组有 2 人，请你算出 40 个人参加单打可以分成几组。如果参加的是双打，这 40 个人又可以分成几组？

（学生独立在练习本上列式解答。）

师：谁来汇报一下？

生：40÷2=20（组）。

师：都参加单打，可以分成多少组？

生：20 组。

［板书：40÷2=20（组）。］

师：继续汇报。

生：40÷4=10（组）。

［板书：40÷4=10（组）。］

师：徐老师想把这道题目改一改，现在不是 40 个人，现在有 400 个人，都参加单打比赛，那又该分成多少组？同样，400 个人都参加双打比赛，又可以分成多少组？

生 1：我算单打比赛，400÷2=200（组）。

生 2：我算双打比赛，400÷4=100（组）。

［板书：400÷2=200（组），400÷4=100（组）。］

师：大家算得都很好。想不想再难一点？

生：想。

师：假如有 4000 个人参加乒乓球比赛。单打比赛可以分成多少组？双打比赛可以分成多少组？

生 1：单打比赛，4000÷2=2000（组）。

生 2：双打比赛，4000÷4=1000（组）。

［板书：4000÷2=2000（组），4000÷4=1000（组）。］

师：同学们真厉害！由此你发现有什么规律？

生：每次都是后面加一个 0。

师：说得有道理。一开始是什么样的数除以一位数？

生：整十数除以一位数。

师：对，这道题里面整十数除以一位数正好还得到整十数。400 个人参加比赛，分别除以 2 和 4，是怎样的除法口算？

生：整百数除以一位数。

师：对，再后来是怎样的口算？

生：整千数除以一位数。

师：对，让我们再回到源头，假如有 4 人，参加单打比赛，可以分成几组？双打比赛呢？

生 1：单打比赛就是 4÷2=2（组）。

生 2：双打比赛就是 4÷4=1（组）。

［板书：4÷2=2（组），4÷4=1（组）。］

师：是啊，只要把最基本的除法学会了，今后遇到这些复杂的除法，也就简单了。

师：刚才同学们出题都很不错，想不想出更难的题？

生：想。

师：我们先观察一下黑板，最上面这是最简单的除法，是几位数除以几位数？

生：一位数除以一位数。

师：接下来是同学们刚才出的题，是几位数除以一位数？

生1：有整十数除以一位数。

生2：也有两位数除以一位数。

师：根据"乘除是一家"，你能否把两位数除以一位数的题再进行改编，变成两位数除以两位数？（比如从88÷2=44出发。）

生：88÷44。

（板书：88÷44=。）

师：题目出得好！这是四年级才要学习的计算。谁会算这道题？

生：88除以44等于2。

师：算得对。你是怎么想的？

生：因为2和44相乘等于88,88除以2等于44,88除以44就等于2。

师：说得太好了！谁能把这道题也照样子编一道？

（教师指着99÷3=33。）

生：99÷33=3。

师：出得好！我们再看黑板上的这道题（26÷2=13），你又能出怎样的题？

生：26÷13=2。

师：非常好！最后一道谁能把它编出来？

生：$84 \div 21 = 4$。

四、总结延伸

师：让我们回顾一下，这节课我们学习了什么本领？

生：一开始学习了整十数除以一位数。

师：对。整十数除以一位数，怎样思考？

生1：想几个十除以一位数，得到几个十。

生2：可以想乘法算除法。

师：后来又学习了什么样的口算？

生：两位数除以一位数。

师：怎样思考两位数除以一位数？

生1：可以把两位数看成整十数和一位数，分别除以除数，再把得数合并起来。

生2：也可以想乘法算除法。

师：通过这节课的学习，你对哪两句话印象最深？

生1：乘除是一家。

生2：出题比做题更重要。

师：今后我们还会进一步感受到这两句话的魅力。今天这节课就学习到这里，下课！

教 学 反 思

　　2025 年 4 月 29 日，"相约星期二"——我的数学家常课开放日。今天我执教了"两位数除以一位数"。这一内容，2011 版课标教材编排在三年级上册，2022 版课标教材将其调整到二年级下册，于是我提前进行了教学。

　　2022 版课标在第一学段"数与代数"领域的教学提示中指出："在具体情境中，启发学生理解乘法是加法的简便运算，感悟除法是乘法的逆运算。"

　　2022 版课标教材关于"两位数除以一位数"的内容编排作了一些调整：首先，教学时间从三年级上册移到二年级下册，单元标题由《两、三位数除以一位数》调整为《两位数除以一位数》。其次，教学要求调整为先集中学习口算，即首先专门学习两位数除以一位数的口算，到三年级时再学习相关笔算。

一、"出题"比"做题"更重要

　　尽管中国学生的计算能力全世界有目共睹，但是随着课程改革的深入和现代科技的发展，许多复杂的计算将由机器代替，因此如今小学数学教材中的计算内容也逐步压缩，重在基本算理的理解和基本算法的掌握。同时，关于数学计算的教学要求将更加重视口算，尤其重视基本口算的教学。

课堂开始时，我设计了两个层次的口算复习。

首先是表内除法，诸如 $8÷2$、$9÷3$ 等，可以直接用乘法口诀计算。

其次是两位数乘一位数，诸如 $10×2$、$13×2$ 等，这是已经学过的乘法口算。

课堂练习时，提出——"出题"比"做题"更重要，让学生在课始复习题的基础上进行了四次出题活动。

（1）由 $8÷2=4$，学生出题成 $80÷2=40$，等等。

（2）由 $80÷2=40$，学生出题成 $88÷2=44$，等等。

（3）由 $13×2=26$，学生出题成 $26÷2=13$，等等。

（4）由 $84÷4=21$，学生出题成 $84÷21=4$，等等。

出题比做题更重要，意味着什么？意味着题海深深、回头是岸；意味着注重方法、体现本质；意味着举一反三、迁移渗透；还意味着关注思维、关注儿童。

二、"算理"比"算法"更重要

2022 版课标教材更加重视学生的口算能力发展。一方面，在整个一年级不编排笔算教学的内容，着力进行基本口算的教学，一直到二年级下册才开始学习两、三位数的加法和减法笔算；另一方面，乘除法的计算教学安排，在二年级上册集中学习表内乘除法计算之后，先编排两位数乘一位数和两位数除以一位数的口算（二年级下册），再编排相关笔算（三年级上册）。

毋庸置疑，计算教学的核心矛盾是"算理直观"与"算法抽象"。我们始终需要思考的问题是：算理是什么？算法是什么？算理为何要充分直观？算法为何要适度抽象？

例题 1 教学整十数除以一位数，创设的情境是"把 60 支铅笔平均分给 3 个班，每班分得多少支？"教学时，首先让学生用 6 捆小棒学具进行操作探索，然后用小方块教具进行演示，再由学生观察对比并讲述算理。

例题 2 教学非整十的两位数除以一位数，笔者没有采用教材情境，而是继续依据"出题比做题更重要"的原则，从整十数除以一位数改编为非整十数除以一位数（即由 60÷3 改编为 36÷3）。然后继续进行直观操作和教具演示。

笔者一直认为，算理是计算的原理和依据，算法是计算的方法和程序。算理本来是抽象的，但是儿童的思维以具体形象性为主，所以算理需要充分直观，以促进儿童理解；算法本来应该简捷，但数学是抽象的科学，只有算理支撑的算法才是真正有意义的。

三、"优化"比"多样"更重要

"算法多样化"是本轮新课程改革以来数学教育中的重要理念。算法多样化的理论前提是"人人都能获得良好的数学教育，不同的人在数学上得到不同的发展"。因此，数的运算教学过程中，需要充分发挥学生的主动性和探索性，在理解算理和形成算法的经历中，让学生学会选择适合自己的算法。

教学整十数除以一位数时，学生主要出现了三种算法：第一种是从计数单位出发，6 个十除以 3 得 2 个十，得数是 20；第二种是先想 6 除以 3 等于 2，再想 60 除以 3 等于 20；第三种是想乘法算除法，3 乘 20 是 60，所以 60 除以 3 等于 20。

教学非整十的两位数除以一位数时，学生也出现了三种算法：第一种是由直观出发，36 里面有 3 捆小棒和 6 根小棒，3 捆平均分成 3 份，每份得 1 捆;6 根平均分成 3 份，每份得 2 根;再看出每份一共有 12 根。第二种是先分后合，即先分别算出 30 除以 3 等于 10，6 除以 3 等于 2，再把 10 和 2 合起来得 12。第三种方法是想乘法算除法，因为 3 乘 12 是 36，所以 36 除以 3 等于 12。

算法多样化体现的是尊重儿童的认知差异，算法优化体现的是尊重数学的本质规律;算法多样化是过程，而算法优化才是目标。

四、"能力"比"知识"更重要

2016 年 9 月教育部发布的《中国学生发展核心素养》指出，学生应具备"适应终身发展和社会发展需要的必备品格和关键能力"。无论是必备品格还是关键能力，其实都具有"无痕"的特质，是一种"看不见的力量"。而这个世界最奇妙的就在于，最具力量的东西常常都是"看不见"的。

数学不仅是一门科学、一种语言，也是一项工具。实践证明，纯粹的计算题单一、枯燥，机械的计算练习也容易使学生失去兴趣。因此，运算能力是学生核心素养表现中着力体现数学思维含量的重要表现，需要结合数学教学不断加以培养。其实，2011 版课标就明确指出:"基本技能的形成，需要一定量的训练，但要适度，不能依赖机械的重复操作，要注意训练的实效性。"

2022 版课标则在"教材编写建议"中具体提出了"优化习题设计，注重发展素养"的要求:"习题的设计要关注数学的本质，关注通性通法。设计丰富多样的习题，满足巩固、复习、应用、拓展的学习需要。"

本节课的习题设计，遵循了满足学生复习、巩固、应用和拓展等四个方面的学习需要。

首先是复习性练习。课始的表内除法和两位数乘一位数的口算。

其次是巩固性练习。让学生从整十数除以一位数和非整十数除以一位数的例题出发，分别对应出题，及时巩固新知，形成技能。

再次是应用性练习。分别解决生活中大米和小米千克数的倍数关系、乒乓球运动中单打和双打分组问题。

最后是拓展性练习。让学生在归纳对比和出题拓展中，将整十数除以一位数延伸至整百数、整千数除以一位数，将两位数除以一位数延伸至两位数除以两位数，不断引发学生的深度思考。

本节课，贯穿始终并让学生理解与体会的两句话是："乘除是一家。""出题比做题更重要。"

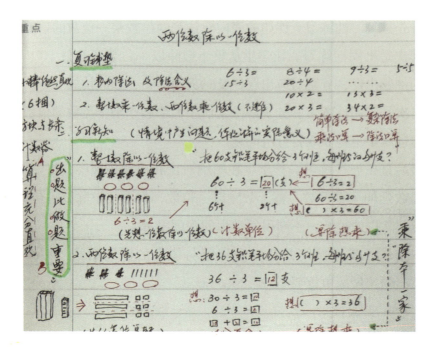

▲备课教案手稿

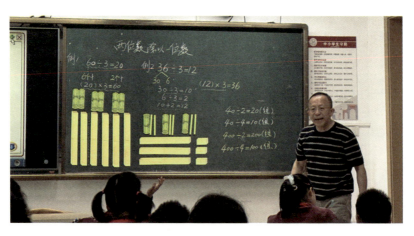

▲上课照片（2025年4月29日）

后　记

本书的诞生，源于梦想与机缘。

作为一名一直从事一至六年级大循环教学的"完整老师"，三十多年来，我已经进行过五轮完整的"大循环"了。我一直有一个梦想，那就是将自己的家常课，特别是整个小学阶段六年十二个学期具有代表性的家常课真实记录下来。目前，我执教二年级的数学课，这将是我退休之前的最后一轮大循环教学。我常想，在我教学经验最丰富的时候，把这样的家常课记录下来，我的教育生活将会变得更加完整和有意义。

不过，出版书籍也需要机缘。2023 年冬天，一次偶然的机会，我徒弟朱老师问我："五年出一本书，速度是快还是慢？"这个问题的答案并不重要，重要的是提醒了我——这五年，我有了哪些新的思考？于是，2024 年夏天，我出版了《我的家常课（一年级）》一书，把我提前实践新教材的经验与全国的老师做了分享，受到了各地老师的充分关注。这也坚定了我持续撰写"家常课"系列研究的信心。

机缘巧合。2024 年江苏书展期间，我的老乡、长江文艺出版社的施柳柳老师到苏州聚叙，计划用彩印的方式出版《我的数学家常课（二年级）》一书。

在接下来的四年时间里，我将更加用心上好每一节家常课，细致记录下家常课的备课、上课与反思的心路历程。希望它们也能给老师们带来些许启发与借鉴。

感谢本书的责任编辑施柳柳老师，她为本书的编辑出版付出了大量的心血。感谢苏州大学实验学校二年级数学备课组的组长王群老师以及小伙伴许诺、李梅、林晨几位老师给予的支持和帮助。

最后，用李政涛先生在其著作《活在课堂里》中的一段话，表达我的心境："我试图用文字把流逝的课堂凝固下来，进而挖掘和展示它：发掘课堂中活出来的各样体验、千般感悟、万种细节，用深幽、寂静、谦虚的真诚展示这一切，且以自我对话的方式加以留存。"

徐斌